本书为厦门市金砖创新基地建设领导小组办公室委托项目

"金砖国家新工业革命伙伴关系创新基地智库合作和课题研究"

2022年度项目研究成果

林宏宇 主编

# 金砖国家
# 合作创新理论与实践

Innovative Theory
and Practice of BRICS Cooperation

天津出版传媒集团
天津人民出版社

图书在版编目（CIP）数据

金砖国家合作创新理论与实践 / 林宏宇主编. -- 天津 : 天津人民出版社, 2024.1
（金砖国家研究丛书）
ISBN 978-7-201-19805-7

Ⅰ.①金… Ⅱ.①林… Ⅲ.①国际合作－经济合作－研究 Ⅳ.①F114.4

中国国家版本馆CIP数据核字(2023)第175011号

**金砖国家合作创新理论与实践**

JINZHUAN GUOJIA HEZUO CHUANGXIN LILUN YU SHIJIAN

| | |
|---|---|
| 出　　版 | 天津人民出版社 |
| 出 版 人 | 刘锦泉 |
| 地　　址 | 天津市和平区西康路35号康岳大厦 |
| 邮政编码 | 300051 |
| 邮购电话 | (022)23332469 |
| 电子信箱 | reader@tjrmcbs.com |

| | |
|---|---|
| 策划编辑 | 王　康 |
| 责任编辑 | 王　玧 |
| 特约编辑 | 曹忠鑫 |
| 封面设计 | 汤　磊 |

| | |
|---|---|
| 印　　刷 | 天津新华印务有限公司 |
| 经　　销 | 新华书店 |
| 开　　本 | 710毫米×1000毫米　1/16 |
| 印　　张 | 18.25 |
| 字　　数 | 240千字 |
| 版次印次 | 2024年1月第1版　　2024年1月第1次印刷 |
| 定　　价 | 89.00元 |

策划/主编：林宏宇

副 主 编：蔡 晶

撰 稿 人：（按姓氏笔画排序）

| | | | |
|---|---|---|---|
| 王 祎 | 吕 挺 | 刘文波 | 张 行 |
| 张恒艳 | 林宏宇 | 郑建成 | 胡越云 |
| 贾永会 | 蒋 楠 | 谢婷婷 | 疏会玲 |
| 雷 云 | 路 阳 | 蔡 晶 | 熊 琦 |

# 丛书总序
# 金砖合作引领全球南方发展

当前世界百年未有之大变局正加速向纵深演进，人类社会面临前所未有的挑战。面临巨大不确定性的国际社会需要更加有效的多边合作，尤其是创新性合作。而金砖合作机制就是这种创新性多边合作的典型范式，是实现全球南方国家共同发展的国际制度创新。

近来"全球南方"（Global South）的概念被炒作得很热。少数西方发达国家欲借此概念把中国从发展中国家里"除名"，而少数发展中大国也想借机削弱中国在发展中国家的影响与地位。实际上，早在2017年中国提出"金砖+"概念，就已开启了全球南方国家合作的大幕。"金砖+"概念承前启后，不仅与旧南南合作关系密切，而且还是新南南合作的典范。正是因为有"金砖+"的创新机制，中国作为全球南方国家的永恒代表与主导地位才不可撼动。

可以说"金砖+"机制"始于（旧）南南合作，终及新南南合作"，而其"全球南方"的属性始终很显著。以"金砖+"为代表的金砖合作将引领并推动未来"全球南方"国家合作进程。

**一、"始于旧南南合作"，是指"金砖+"机制的原理源于20世纪50至60年代蓬勃兴起的（旧）南南合作运动**

该运动是发展中国家通过团结互助追求独立自主、摆脱发达国家政治经济控制的标志性运动。在美苏冷战对抗的历史背景下，发展中国家通过

"不结盟运动"和"七十七国集团"两大平台追求政治独立,奠定了旧南南合作的政治基础。但是旧的南南合作运动在取得一定成果的同时,随之面临的是发展停滞及被边缘化的困境。由于发达国家产业转移、南南国家产业结构相互竞争等原因,"南南合作在很长的一段时间内并没有带动发展中国家实现预期的发展","南南合作已不再是发展中国家的主要战略选择",①部分发展中国家回到依附发达国家的老路,旧南南合作平台进入发展瓶颈期。

陷入困境的旧南南合作运动急需塑造成功发展的典范,以形成从虚到实、行之有效的合作机制。当历史走入21世纪,一批新兴市场国家崛起为国际政治经济格局的新锐力量,尤其是在2008年全球金融危机爆发后,新兴市场国家和发展中国家成为全球治理重要力量的趋势越来越明显。2017年诞生的"金砖+"机制模式则进一步调动了更多新兴市场国家和发展中国家的积极性,客观上为推动旧南南合作迎来第二波发展高潮带来了历史机遇。

在2017年厦门金砖峰会上,习近平主席提出"金砖+"概念,时任外交部部长王毅在第一时间就阐述了"金砖+"与南南合作的内在关系。他在十二届全国人大五次会议记者会答记者问时指出:"我们将探索'金砖+'的拓展模式,通过金砖国家同其他发展中大国和发展中国家组织进行对话,建立更广泛的伙伴关系,扩大金砖的'朋友圈',把金砖合作打造成为当今世界最有影响力的南南合作平台。"②

"金砖+"机制之所以成为引领全球新兴市场国家和发展中国家共同推进南南合作的典范,是因为它呼应了广大发展中国家的必然诉求。

首先,除了金砖国家,世界各个次区域都有大批新兴市场国家快速崛起。这些新兴市场国家在区域和全球的影响力在不断提升,也普遍希望通

---

① 田旭:《从"金砖+"机制看南南合作模式创新》,郭业洲主编:《金砖国家合作发展报告(2019)》,社会科学文献出版社,2019年,第162~163页。

②《王毅谈金砖合作四大看点:构筑南南合作新平台》,中国网,http://www.china.com.cn/lianghui/news/2017-03/08/content_40428024.htm。

过建立相互之间的南南合作对话平台,加强本国在本区域或全球经济体系的话语权。金砖国家是全球发展中国家的领头羊,金砖国家合作机制对迫切要求提升国际影响力和话语权的新兴市场国家有极高的吸引力,而金砖国家合作机制也有责任整合全球新兴市场国家力量,为促进旧南南合作继而提升发展中国家整体影响力发挥作用。

其次,20世纪南南合作的重心是通过相互支持追求意识形态的独立自主,但是囿于南方国家内部经济结构同质化而难于建立起有效的经济互补机制。进入21世纪,金砖国家合作机制通过金砖国家新开发银行(NDB)、金砖国家工商论坛等机制化经济合作平台为旧的南南合作注入新的理念。随着金砖国家从区域大国经济发展合作概念进一步升级为全球发展中国家命运共同体概念,“金砖+”为旧南南合作赋予了新的时代内涵,即广大发展中国家不仅要通过理念认同来维护独立自主的国际政治地位,还要通过经济互助来引领全球化的国际经济趋势,更要通过发展中国家共同体建设,实现公平、公正的人类命运共同体目标。

**二、“终及新南南合作”,是指“金砖+”机制克服逆全球化与单边主义的挑战,致力于推动“全球南方”国家的共同发展**

近年来,部分西方发达国家选择了单边、保守、“退群”、“脱钩”的对外政策,这导致推动人类进步的全球化发展道路和《联合国宪章》所提倡的多边主义都面临严峻挑战。全球新兴市场国家和发展中国家在“南北对话”“南南合作”中面临共同的问题,旧南南合作举步维艰。尤其是发展中国家在投资、贸易、技术等领域缺乏互补优势,严重阻碍了南南合作从务虚平台最终向务实平台的转化。

为此,中国提出并推动“金砖+”模式,是希望用中国经验回应广大发展中国家所面临的一些共性问题,尤其是中国作为对全球发展贡献最大的发展中国家的领头羊,能够在资金注入、技术转移、贸易互补、基础建设等方面为其他发展中国家提供发展动能。2015年,习近平主席在出席联合国发展峰会期间宣布中国出资设立"南南合作援助基金",2022年中国政府又在全球发展高层对话会宣布将"南南合作援助基金"升级为"全球发展和南南合作基金",坚定不移支持发展中国家的可持续发展。"中国通过'金砖+'合作带动其他有着相似发展目标的新兴市场国家借助金砖国际合作机制实现共同发展"①,这也为"全球南方"国家的南南合作向创新转型作出表率。

正如2017年习近平主席在金砖国家工商论坛开幕式上指出的:"我们应该发挥自身优势和影响力,促进南南合作和南北对话,汇聚各国集体力量,联手应对风险挑战。我们应该扩大金砖合作的辐射和受益范围,推动'金砖+'合作模式,打造开放多元的发展伙伴网络,让更多新兴市场国家和发展中国家参与到团结合作、互利共赢的事业中来。"②习近平主席在金砖国家领导人第十四次会晤时又指出:"金砖国家不是封闭的俱乐部,也不是排外的'小圈子',而是守望相助的大家庭、合作共赢的好伙伴。"③与七国集团不同,金砖国家合作机制始终向广大新兴市场国家和发展中国家开启大门,致力于推动更多新兴市场国家和发展中国家深化合作、共同发展,是21世纪新南南合作最有潜力的发展方向。从此,"金砖+"模式成为真正多边主义和新全球化的未来选择。

"金砖+"模式诞生以来,金砖国家保持与其他新兴市场国家和发展中国家竭诚合作、成果斐然,"金砖+"正从理念逐渐向机制发展,展现了强劲的生命力,代表了未来南南合作乃至全球化的发展方向。越来越多的新兴市场国家已经意识到金砖国家合作机制是推动新南南合作、维护发展中国家利益的重要平台。也正是在此背景下,"金砖+"机制正在以前所未有的姿态出现在世界舞台,吸引越来越多新兴市场国家的积极参与。2023年

---

① 李峰:《"金砖+"合作模式研究》,中国经济出版社,2019年,第22页。

② 习近平在2017金砖国家工商论坛开幕式上的讲话(全文),新华网,http://www.xinhua-net.com/politics/2017-09/03/c_1121596338.htm。

③ 习近平在金砖国家领导人第十四次会晤上的讲话,新华网,http://www.news.cn/world/2022-06/23/c_1128770800.htm。

的南非金砖国家峰会实现了历史性的突破。沙特、埃及、阿联酋、伊朗、埃塞俄比亚等发展中国家成为金砖正式成员。

### 三、以习近平外交思想为核心的中国外交始终重视南南合作,以金砖合作为代表的新型南南合作将引领和推动全球南方国家合作进程

在习近平外交思想众多关于南南合作或者中国与发展中国家合作的表述理念中,"金砖+"是习近平外交思想对于南南合作的全新创举和高度凝练。"坚定支持新兴市场和发展中国家在国际事务中发挥更大作用,推动世界大变局向正确方向演进。"①中国始终认同自己是发展中国家大家庭的一分子,把新兴市场国家和发展中国家作为对外关系的重要方向,始终把新兴市场国家和发展中国家看作共同构建人类命运共同体、构建新型国家关系的关键伙伴。在2023年南非金砖国家峰会上,习近平主席再次强调,中国坚定奉行独立自主的和平外交政策,致力于推动构建人类命运共同体。作为发展中国家、"全球南方"的一员,中国始终同其他发展中国家同呼吸、共命运,坚定维护发展中国家共同利益,推动增加新兴市场国家和发展中国家在全球事务中的代表性和发言权。正如习近平主席在南非约翰内斯堡金砖国家工商论坛闭幕式发表题为"深化团结合作 应对风险挑战 共建更加美好的世界"的致辞中所强调的,以金砖国家为代表的新兴市场国家和发展中国家群体性崛起,正在从根本上改变世界版图。无论有多少阻力,金砖国家这支积极、稳定、向善的力量都将蓬勃发展。我们将不断深化金砖战略伙伴关系,拓展"金砖+"模式,积极推进扩员进程,深化同其他新兴市场国家和发展中国家团结合作,推进世界多极化和国际关系民主化,推动国际秩序朝着更加公正合理的方向发展。

当前国际政治右翼思潮有进一步泛滥的苗头,不负国际发展与安全责

---

① 杨洁篪:《深化新兴市场国家和发展中国家团结合作 携手共建人类命运共同体》,《求是》2022年第14期。

任的国家可能越来越多,全球治理正面临严重赤字。而经济长期高速增长、社会保持长期稳定的中国,对国际社会的影响力日益提升,对全球治理的贡献度也日益提高。尤其是2023年以来,"一带一路"建设进入第二个金色十年,"金砖+"合作机制进一步蓬勃发展,"上合组织"安全合作机制日益完善。这标志着"一体两翼"的中国全球治理方案日益成形。"一体"就是"一带一路":进入高质量发展阶段的"一带一路",虽源自中国,但已成为各国追捧的国际公共产品。通过高质量合作,天堑可以变通途,"陆锁国"可以变成"陆联国",发展的洼地可以变成繁荣的高地。"一带一路"正日益成为国际合作的最佳平台。"两翼"就是"金砖合作"与"上合组织":这两个国际合作机制分别代表着良性的发展与共同的安全,是中国式现代化的全球治理主张。"一体两翼"将为进入新时代第二个金色十年的中国带来更大增长动力,将为动荡不安的国际社会注入和平发展、团结包容的正能量,成为纷乱晦暗世界中的一抹亮色。它也使得中国式现代化理念更加深入人心。谁代表世界和平与发展,谁代表世界公平与正义,相信国际社会未来将有明智的判断。

未来时势向我,我们应增强信心,正确处理好新发展格局与新安全格局的关系。既要敢于斗争,更要善于斗争,正确处理好中美战略相持与中华民族伟大复兴、祖国完全统一与中华民族伟大复兴这两对最重要的关系。针对外部世界对中国的"批评"要多回应、少回击。要有战略耐心,静待"慢热"的世界。

从2017年以来,我校国际关系学院金砖研究团队积极响应国家战略需求,先后推出"金砖三部曲""金砖智库合作"等系列成果。自2020年11月习近平主席宣布在厦门建立金砖国家新工业伙伴关系创新基地以来,我校进一步加强与厦门市的合作。本丛书就是我校金砖研究中心与厦门市金砖办战略合作的重大成果。衷心期待本丛书能进一步推动我国学界的金砖研究进程,为中国式现代化贡献绵薄之力。

林宏宇

2024年1月17日

# 导　论

2022年6月23日，在金砖国家领导人第十四次会晤上，习近平主席发表了题为《构建高质量伙伴关系 开启金砖合作新征程》的重要讲话，指出："16年来，面对惊涛骇浪、风吹雨打，金砖这艘大船乘风破浪、勇毅前行，走出了一条相互砥砺、合作共赢的人间正道。站在历史的十字路口，我们既要回望来时路，牢记金砖国家为什么出发；又要一起向未来，携手构建更加全面、紧密、务实、包容的高质量伙伴关系，共同开启金砖合作新征程。"

回望来时路，金砖国家顺应历史大势，围绕"开放、包容、合作、共赢"的金砖国家合作伙伴精神，走出相互尊重、共谋发展之路，打造"务实高效、互惠互利、共同繁荣"的多边机制新模式，推动国际秩序朝着更加公正合理的方向发展。金砖国家合作日趋紧密，影响日益扩大，在国际体系中的地位、在全球治理中的作用更加凸显。

金砖国家合作机制的发展离不开创新理念的引领。习近平主席多次提出发展金砖国家更紧密、更全面、更牢固的伙伴关系的主张，并用中国方案引领金砖国家合作前行方向。

2015年7月，在俄罗斯乌法，习近平主席提出"构建维护世界和平的伙伴关系、促进共同发展的伙伴关系、弘扬多元文明的伙伴关系、加强全球经济治理的伙伴关系"四点主张，为金砖国家合作提供了新思路；2017年9月，在中国厦门，习近平主席提出"共同把握新工业革命带来的历史机遇，积极探索务实合作新领域新方式"，并开启"金砖+"合作新模式，金砖国家合作机制迈入新的历史阶段;2018年7月,在南非约翰内斯堡,习近平主席提出:"共同建设金砖国家新工业革命伙伴关系,加强宏观经济政策协调,促进创新和工业化合作,联手加快经济新旧动能转换和转型升级。"2020年11月,金砖国家领导人第十二次会晤以视频方式举行,习近平主席强调,中方愿同各方一道加快建设金砖国家新工业革命伙伴关系,将在福建省厦门市建立金砖国家新工业革命伙伴关系创新基地,开展政策协调、人才培养、项目开发等领域合作,并向金砖国家政府有关部门和工商界参与合作发出了厦门之约。

金砖国家新工业革命伙伴关系创新基地是金砖国家合作创新理念的一个重大实践项目,是在推动金砖合作和发展机制落地化、实体化、包容性等方面的积极尝试,但其作为一个新事物,没有现成的模式和经验可以借鉴,创新主体、创新基础设施、创新资源和创新环境等方面的建构还不完善。虽然厦门市在政策、产业基础、营商和人文环境等方面具有显著独特的优势,但如何整合这些优势,将其与创新赋能、加快优势资源集聚相结合,并深化与金砖国家在数字、新能源、新材料等高新技术领域的合作仍需要探索;在把握机遇扩大开放交流、高水平高质量建设高素质高颜值现代化国际化城市中发挥更大作为,尤其是在国家战略层面发挥重要作用等方面仍需要内外合力,需要创新思维,需要更多的特色制度安排、更强的产业技术专业化和企业创新动能。其视野、格局亦应当是开放、包容和多元的。在厦门建设面向金砖国家全方位开放的综合改革试点,高标准建设金砖国家新工业革命伙伴关系创新基地,不仅有利于推动区域内新技术或新知识的产生、流动、更新和转化,更是实现国家创新体系完善并参与全球产业分工的重要载体;不仅是立足于厦门未来的经济发展、国际化地位和影响,更是要充分利用厦门优势,将基地打造成中国创新、中国智造、中国实践的金字品牌,以及中国话语、中国叙事体系构建和国际传播的金色名片。

一起向未来,如何从创新理论走向创新实践再到实现创新成果,需要系统研究、深入探索。本书立足国家战略,聚焦中国作为"国际关系中的重要力量和国际体系的积极建设者"的角色和作为,聚焦厦门金砖国家新工业革命伙伴关系创新基地的发展和建设,重点围绕"世界之变"及"发展""创新""合作"等核心理念,从宏观视角梳理了金砖合作机制及"金砖+"模式的内涵、理论创新、运作模式、合作路径等,并从智库视角对当前国际形势下的金砖合作提出了思考和研判;对加强金砖国家高质量伙伴关系建构、充分发挥金砖国家在促进全球经济包容性增长中的积极作用、推动金砖国家发展战略的深度对接等议题进行了探索和研究。具体结合"新工业革命"背景,对金砖国家人力资源需求情况和人才培养、金砖合作机制化建设的创新路径、金砖国家华侨华人的贡献和作用等问题进行了深入探讨。在此基础上,对金砖国家新工业革命伙伴关系创新基地的建设基础、建设模式、角色使命和未来方向进行了深度分析和政策思考。

关于金砖合作机制及厦门金砖国家新工业革命伙伴关系创新基地建设,尚有许多重大理论与实践问题需要更加深入和细致的研究探讨。真诚期待本书能够抛砖引玉,引起学界更多的关注和讨论,助推金砖合作在高质量发展新阶段焕发更耀眼的金色光彩。

# 目　录

# 第一章　百年大变局视域下的金砖国家合作

当今世界正面临百年未有之大变局，以金砖国家为代表的新兴市场国家和发展中国家群体性崛起成为时代大势，推动国际秩序朝着更加公正合理的方向转变。在此背景下，金砖国家合作愈发令世人瞩目。当前，全球发展议程受到严重冲击，南北差距进一步扩大。其中，金砖国家经济总量占全球23%、货物贸易占18%、吸引外资占25%，是世界经济中不可忽视的重要力量。①在当前背景下，金砖国家更应共同应对挑战，为世界发展继续贡献金砖方案。

## 一、金砖国家合作历程及研究现状

### （一）金砖国家的合作历程

2001年，美国高盛公司（Goldman Sachs）首席经济学家吉姆·奥尼（Jim O'Nill）将巴西、俄罗斯、印度和中国四个成长前景看好的新兴市场国家首字母放在一起，提出了"金砖四国"（BRIC）的概念。2006年9月，上述四国外长在联合国大会期间举行首次外长会晤，此后每年依例举行。为应对金融危机，2009年6月，"金砖四国"领导人在俄罗斯举行首次正式会晤，金砖

---

① 《王受文副部长兼国际贸易谈判副代表出席2022年金砖国家经贸联络组第一次会议开幕式并致辞》，中华人民共和国商务部网站，http://www.mofcom.gov.cn/article/syx-wfb/202202/20220203283144.shtml。

国家合作机制正式启动。2010年12月,南非正式加入后,这一合作机制由最初的"金砖四国"变为"金砖五国"(BRICS)。自此,金砖国家成为中国、俄罗斯、印度、巴西和南非五国扩大相互沟通合作,加强战略信任与协调的重要平台。在2017年金砖国家领导人厦门会晤期间,中国国家主席习近平提出了"金砖+"概念,意在通过金砖国家同其他发展中大国和发展中国家组织进行对话,建立更广泛的伙伴关系,扩大金砖的"朋友圈",把金砖合作打造成为当今世界最有影响力的南南合作平台。"金砖国家"之所以成为一个家喻户晓的名词,并非因为它概念新颖,而是因为金砖国家合作打破了世界经济由发达国家长久主导的格局,给发展中国家的经济合作和共同发展开辟了可行之路,有力撬动了国际秩序的转型与改革,也为建立新型国际关系进行了有益探索。

2008年在发达国家间爆发的影响深远的金融危机和新兴大国经济的相对稳定史无前例地结合在一起,这引起了国际金融秩序的合法性危机,同样也促进新兴大国在"金砖四国"框架下前所未有的合作。金砖四国借机化被动为主动,于2009年6月在俄罗斯叶卡捷琳堡举行首次领导人会晤,宣布构建四国多边合作平台,并确立每年一次的定期会晤机制。截至2021年,金砖国家已举行13次领导人峰会,在众多议题上达成重要共识,取得重大成果。

表1-1 历次金砖峰会概况(2009—2021年)

| 时间 | 地点 | 参与国家 | 成果 |
|---|---|---|---|
| 2009年6月 | 俄罗斯叶卡捷琳堡 | 中国、印度、俄罗斯、巴西 | 正式启动了金砖国家之间的合作机制,发表了《"金砖四国"领导人俄罗斯叶卡捷琳堡会晤联合声明》。在联合声明中,四国呼吁建立一个更加多元化的货币体系,提高新兴市场和发展中国家在国际金融机构中的发言权和代表性,并承诺推动国际金融机构改革,使其体现世界经济形势的变化 |

续表

| 时间 | 地点 | 参与国家 | 成果 |
|------|------|----------|------|
| 2010年4月 | 巴西巴西利亚 | 中国、印度、俄罗斯、巴西 | 发表《联合声明》。在联合声明中，四国商定推动"金砖四国"合作与协调的具体措施，"金砖国家"合作机制初步形成。2010年12月，中国作为"金砖国家"合作机制轮值主席国，与俄罗斯、印度、巴西一致商定，吸收南非作为正式成员加入"金砖国家"合作机制，"金砖四国"变成"金砖五国"，并更名为"金砖国家"（BRICS） |
| 2011年4月 | 中国三亚 | 中国、印度、俄罗斯、巴西、南非 | 新成员南非首次参加会晤，金砖四国开始变为金砖五国。会议通过《三亚宣言》，对金砖国家的未来合作进行了详细的规划，决定深化在金融、智库、工商界、科技、能源等领域的交流合作，重申国际经济金融机构治理结构应该反映世界经济格局的变化，增加新兴经济体和发展中国家的发言权和代表性 |
| 2012年3月 | 印度新德里 | 中国、印度、俄罗斯、巴西、南非 | 发表了《新德里宣言》，探讨了成立金砖国家新开发银行的可能性。会议签署了两项旨在扩大金砖国家本币结算和贷款业务规模的协议，使得金砖国家间的贸易和投资便利化 |
| 2013年3月 | 南非德班 | 中国、印度、俄罗斯、巴西、南非 | 会后发表了《德班宣言》和行动计划，决定设立金砖国家新开发银行、外汇储备库，宣布成立金砖国家工商理事会和智库理事会，在财金、经贸、科技、卫生、农业、人文等近20个领域形成新的合作行动计划。会晤以金砖国家同非洲的伙伴关系为主题，首次举行了金砖国家与非洲领导人对话会，传递了金砖国家愿与非洲国家在基础设施领域加强合作、促进非洲互联互通、释放非洲发展潜力的积极信号 |
| 2014年7月 | 巴西福塔莱萨 | 中国、印度、俄罗斯、巴西、南非 | 会议发表《福塔莱萨宣言》，决定成立金砖国家新开发银行，总部设在中国上海；建立金砖国家应急储备安排。五国领导人还共同见证了多项合作协议的签署 |

续表

| 时间 | 地点 | 参与国家 | 成果 |
|------|------|---------|------|
| 2015年7月 | 俄罗斯乌法 | 中国、印度、俄罗斯、巴西、南非 | 会晤发表了《乌法宣言》及其行动计划,通过了《金砖国家经济伙伴战略》。会晤期间,各方围绕"金砖国家伙伴关系—全球发展的强有力因素"主题,就全球政治经济领域重大问题以及金砖国家合作深入交换了意见 |
| 2016年10月 | 印度果阿 | 中国、印度、俄罗斯、巴西、南非 | 会议通过了《果阿宣言》,签署了农业研究、海关合作等方面的谅解备忘录和文件。五国领导人围绕"打造有效、包容、共同的解决方案"主题,就金砖国家合作及其他共同关心的国际和地区问题深入交换看法,达成广泛共识 |
| 2017年9月 | 中国厦门 | 中国、印度、俄罗斯、巴西、南非 | 会议通过了《金砖国家领导人厦门宣言》,在金砖国家经济务实合作、全球经济治理、国际和平与安全、加强人文交流合作等方面达成共识。探索"金砖+"的拓展模式 |
| 2018年7月 | 南非约翰内斯堡 | 中国、印度、俄罗斯、巴西、南非 | 会议通过了《金砖国家领导人第十次会晤约翰内斯堡宣言》,会议围绕"金砖国家在非洲:在第四次工业革命中共谋包容增长和共同繁荣"的主题展开 |
| 2019年11月 | 巴西巴西利亚 | 中国、印度、俄罗斯、巴西、南非 | 会议通过了《金砖国家领导人第十一次会晤巴西利亚宣言》,围绕"经济增长打造创新未来"主题,就金砖国家合作及共同关心的重大国际问题深入交换意见,达成广泛共识 |
| 2020年11月 | | 中国、印度、俄罗斯、巴西、南非 | 金砖国家领导人第十二次会晤以视频形式举行,会议通过了《金砖国家领导人第十二次会晤莫斯科宣言》。此次会晤的主题是"维护全球稳定、共同安全和创新增长的金砖国家伙伴关系" |
| 2021年9月 | | 中国、印度、俄罗斯、巴西、南非 | 金砖国家领导人第十三次会晤以视频方式举行,通过了《金砖国家领导人第十三次会晤新德里宣言》。会议就疫情应对、支持多边贸易体制、金砖国家经贸务实合作等议题交换意见,为金砖国家领导人第十四次会晤做好经贸方面的准备 |

自2006年金砖四国外长首次会晤,金砖国家合作不断充实、成熟,走向常态化,在国际舞台上扮演了越来越重要的角色。

（二）金砖国家合作研究现状

关于金砖国家研究，以2009年巴西、俄罗斯、印度和中国领导人在俄罗斯叶卡捷琳堡会晤为界，前后大致可以划分为两个阶段。第一阶段的研究主要将金砖国家作为新兴市场的代表探讨其发展问题，是将四个各具特色的单个国家放在一起研究；而第二阶段的研究则拓展到将金砖国家作为新兴国家的代表探讨其合作问题，是将拥有共同利益与诉求的五个国家合在一起研究。

首先，从研究对象来看，金砖国家研究始于国别研究，并且直到如今仍是这一领域研究的重要组成部分，跨区域合作和全球治理等研究逐渐进入该研究领域。金砖国家国别研究议题主要集中在国别比较研究上，将金砖国家之间及其与其他经济体加以比较，找出异同点并对其长期以来突出的经济表现寻求解释。这些研究既涉及金砖国家的经济增长和发展议题，[1]也涉及五国的对外经济交往及其影响。[2]其中，很多研究侧重于金砖国家之间，以及金砖国家与其他国家之间经济、社会等领域的比较。[3]2006年金砖四国外长首次会晤后，从跨区域合作视角来探讨金砖国家合作的研究逐步增多，其中既包括从实践上对金砖国家合作的基础、动力和前景进行

---

① Leslie Elliott Armijo, "The BRICS Countries（Brazil，Russia，India，and China）as Analytical Category: Mirage or Insight?" *Asian Perspective*，Vol. 31，No.4，2007，pp.7-42；林跃勤：《金砖四国：经济转型与持续增长》，《经济学动态》2010年第10期；P. Carmody，"Another BRIC in the Wall? South Africa Development Impact and Contradictory Rise n Africa and Beyond"，*The European Journal of Development Research*，Vol. 24，No.2，2012，pp.223-235.

② 桑百川、郑伟、谭辉：《金砖国家服务贸易发展比较研究》，《经济学家》2014年第3期；欧阳《"金砖四国"崛起的大国效应》，《大国经济研究》2010年第2辑。

③ 陈佳贵：《金砖四国发展模式比较》，《瞭望》2010年第3期；V. Nadkarni and N.C. Noonan，*Emerging Powers in a Comparative Perspective The Political and Economic Rise of the BR/C Countries*，New York & London: Bloomsbury Academic，2013; Uwe Becke，*The BRICS and Emerging Economies in Comparative Perspective: Political Economy, Liberalization and Institutional Change*，London &New York Routledge，2014.

的分析,也包括从理论上对这种新型合作模式的检视和探讨。①随着2008年国际金融危机后全球治理问题的关注加大,以及金砖国家领导人会晤机制的建立,从全球视角分析金砖国家合作对全球治理和世界秩序影响的论著随之日益兴盛,并成为金砖国家研究的热点问题之一。②

从研究视角来看,金砖国家作为新兴市场经济体,其在经济学界受到广泛关注,早期金砖国家研究成果也几乎都来自经济学研究领域,近年来国际政治经济学视角逐渐兴起,开始深入探讨金砖国家对国际关系和国际秩序转型,以及国际政治经济学议题和范式变化的影响。③除了奥尼尔及其高盛团队,一些国内外经济学家从经济学视角分析了金砖国家的价值、影响与挑战。④金砖国家领导人会晤机制创立后,"金砖四国"实现了从一个经济学概念向一个对话与合作平台的实质性转化,这种新型合作模式的产生引发了许多仅用纯粹经济学理论难以阐释的理论与现实问题,从而使

① 卢锋、李远芳、杨业伟:《"金砖五国"的合作背景和前景》,《国际政治研究》2011年第2期;杨洁勉:《金砖国家合作的宗旨、精神和机制建设》,《当代世界》2011年第5期;汪巍:《金砖国家多边经济合作的新趋势》,《亚大经济》2012年第2期。

② 相关研究成果见黄仁伟:《金砖国家崛起与全球治理体系》,《当代世界》2011年第5期;黄仁伟:《全球经济治理机制变革与金砖国家崛起的新机遇》,《国际关系研究》2013年第1期;庞中英、王瑞平:《从战略高度认识金砖国家合作与完善全球经济治理之间的关系》,《当代世界》2013年第4期;樊勇明:《全球治理新格局中的金砖合作》,《国际展望》2014年第4期。Sijren de Jong, et al., *New Players, New Game? The Impact of Emerging Economies on Global Governance*, Amsterdam: Amsterdam University Press, 2012.

③ Dina Jaccob, *Emerging Economies and Transformation of Interactional Relation: Evidence from the BRICS Members*, Berlin, LAP LAMBET academic Publishing, 2013; Li, Xing, ed. *The BRICS and Beyond The International Political Economy of the Emergence of a New World Order*, London: Ashgate Publishing, 2014;王正毅:《从IPE的角度来研究金砖国家合作》,复旦大学"西方制裁俄罗斯及其对金砖合作的影响"学术研讨会上的发言,2015年1月22日。

④ Stefano Pelle, *Understanding Emerging Markets-building Business Bric by Brick*, London: Sage Publications, 2007;李扬主编:《"金砖四国"与国际转型》,社会科学文献出版社,2011;张燕生:《金砖国家在均衡全球经济发展中的责任》,《经济》2011年第5期;李向阳:《金砖国家经济面临的共同机遇与挑战》,《求是》2011年第8期。

得学界对金砖国家研究的视角不断拓展,一些从事国际战略、国际政治、国际关系、外交学等领域的研究者开始关注金砖国家研究,并探讨金砖国家合作的机制建设和战略作用。①

从研究领域来看,金砖国家研究从投资领域拓展到多领域研究。作为新兴市场与发展中经济体的代表,金砖国家的投资市场备受关注。随着研究的深入,研究领域和议题不断拓展。在贸易领域,研究议题包括金砖国家经贸合作机制、贸易便利化、贸易发展前景及建立自贸区的可行性分析等;②在货币金融合作,研究议题涉及金砖国家金融发展及金融与货币合作等;③在能源领域,研究议题包括金砖国家能源消费、合作机制与政策等;④

---

①杨鲁慧:《金砖国家:机制·特质·转型》,《理论视野》2011年第11期;Smith, J. A., "BRIC becomes BRICS: Emerging Regional Powers? Changes on the Geopolitical Chess-board", *Global Research*, January 16, 2011;赵可金:《中国国际战略中的金砖国家合作》,《国际观察》2014年第3期。

②例如,蔡春林:《金砖四国经贸合作机制研究》,中国财政经济出版社,2009年;刘军梅等:《金砖国家研究丛书——贸易便利化:金砖国家合作的共识》,上海人民出版社,2014年;薛荣久:《"金砖国家"货物贸易特点与合作发展愿景》,《国际贸易》2012年第7期;刘文革、王文晓:《建立金砖自贸区可行性及经济效应分析》,《国际经贸探索》2014年第6期等。

③ N. Mwase and Y. Yang, "BRICS' Philosophies for Development Financing and Their Implications for LICS," *IMF Working Paper*, WP/12/74, Washington D. C., IMF, 2012;陈雨露:《"金砖国家"的经济和金融发展:一个比较性概览——金砖国家金融发展的特征与趋势(上)》,《金融博览》2012年第5期;陈雨露:《"金砖国家"的经济和金融发展:一个比较性概览——金砖国家金融发展的特征与趋势(下)》,《金融博览》2012年第6期;桑百川、刘洋、郑伟:《金砖国家金融合作:现状、问题及前景展望》,《国际贸易》2012年第12期;黄凌云、黄秀霞:《"金砖五国"金融合作对五国及全球经济的影响研究基于GTAP模型的实证模拟》,《经济学家》2012年第4期;刘文革、林跃勤:《金砖国家货币合作之路》,《资本市场》2013年第1期等。

④例如,李治国、杜秀娥:《"金砖国家"清洁能源利用及能源消费结构的实证分析》,《亚太经济》2012年第3期;曹广喜:《"金砖四国"的碳排放、能源消费和经济增长》,《亚太经济》2011年第6期;赵庆寺:《金砖国家能源合作的问题与路径》,《国际题研究》,2013年第5期;刘文革、王磊:《金砖国家能源合作机理及政策路径分析》,《经济社会体制比较》2013年第1期等。

在政治安全领域,研究议题涉及地缘政治与军事安全及金砖国家合作对国际安全格局的影响等。①此外,一些新兴领域不断涌现,例如创新发展、腐败问题、网络治理等。②

　　从研究路径来看,金砖国家研究开始从"政策研究""战略分析"向"学理探讨"拓展。金砖国家政策研究主要分为两个方面:一是企业层面的投资与经营决策研究,二是政府层面的对外政策研究。在企业层面,相关研究侧重于分析金砖国家发展现状、营商环境、经营与投资机会等,并为企业决策提供支持;③在政府层面,研究者则主要来自金砖国家政府部门及其支持的研究机构,相关研究侧重于对金砖国家的合作现状、问题与潜力分析,并在此基础上提出深化与拓展金砖国家合作的政策建议。金砖国家合作进程启动后,一些政策研究议题开始上升到战略层面加以探讨,战略分析随之成为新的关注点。这方面的研究既有来自金砖国家的学者,他们主要从战略层面探讨金砖国家发展与合作问题;也有美欧等发达国家的学者,主要分析金砖国家在区域和全球层面上的战略影响。近年来,还有研究尝试对金砖国家的发展与合作问题进行理论上的解释,并试图由此推进理论上的进步与创新。这方面的努力包括从国家权力、共同利益、身份认同、制度非中性、政治博弈等角度和理论框架解释金砖国家合作的动因与机制建

---

① Kwang Hochun, *The BRICS Superpower Challenge: Foreign and Security Policy Analysis*, London, Ashgate Publishing, 2013.

② 例如, J. E. Cassiolato and V. Vitorino, *BRICS and Development Alternatives: Innovation Systems and Policies*, London and New York: Anthem Press, 2009; 宁优俊:《腐败与经济增长双高之谜对"金四国"实证分析》,《中国市场》2011年第5期;沈逸:《全球网络空间治理与金砖国家合作》,《国际观察》2014年第4期等。

③ Xinhua and Wikipedia, *BRICS: A Guide to Doing Business in Brazil, Russia, India, China and South Africa*, Intercultural Publishing, 2012; Renata La Rovereet al, eds, *Entrepreneurship in BRICS Policy and Research to Support Entrepreneurs*, Springer International Publishing Switzerland, 2015.

设的前景等。①

总的来说,金砖国家发展与合作研究在十余年中不断发展演进,从主要基于单一维度的研究逐步向多层次、多元化、系统性的研究发展,并使金砖国家研究日益成为一个跨学科的新兴研究领域。

## 二、百年大变局下金砖国家合作面临的挑战及其动力

当今世界百年大变局,全球经济陷入严重衰退,大国战略竞争更趋激烈,国际社会面临分裂风险,世界进入动荡变革期。复杂严峻的外部环境使金砖合作面临的风险和不确定性明显上升,金砖国家伙伴关系正经历重大考验。但是这既彰显出金砖国家伙伴关系的价值和意义,也为创新和提升伙伴关系提供了新动力。

### (一)百年未有之大变局下深化金砖国家伙伴关系面临的挑战

一是金砖国家伙伴关系面临战略互信赤字风险。战略互信是金砖国家伙伴关系的根基。金砖五国虽然在意识形态、政治制度等方面存在差异,在一些具体问题上的利益诉求和政策主张也不一致,但在尊重彼此核心利益和重大关切方面达成的明确共识与为此而做出的努力,成为建立战略互信的重要基础。然而近年来,随着中国影响力的持续增强,中美实力差距的不断缩小,特朗普政府从权力政治思维出发,加剧对华战略竞争以维护美国霸权地位,加大了对金砖国家的分化瓦解。与此同时,由于中国与其他金砖国家之间的实力差距日趋拉大,个别国家的对华战略疑惧也随之增加。根据澳大利亚智库洛伊研究所2020年10月发布的2020年"亚洲

---

① 例如: Samuel Twumkwakye, *The BRICS States and the Responsibility to Protect Norm: Dynamics of State Power and Self-interest*, Berlin: LAP LAMBERT Academic Publishing, 2014; Fabiano Mielniczuk, "BRICS in the Contemporary World: Changing Identities, Converging Interests", *Third World Quarterly*, Vol. 34, No.6, 2013, pp.1075-1090; 徐秀军:《制度非中性与金砖国家合作》,《世界经济与政治》2013年第6期;高尚涛:《实践理论与实践模式:中国参与金砖国家机制进程分析》,《外交评论(外交学院学报)》2015年第1期。

实力指数"报告,美国虽位居第一,但与位居第二的中国差距迅速缩小。报告指出,肺炎疫情加速了国际权力的转移,这场疫情使美国两年前对中国的领先优势减半。报告还显示印度的实力指数在下降,认为印度虽然是唯一在人口规模上与中国相当的国家,但其在未来几年与中国平起平坐的预期是"不切实际的"。在此形势下,金砖国家内部信任赤字风险上升。例如近年来,随着中美竞争加剧,印度不断加强与美国的防务合作,开始加入美国领导的安全联盟。印度一方面与美国、日本、澳大利亚组成"印太"四国合作机制(Quad),定期举行外长会议,另一方面还与美国定期举行外长与防长的"2+2"对话会。印美之间的军事互动和防务合作使一贯坚持"不结盟"外交原则的印度实质上成为美国的防务合作伙伴,这凸显了金砖国家内部在一定程度上存在战略互信赤字。

二是金砖国家间利益纽带的松动。打造利益共同体是金砖国家伙伴关系的助推器。金砖国家以共同发展为基本立足点,通过发挥优势互补,拉紧利益纽带,建立经贸财经、政治安全、人文交流三轮驱动合作框架,积极打造利益共同体,助力金砖国家伙伴关系发展。然而疫情的暴发及全球大流行,对金砖国家合作形成考验,金砖国家利益纽带出现松动。突发的疫情打乱了金砖国家间的经贸合作和人文交流。随着疫情的全球大流行,一些西方政客将新冠病毒政治化和污名化,有些西方国家极力挑拨金砖国家之间的关系。此外,尽管新兴和发展中经济体的产出缺口更大,但由于融资环境趋紧、通胀预期变动风险增大,它们正在更快取消政策支持。①

三是金砖国家间集体行动力的下降。集体行动力是金砖国家团结合作的重要体现,也是其发挥影响力的重要因素。金砖国家伙伴关系不能只停留在交流、协商和达成共识上,而是要靠实际行动,要产生实际成效。习近平主席对此强调指出:"金砖国家不是碌碌无为的清谈馆,而是知行合一

---

① International Monetary Fund: *The World Economic Outlook*, Oct. 2021.

的行动队。"[1]事实上,金砖国家自启动合作伊始就十分重视集体行动的作用,在积极凝聚共识的基础上不断建设和完善合作制度,进而转化为集体行动,通过持续开展以行动为导向的合作,系统性地强化伙伴关系建设。尤其是金砖国家新开发银行和应急储备安排的建立,作为金砖国家集体行动的重要体现,对全球金融治理体系改革产生了深刻影响。然而近年来受"逆全球化"浪潮和大国战略竞争加剧等不利外部环境影响,金砖国家的集体行动力明显减弱。例如,在世贸组织改革这一紧迫的问题上,金砖国家领导人虽然多次公开阐述了金砖国家的共同立场,表示要全力支持以世贸组织为代表、以规则为基础的多边贸易体制,维护世贸组织核心价值和基本原则,敦促立即启动世贸组织上诉机构成员遴选程序,维护争端解决机制的稳定和有效运行,但在实际行动中,个别国家却更多考虑自身需要,使金砖国家的集体行动陷入一定困境。2019年2月,巴西拒绝联署由中国和印度等10个发展中国家提出的针对美国改革提案的分析文件。同年3月,巴西公开表示放弃其在世贸组织中属于发展中国家的"特殊和差别待遇",以换取美国对巴西加入经合组织的支持。巴西在世贸组织改革问题上的行为无疑大大削弱了金砖国家集体行动力。此外,新冠肺炎疫情暴发后,金砖国家在抗疫合作中也未能体现出明显的集体行动力。集体行动力下降不仅削弱了金砖国家的国际影响力,也对金砖国家的国际关注度产生负面影响。因此,找准合作的发力点、强化集体行动力是深化金砖国家伙伴关系的一项重要任务。

(二)百年未有之大变局与金砖国家合作的动力

金砖国家间合作机制的形成是由多方面原因共同促成的。这些原因有外部的推动,但更主要的则来自金砖国家自身的合作愿望。

一是发达经济体提供的外部推动力。不仅金砖国家自身有参与全球

---

① 习近平:《共同开创金砖合作第二个"金色十年"——在金砖国家工商论坛开幕式上的讲话》,《人民日报》2017年9月4日。

经济治理的愿望,实际上发达国家也逐渐意识到金砖国家——作为世界经济中的系统重要性国家——在全球经济治理中不可或缺。1990年由美国发起的二十国集团财长会是新兴经济体国家财长首度开始涉足多边财经合作。从2004年开始,七国集团开始邀请中国财长参与七国集团财长会,2005年七国集团又将邀请范围扩大至中国、俄罗斯、印度、巴西和南非的财长和央行行长。2005年八国集团峰会首度邀请中、印两国首脑参加。作为被邀请国代表参会与作为成员国代表参会的体验是完全不同的。类似的待遇和共同的心理反应,促使金砖国家代表走到一起、寻求合作。不久,2006年金砖国家外长首次确立了年度外长会晤机制。2007年发达经济体正式启动的八国集团海利根达姆进程,进一步激发了金砖国家等新兴经济体参与高级别全球经济治理工作的积极性。两年后,金砖国家合作机制正式确立。新兴国家从财长会开始、从领导人峰会的旁观者开始,逐步升级成为国际经济协调和国际经济规则的主要参与者与制定者。尽管金砖国家间形成的机制化合作并非西方主动促成,但西方国家的确在推动金砖国家合作中扮演着微妙的促进作用。

二是相似经济治理理念提供的吸引力。在过去的几十年中,国际金融机构如世界银行、国际货币基金组织举行的"华盛顿共识"在新兴市场国家的实践效果并不理想。这使得金砖国家对于西方经济政策建议的态度更为审慎。尽管金砖国家支持改革与开放,也支持市场化建设,但与"华盛顿共识"存在较大差异的是,金砖国家强调经济政策的独立自主性及国家在经济发展中的重要性。例如雷默认为中国采用的是"北京共识",即通过自主创新和特区试验等具有中国特色的方式推动经济政策改革。巴西通过"逐步的私有化""有限的自由化"和"有条件的现金转移程序"等方式修正和部分采用了"华盛顿共识"。苏联激进改革派对于"华盛顿共识"的实践,导致国家经济出现大幅动荡。现在的俄罗斯已经从早先的自由市场治理转向了政府参与宏观经济治理模式。因此,金砖国家在政治经济制度改革方面的共识程度,将直接促进金砖国家的合作与协调效果。

三是参与全球经济治理的内在动力。国际社会缺乏绝对的权威来实施"统治需要借助治理机构"或"合作治理"来维持国际经济秩序。20世纪90年代以来,发展中国家开始意识到经济一体化和经济稳定所需要的跨国经济合作诉求,逐步构建了一系列区域性治理平台。金砖国家作为区域性大国,更是积极参与到区域性合作组织的建设中。在拉美地区建立有南方共同市场(1991)、安第斯共同体(1997)、南美洲国家联盟(2004)等;亚太地区以上海合作组织(1996)、东盟10+1/10+3合作机制(1997)等为主要合作平台;南亚地区则建立有南亚区域合作联盟(1985)、环印度洋区域合作联盟(1995)等;欧亚地区建设有欧亚经济共同体(2000),以及计划中的欧亚联盟(2015)等;非洲地区除了非洲联盟(2002),还存在多个区域性经济共同体。但是随着经济开放度和经济实力的上升,仅停留在区域性的合作机制显然无法满足金砖国家对于全球性或跨区域的治理诉求,这些区域性合作机制的存在成为金砖国家合作作为南南合作桥梁的重要基础。

四是金砖国家自身对多边主义的强烈需求和世界政治、经济的外部环境也促成一种压力导向,客观上推动各国强化多边合作,获取自身竞争优势。从更大意义上来看,多边主义符合世界发展的大势,这种历史大势不以人的意志为转移。2018年金砖国家约翰内斯堡峰会提出的构建金砖国家新工业革命伙伴关系至关重要。金砖合作目前已有经济经贸、政治安全、人文交流三大支柱,新工业革命伙伴关系应成为第四大支柱。当今世界取得经济领先的关键在于谁能够在科技革命、产业革命中抢占先机,金砖国家之间可以通过发挥各自所长,构建科技创新联合体,进一步相互开放推动技术突破。

五是中国的新发展格局塑造了金砖合作的新动力。中国是金砖国家成员中的最大经济体,在金砖合作中发挥举足轻重的作用。尽管受到疫情冲击,中国经济仍逆势增长,在金砖合作中的地位进一步提升。国际货币基金组织数据显示,2020年中国国内生产总值为14.7万亿美元,占金砖国家经济总量的份额超过七成;同期,中国人均国内生产总值为10484美元,首次超过俄罗斯,居金砖国家成员首位。在此背景下,中国推动形成以国内大循环为主体、国内国际双循环相互促进的新发展格局,将为包括金砖国家在内的世界各国共享中国经济高质量发展成果创造更多机遇。从一定意义上讲,中国的国内大循环就是推动中国与世界经济高质量发展和良性互动的国内国际双循环。中国海关数据显示,2020年中国货物贸易进出口总值为人民币32.16万亿元,较上年增长1.9%;2021年上半年,中国货物贸易进出口总值为人民币18.07万亿元,创历史同期最好水平,较上年同期增长22.8%。而同其他金砖国家经贸合作也表现出较强的韧劲:2020年,中国取代美国重新成为印度最大贸易伙伴;2021年上半年,印度成为中国贸易伙伴中增长速度最快的国家,双方贸易总额涨幅超过50.5%。中国还长期保持俄罗斯、巴西和南非的最大贸易伙伴地位,为相关国家经济持续注入发展动力。新发展格局绝不是封闭的国内循环,而是开放的国内国际双循环。中国着力构建新发展格局,将更好分享中国发展机遇和更好优化全球资源配置,把经济活力、生产效率和发展机会传导到金砖国家,从而为金砖合作提供持续动力。

### 三、百年未有之大变局下的重大议题及其对金砖国家合作的影响

从国际形势看,百年未有之大变局主要从以下三个方面对金砖国家合作产生深刻影响:一是国际政治格局之变,主要是大国博弈和战略竞争的加剧对金砖国家作为多边机制的挑战。二是科技与产业之变。以往的几次科技革命和产业变革,均由大西洋两岸国家唱主角,新一轮科技革命和产业变革,虽美国仍担纲主角,但中国、印度等新兴国家亦表现抢眼,金砖国家新工业革命伙伴关系的创建是新兴国家在此关键节点的重要尝试。三是全球治理进程之变。一方面,治理客体越来越复杂,需要各国特别是大国加强合作;另一方面,掌控着全球治理规则制定权的西方大国,却不愿意承担治理责任,反而强化同其他国家的竞争,阻碍其他国家参与,恶化了推进全球治理的政治环境,这为新兴国家参与全球治理并推动治理体系改

革创造了机遇。

可以说,挑战令人担忧,机遇同样令人期待。如何破题,习近平主席说得非常明确:"面对百年未有之大变局,作为重要的新兴市场国家和发展中国家,我们应该顺应时代潮流,回应人民呼声,展现应有的责任担当,在追求发展道路上矢志不移,在团结合作历程中携手奋进,为人民谋幸福,为世界谋发展。"基于此,以下将分别从中美竞合、新工业革命伙伴关系等切入点就百年未有之大变局对金砖国家合作的影响进行典型分析。

（一）中美竞合对金砖国家合作的影响

当今世界正经历百年未有之大变局,庚子大疫更是成为百年变局中的最大变量,世界形势走向变得更加复杂难测。令人遗憾的是,新冠疫情并没能使中、美这两个大国携手应对人类共同威胁,中美战略竞争已不可避免地成为当前学界和战略界的基本共识。中美竞合对金砖四国合作也产生着重要的影响,与此同时,金砖四国作为新兴经济体对中国外部战略环境的重要性也日益凸显,甚至在某种意义上决定着中美竞争的走向。其中,印度是美国"印太战略"框架下着力争取的重要战略伙伴,随着美日印澳四边安全机制的不断推进,美国拉拢印度打压中国的战略意图日益明显。近年来,印度与中国的领土争端和地缘政治矛盾不断加剧,如果处理不好对印关系,中国将极有可能面临对美印"两线作战"的风险。俄罗斯是中国全面战略协作伙伴,又是美国明确界定的竞争对手,但随着遏制中国日益成为美国两党的共识和优先目标,美国国内已经出现了与俄罗斯寻求和解以进一步孤立中国的政策主张。在中美竞争日趋激烈的趋势下,未来不排除美国重施20世纪70年代联合中国对抗苏联的"故技"的可能性,同时又拉拢俄罗斯破坏中俄关系。巴西和南非则分别是拉美地区和非洲地区重要的区域性新兴经济体,对中国在这些地区与美国的竞合关系都有相应的反应和应对策略,影响着地区局势和金砖国家合作的前景。

1.俄罗斯对中美竞合的反应及应对策略

从俄罗斯角度切入,通过梳理和分析俄罗斯官方人士、国际关系领域学者及部分西方人士近年来在媒体、智库上公开发表的文章、接受的采访等,可以看到俄罗斯方面对中美竞合的关注主要围绕两个问题展开:一是"中美冲突是不是新冷战"的判断和辩论,二是俄罗斯在"中美博弈处于国际关系中心"这一新变化中如何看待自身位置,其对外政策会做出、应做出怎样的选择,这是俄罗斯精英们讨论最多的话题。[1]

关于中美冲突中俄罗斯立场方面,俄罗斯学者在反对"俄联美抗中"的观点上意见比较一致,俄国内鲜有支持亲美的声音。相较于美国,中国作为俄罗斯的全面战略协作伙伴,在许多国际和地区热点问题上的立场和看法与俄一致或相近,因此有少部分俄罗斯学者提出应该坚定支持中方,中俄应联手对抗美国。但也有部分学者明确表示俄罗斯应与中国拉开距离,采取更加灵活的立场。总的来说,俄学界主流观点认为,当下中美两极化趋势不符合俄战略利益,固有"大国心态"使其无法接受自己在未来国际格局中彻底丧失位置,沦为两极中任何一方的附庸,俄罗斯应在现有政策下同中国保持距离,但相较于美国需要更靠近中国;俄不能袖手旁观,不能放任各种不确定性风险存在,而应奉行积极灵活的外交政策,推行俄式"愿景",争取团结更多第三方力量,抑或通过不同议题上多变的利益各方平衡中美影响,推动世界多极化发展趋势。[2]

基于上述分析,对俄未来可能进行的外交政策调整可做出如下推测:对华方面,在反对美国单边、霸权行径问题上继续给予中国道义上的坚定支持,同时,在南海、军控、共建"一带一路"问题上同中国适度保持距离,在涉及日、欧、印、东盟等第三方力量议题时较以往对华支持力度会有所回调;对美方面,继续在政治领域双边层面谋求关系正常化,同时试图从更多非传统领域拓展双方共同利益,在多边层面上俄美良性互动同样有望增

---

① 李宸辰:《俄罗斯政界、学界谈中美冲突升级及俄未来选择》,《欧亚人文研究(中俄文)》2021年第1期。

② 李宸辰:《俄罗斯政界、学界谈中美冲突升级及俄未来选择》,《欧亚人文研究(中俄文)》2021年第1期。

加;对欧方面,囿于北约牵制及乌克兰问题,俄欧关系整体调整机会不大,俄罗斯将努力从俄德、俄法、俄意等双边关系入手,积极施加影响,为改善俄欧关系积累正能量;对其他第三方力量,如印度、非洲及拉美国家,可能会有更多实际性投入,拉其加入俄式"愿景",拓展俄罗斯的全球影响力。

2.美日印澳四边机制对中印关系的影响

当前,拜登政府延续了特朗普提出的"印太战略"基本思路,推进美日印澳四国安全同盟战略,竭力构建针对中国的印太版"新北约"。特别是拜登政府对印度的倚重不减反增,而印度对美国的拉拢从"半推半就"到"开怀相迎",呈现出加速融入美国"印太战略"的态势。对此,印度国内不乏随美起舞者,声称金砖机制已经异化,成为中国谋求全球霸权的工具,对印而言实为鸡肋,印度应加入由西方安排的各种经济、安全合作机制,而不是在一个由中国主导的机制中被"带偏节奏"。如印度前国家安全顾问希夫尚卡尔·梅农(Shivshankar Menon)在其新书《印度与亚洲地缘政治:过去与现在》中指出,2017年美国为应对中国崛起重启美日印澳四方安全对话(Quad),印度与美国的关系日益紧密、利益趋同。知名学者拉杰什·拉贾戈帕兰(Rajesh Rajagopalan)、布拉马·舍拉尼(Brahma Chellaney)等认为,伴随中国快速发展,印度在印太地区的主要目标是防止中国主导该地区事务,印度应该更加自信地靠近西方,拥抱印美战略伙伴关系。①可以说,四方安全对话对中印政治和经济关系都造成了负面影响,对金砖国家合作机制的发展也产生了消极影响。

一是四方安全对话促使"印太战略"军事化,影响中印战略互信。拜登上台后,美国将中国视为"最严峻的竞争对手",明确要加强与盟友的关系。随着莫迪第二任期对华态度更趋强硬,美印防务合作步伐也明显加快。虽然印度并非美国盟友,但美国通过与印度的一系列军事合作协议,向印度

---

① 李青燕:《印度融入美国"印太战略"新动向:驱动因素与局限性》,《国际论坛》2021年第5期。

提供中国在中印边境地区兵力部署情报,将印度拉入四国安全对话防务安全网络。由于中印实力差距扩大及中美博弈加剧,印度的"投机主义""冒险主义"不断升级,利用中美博弈为印度创造崛起机遇期的战略取向加重,将在未来一段时期内为印度积极向美国"印太战略"靠拢提供动力,从而大大削弱了中印之间在金砖框架下所建立的战略互信。

二是双轮驱动印太地缘经济整合,消解了金砖经济合作动力。2021年3月举行的美日印澳四方安全对话是该机制自2007年建立以来的首次元首级别会晤。此次会议上,除了重弹"自由开放印太"的老调,以疫苗增产为代表、强化产业链供应链弹性成为优先议题。原本聚焦于军事安全范畴的四国机制,如今以军事、经济双轮驱动的方式推动印度在经济地位上取代中国,促成"摆脱对华依赖,以印度为制造中心"的新印太地缘经济战略框架。在这种情况下,原本以经济驱动为主要合作动力的金砖国家机制必然受到严重的冲击。

三是"四方安全对话+"与"金砖+"模式的竞争。在美国的拉拢和推动下,美、日、印、澳四国在会晤等级、合作内容等方面有了新的进展,并与机制外国家频繁互动,呈现出打造"四方安全对话+"架构的趋势。"四方安全对话+"参与国包括四方和越南、韩国、新西兰等国,其目标是吸收更多具有相同或相近战略利益的国家,其主要目的是削弱中国在印太地区的经济地位,减少对中国在经济上的依赖,以"四方安全对话+"为替代机制,来鼓动那些认为受到中国压力的国家进行对抗。因此,相对于在区域上是涵盖范围更加广泛的,对于亚洲地区或者说印太区域的国家来说,"四方安全对话+"更聚焦于所在地区事务,是极有吸引力的替代机制。

四是身份认同的争夺。近年来美、日、印、澳四方不仅强调四边合作是民主国家之间的合作,更是借此强化彼此所谓印太国家的身份认同,宣称四边合作意在构建"自由开放的印太秩序",甚至有意打造更大范围的"印太合作网络",重点勾连印度,力图推动印度与金砖国家离心离德,通过鼓吹印度是全球发展中国家中最大的民主国家典范,宣扬印度不应与中俄所谓威权政治捆绑在一起。四国反复强调的共同点是"民主",这意味着美国的"印太战略"准备以"民主"画线,基于民主规则的国家能否在共同的政治和经济价值观基础上携起手来就成为四国机制是否能够成功的标志。受此影响,印度也日益重视参与进程中的诸多非物质利益——"身份认同",印度国内也频现印度须与金砖脱钩的声音,叫嚷印度应与西方一起捍卫民主价值体系,转向投入由印尼、巴西、南非组成的三边对话机制,顺势推动"民主十国"联盟体系的构成,结成意识形态同盟。

### 3.中美竞合对巴西的影响

中美竞合的态势同样影响到了主要拉美国家在政治和贸易上的选择,特别是美国对中国在拉美活动施加的压力,重新推出了门罗主义(称为"新门罗主义"),意在打压中国和俄罗斯在拉美的利益。中、美两国在拉美地区的摩擦主要集中在三个方面:外交承认和一个中国原则;"一带一路"建设;围绕第五代移动通信技术网络标准展开的科技战。因此,身在拉美的地区大国巴西,也同样受到这些摩擦的影响。关于外交承认和一个中国原则,主要围绕的是拉美小国,中巴之间就此基本是有共识的,但是在"一带一路"倡议和第五代移动通信技术网络问题上,都或多或少受到了美国的压力。而且在中美经贸摩擦的过程中,虽然美方种种行为并非针对巴西,但像世界上的其他很多国家和经济体一样,作为第三方的巴西同样受到了波及。

如果中美经贸摩擦真的能够给巴西带来什么契机,加强金砖合作倒是更有可能的一个方面。在巴西瓦加斯基金会国际关系专家斯图恩科尔的眼中,中美经贸摩擦与巴西的交集并非仅仅是大豆贸易——而是更深层次上,美国正在试图弱化全球贸易中的"规则",这一点很可能推动金砖国家间的合作变得更加紧密,因为至少金砖框架没有在主动弱化国际贸易体系。①谈及过去10年金砖国家的合作时,最常提到的一个概念就是"发展中国家国际话语权的增强"。其中的话语权,固然指的是金砖国家作为整体,乃至整个新兴市场在国际上的话语权。但单对巴西来说,还有另一层价值。如今放眼诸多国际组织——世界贸易组织、联合国粮农组织、世界卫生组织执行委员会等重要国际机构或部门的一把手均为巴西人或巴西籍。在很多美洲问题上,巴西也积极发声。在这一切的背后,巴西的愿景不言自明。而金砖合作对巴西这番愿景来说,无疑有着巨大的价值。

### 4.南非对中美竞合的反应

中、美是非洲重要的外部利益攸关方,非洲是中美关系中特殊的第三方因素,中、美在非洲的利益和关系互动主要体现在经济、政治、安全三大基本领域。在经贸领域,中国在非洲拓展迅速,美国与非洲的经贸合作水平则有所下降,呈现出"中国赶超、美国守成"之势。在政治领域,中美间竞争性较强,双方各有独特的政治诉求,在重大国际问题上都需要争取非洲的政治支持,当中、美两国的立场相悖时,双方在争取非洲支持上便是零和博弈。中国将一个中国原则作为与非洲交往的政治前提;美国则将巩固、扩大非洲"民主"视为自身主要利益,这与中国一贯奉行的尊重并支持非洲自主选择发展道路的原则显然相悖。在安全领域,"9·11"事件后美国重视非洲在反恐中的作用,加强在非洲的军事部署,中国则通过联合国多边维和与对非双边安全合作的方式参与维护非洲和平与安全,但总体依然呈现"美强中弱"的态势。②在经济发展上,中国根据自身经验,认为政府应当在市场经济中扮演积极角色,国有企业在关乎国家经济命脉的领域应当发挥支撑性作用,国有企业对非投资活动集中在基础设施建设和自然资源开发领域;美方则强调推动社会经济的私有化,推动非洲实行金融和贸易自由

---

① 殷岳:《质疑金砖褪色:我给欧洲教授这样解释》,观察者网,https://baijiahao.baidu.com/s?id=1606921313920986927&wfr=spider&for=pc。

② 王磊:《中美在非洲的竞争与合作》,《国际展望》2018年第4期。

化,大幅降低政府对经济活动的管制。特别是在2008年金融危机以后,欧美陷入制度、经济、社会困境,而中国发展势头持续向好,非洲开始对自身的发展道路进行反思,"向东看"的趋势明显。过去20年,中非政治和经济关系快速发展。尽管美国仍是非洲最大捐助国,但中国已成为非洲基础设施建设最大的融资提供方。中国对非投资常常引发质疑和争论。中国对非洲的金融支持通常是长期贷款而非赠款,因此被批评为"债务陷阱"——认为中国将借此谋取在非洲的战略优势。美国等国警告非洲不要屈从于中国的"债务外交"。有些国家认为非洲国家若无力偿还中国的贷款,则可能会失去其关键资产。但普通非洲人是如何看待中国在其国家的存在及经济参与的呢?非洲晴雨表2019/2020年在非洲18个国家进行的调查显示,非洲人对中国给予的援助及其在非洲的政治与经济影响力持正面看法,不过,近5年持正面看法的比例有所下降。非洲人最偏爱美国的发展模式,中国发展模式仍居第二。①随着中、非在治国理政方面的交流,以及中国政治影响力的扩大,美国对中国的担忧也有所加深:一是担心中国在非洲建立排他的势力范围;二是担心中国输出"中国模式",动摇美国主导的"自由民主秩序"。因此从某种角度上说,价值观之争已经超越现实的经济利益之争,成为中美在非洲的博弈焦点。事实上,中国在对非洲的交往中坚持不干涉内政原则,更不寻求在非洲建立势力范围,不寻求通过"代理人"与西方对抗,中国也从未强求非洲国家照搬中国的发展模式。

对于中美之间的冲突,南非学者和智库在多个场合的表态多体现其希望中美摩擦尽快解决的态度,对于西方提出的"中国威胁论"和"文明冲突论"都表示斥责。例如在2019年日本二十国集团峰会召开前夕,南非不少经济学家都表示,希望看到中美经贸摩擦尽早得到解决:南非知名投资公

---

① Josephine Appiah-Nyamekye Sanny and Edem Selormey, African regard China's influence as significant and positive, but slipping, Afrobarometer Dispatches No.407, 17 November 2020. https://afrobarometer.org/publications/ad407-africans-regard-chinas-influence-significant-and-positive-slipping。

司埃菲西恩特集团首席经济学家戴维·鲁特认为中美经贸摩擦问题应该得到解决，否则会对世界经济造成严重伤害。①又如南非在 2017 年举行的"走出'文明冲突'阴霾，共享文明和谐"研讨会上，来自全球对话所、马蓬古布韦战略反思研究所、卡拉研究所、金山大学和比勒陀利亚大学等南非著名研究机构和高校的知名教授、智库专家作嘉宾发言，均对"中美文明冲突论"做出了驳斥：金山大学国际关系教授谢尔顿表示，所谓的"文明冲突论"早已过时，这种悲观、狭隘、消极负面的国际关系理论早已被历史证明是灾难性的。当今世界各国相互依存、利益交融、命运与共，合则两利、斗则俱伤，各国应该同舟共济，共谋发展。"一带一路"是中国对世界的巨大贡献，为发展中国家带来重要机遇，埃塞俄比亚、肯尼亚等东部非洲国家因此迎来了更加快速的发展，非洲国家均应搭上"一带一路"的快速列车。美国等西方国家所谓"债务陷阱论"没有依据，非洲国家发展需要资金支持，非洲人民也有能力管理好这些资金。②全球对话所所长姆坦布则认为，在当前世界多极化趋势下，南方国家正在崛起，新的国际秩序建立不应再以西方规则为基础，金砖国家、二十国集团、上海合作组织、亚洲基础设施投资银行等国际机构和组织为全球治理提供了全新的选择。各国应摒弃冲突思维和理论，积极开展交流对话，这才是推动国际关系可持续发展的正确选择。马蓬古布韦战略反思研究所研究员杰弗里表示，斯金纳将中美经贸摩擦狭隘地归结为文明和人种之间的冲突，不合时宜且十分危险，充分暴露了美国"例外论"的优越感。美国连续从国际组织"退群"，严重扰乱和破坏国际多边规则和秩序。③

---

① 《南非经济学家期待中美经贸摩擦尽早得到解决》，人民网，http://finance.people. com.cn/n1/2019/0627/c1004-31199375.html。

② 《南非各界驳斥"中美文明冲突论"》，《经济日报》，2019 年 6 月 10 日，http://www. ce.cn/xwzx/gnsz/gdxw/201906/10/t20190610_32304198.shtml。

③ 《南非各界驳斥"中美文明冲突论"》，《经济日报》，2019 年 6 月 10 日，http://www. ce.cn/xwzx/gnsz/gdxw/201906/10/t20190610_32304198.shtml。

2021年2月,英国民治调查公司(YouGov)网站公布了"YouGov-Cambridge Globalism"项目的调查报告,调查结果显示美国有将近39%的人认为他们的国家"可能"会在未来5年内与中国爆发战争,同时也有37%的人认为这种情况不可能发生。而在英国,有38%的人认同"中美或将在5年内爆发战争"这一观点,同时也有40%的人对此种观点持否定态度。除了美国和英国,该网站还在多个亚非国家展开调查,结果发现这些国家中有半数以上的人都认为"中美或将在5年内开战"。其中,南非和印度尼西亚对这一观点的认同度,高达77%。而在印度和日本,对这一观点持赞成态度的人所占比例达到了68%和44%。①虽然这项调查具有一定的主观性,但同时也反映了一个现象,那就是国际上对中美关系的关注。作为非洲地区的重要大国南非,对中美竞合态势的关注及其相关反应既反映了其外交政策的走向,也在一定程度上反映了非洲地区国家对于中美在非洲竞争的反应。

**(二)新工业革命与金砖合作新方向**

**1.新工业革命提出全球治理变革新诉求**

以智能化技术为牵引的新工业革命刚刚开始就显示出惊人的创造力,犹如一场"风暴",席卷各个领域。预计在21世纪的前半期,大量新技术会得到广泛应用。智能化与以往的革命技术不同,它是以模拟人的智能、替代人的智能,甚至改变人的智能为特征,一旦智能技术应用到广泛的领域,就会开启新的境界,经济、社会、文化,还有军事等都会发生大的变化。这场新工业革命的深入发展会催生新的经济领域、新的经济运行方式,从而使经济社会发展发生革命性的变革。由于新工业革命的重要影响和重大价值,主要工业国家纷纷出台更加积极的产业政策和科技政策,推动新技

---

① 陈振宇:《中美五年内开战?民调称近四成美国人支持该观点,日本人和印度人认同度更高》,新浪网,http://mil.news.sina.com.cn/china/2021-02-01/doc-ikftpnny3147121.shtml。

术和新产业发展,抢占新一轮工业革命的制高点。然而个别国家为了独占新技术和新产业创造的巨大利益,抛弃公平竞争原则,背离包容发展理念,选择了极端的单边主义立场,采取了激进的保护主义手段,对全球化、多边主义和自由贸易秩序造成严重伤害。一方面,新技术和新产业加速突破和发展;另一方面,全球贸易秩序何去何从出现了极大不确定性。[①]

如果说蒸汽机驱动的机械化、电力和钢铁驱动的重工业化、流水线制造驱动的大规模标准化生产、数控技术驱动的柔性制造代表了前几次工业革命的主导技术范式,那么智能化、网络化、数字化技术的加速突破和应用则是当前蓬勃发展的新一轮工业革命的核心动力。之所以称这一场技术和产业变革是一轮革命,是因为智能技术和数字技术的连锁突破和大规模应用,不仅正在或将要催生一批新的先导产业,而且将与传统技术和产品融合,从根本上改变传统产业的技术基础、组织模式和商业形态,最终促进全球经济结构和发展方式的深刻变革以及经济增长潜力的充分释放。虽然新工业革命的红利足以惠及全球,但是新技术和新产业创造的价值在国家之间的分配却是不均衡的。发达工业国家希望通过加快技术突破和先导产业发展,巩固甚至进一步强化其在全球经济版图中的优势地位;已经具备一定工业基础和技术能力的后发国家也希望利用新工业革命打开的机会窗口,通过开辟独特的技术路径和商业模式实现赶超。虽然一些国家和企业在前沿技术和基础研究方面具有先发优势,但最终是否能够成为主导技术的开发者仍然具有很大的不确定性。加之信息技术发展具有鲜明的短周期特征,如果后发国家能够开展高强度的技术学习,同样有很高的实现技术赶超的概率。可以说,新工业革命可能创造的巨大经济红利及其对国家间产业竞争格局的深刻影响,激励着每一个国家积极参与其中,而新工业革命技术经济过程的复

---

① 谢伏瞻:《论新工业革命加速拓展与全球治理变革方向》,《经济研究》2019年第7期。

杂性又使得竞争结果具有高度的不确定性。

包括中国在内的具有一定工业基础的广大发展中国家广泛参与到高新技术的突破和应用，是这一轮工业革命相较之前几轮工业革命最大的特点。如中国的制造强国战略、俄罗斯的"国家技术计划"、阿根廷的"国家生产计划"和印度的"印度制造战略"等，都体现了广大发展中国家广泛参与新一轮工业革命的正当诉求和试图给人类迎接新工业革命做出贡献的理想抱负。面对新工业革命的机遇和挑战，不同国家呈现出不同的全球治理价值取向，采取了不同的全球化战略。目前，多数国家都主张加强对话，深化合作，扩大开放，促进国际合作创新，在竞争与合作的过程中迎接新一轮工业革命，在多边框架下解决全球问题。然而国际舞台也出现了一些不和谐的声音。个别国家为了抢占新工业革命先机试图以单边主义、保护主义的方式阻碍其他国家发展，并动用国家力量抹黑和打击别国的技术领先企业，对国际贸易秩序和世界经济稳定造成负面影响，极力将新工业革命的竞争合作关系推向零和博弈。这种不负责任的、狭隘的全球治理观不仅不利于深化新工业革命和培育全球经济增长新动能，更是破坏了全球合力应对新工业革命挑战的多边主义框架。面对信息化驱动的新一轮工业革命，多边主义仍然是一国能够更大程度分享工业革命红利的主导制度范式，也是有效应对工业革命挑战的根本出路，是全球治理变革必须坚持的主流方向和主导逻辑。信息技术进步与发展大大降低了产业链、价值链和基础设施全球布局的成本，更加强化了规模经济、范围经济和网络经济，由此形成的新一轮工业革命为发达国家帮助广大发展中国家更深入地融入全球生产体系和创新网络提供了难得的机遇。

基于合作、互惠、协商的多边主义仍将是全球治理调整的主导方向。但坚持多边主义原则，并不意味着既有的多边组织和机制完美无缺。以世贸组织为例，尽管过去世贸组织在完善争端解决机制、改革组织架构、加快多边谈判进程等方面做出了重要贡献，但其体制机制与新的国际竞争环境之间不适应、不契合的矛盾日益凸显。新工业革命背景下复杂多变的国际竞争格局和各成员方的利益分化,导致世贸组织在谈议题推进困难,久拖不决,新议题难以凝聚共识,严重损害了世贸组织的效率和权威性。因此,以金砖合作机制为平台的多边治理机制将会是发展中国家在新工业革命发展阶段难得的机遇,在世界经济艰难复苏、国际格局深刻变革的大背景下,无疑为全球治理打入了一针"强心剂"。

**2. 新工业革命伙伴关系**

近年来,加快推进新工业革命领域合作成为金砖国家构建利益共同体的主旋律。2018年,金砖国家领导人第十次会晤上,中国国家主席习近平在约翰内斯堡峰会上指出,未来10年将是世界经济新旧动能转换的关键10年,人工智能、大数据、量子信息、生物技术等新一轮科技革命和产业革命正在积聚力量,催生大量新产业、新业态、新模式,给全球发展和人类生产生活带来翻天覆地的变化,金砖国家要抓住这个重大机遇,加大创新投入,着力培育新的经济增长点,推动新兴市场国家实现跨越式发展,并由此提出了建立金砖国家新工业革命伙伴关系的重要倡议。这一倡议很快正式写入了2018年的《金砖国家领导人第十次会晤约翰内斯堡宣言》,强调:"新工业革命伙伴关系旨在深化金砖国家在数字化、工业化、创新、包容、投资等领域合作,最大程度把握第四次工业革命带来的机遇,应对相关挑战",随后相关工作陆续启动。2019年11月,金砖国家领导人第十一次会晤时,习近平主席强调"把握改革创新的时代机遇,深入推进金砖国家新工业革命伙伴关系";2020年11月的第十二次会晤,习近平主席又提出"中方愿同各方一道加快建设金砖国家新工业革命伙伴关系",并在中国厦门市建立金砖国家新工业革命伙伴关系创新基地,开展政策协调、人才培养、项目开发等领域合作。

综上,可以将新工业革命伙伴关系概括为:着眼于抓住新一轮科技革命与产业变革发展的时代机遇并应对相关挑战,秉承"开放、包容、合作、共赢"的金砖精神,共同致力于维护发展中国家和新兴经济体发展权益,以建设金砖创新基地为契机,务实推动金砖国家"新工业革命"领域合作,维护以世界贸易组织为基石的多边贸易体制，推动开放创新增长，促进共同实现技术进步、产业转型和经济发展，为世界经济复苏增长及全球治理变革注入更多"金砖力量"。在新工业革命浪潮下，新工业革命伙伴关系的建立和发展有现实的迫切意义。

一方面，金砖国家经济增长出现明显分化，迫切需要加强国家经济发展战略与国际合作计划的对接。成立至今，金砖国家早已成为新兴经济体和发展中国家的"领头羊"。但是随着2008年的世界金融危机持续蔓延，2015年之后，对新兴经济体的负面影响逐渐显现，再加上近年来国际形势的剧烈变化，金砖国家的经济增速总体有所放缓并且依然面临较大的下行压力。根据国际货币基金组织2022年4月发布的《世界经济展望》报告，2022年全球经济增速显著放缓，预计将从2021年6.1%的估计值下降至2022年和2023年的3.6%。2022年和2023年的经济增速预测值分别较1月预测值下调了0.8和0.2个百分点。2022年，发达经济体的通胀率预计为5.7%，新兴市场和发展中经济体的通胀率预计为8.7%，二者较1月的预测值分别高出1.8和2.8个百分点。[①] 为应对金融危机、地缘政治等突发因素影响，金砖国家纷纷启动了新一轮的改革，迫切需要协调国内发展战略与国际合作战略，最大限度地寻求各自发展战略的利益契合点，充分挖掘经济的互补性，从而发挥战略聚合效应和规模效应。

另一方面，金砖国家迫切需要新机制应对经济合作的不稳定性和不确定性。为应对国际政治经济新形势和新挑战，近年来金砖国家均调整了各自对外经济合作战略，提出了一系列区域性的经济合作计划。2013年中国提出"一带一路"倡议，重点建设"丝绸之路经济带"和"21世纪海上丝绸之路"，目前已经成为推动构建人类命运共同体的重要实践平台。2014年印度莫迪政府提出"季风计划"，以此连接印度洋周边国家，加固印度的地

---

① 国际货币基金组织：《世界经济展望》，2022年4月，https://www.imf.org/zh/Publications/WEO/Issues/2022/04/19/world-economic-outlook-april-2022。

缘影响。2015年俄罗斯主导成立了独联体内经济一体化项目——欧亚经济联盟,试图将其打造成为世界级的区域经济一体化组织。巴西与南非也致力于促进拉丁美洲地区经济一体化、南部非洲发展共同体建设。在这些区域发展战略中,既有目标定位趋同的共性,也存在所辖国家重叠和一定程度竞争。①为此,金砖国家迫切需要新机制来协调各种对外经济合作战略的对接,凝聚共识、形成合力,积极参与到全球治理体系中。

因此,金砖国家提出的新工业革命伙伴关系,能够密切国家之间协调与合作,共同应对各种全球性挑战,顺应了历史大势。目前来看,金砖国家新工业革命伙伴关系的建设已成为推动金砖合作的重大标志性经济合作项目,立足各自比较优势,最大限度把握第四次工业革命带来的机遇,以国家科技园、技术企业孵化器和中小企业网络为载体,深化科技创新,支持中小技术企业发展,促进经济增长和绿色经济发展,增强可持续工业生产能力,为培育和提升金砖国家的国际竞争力发挥关键作用。而且进一步来看,新工业革命伙伴关系还有利于广大发展中国家在国际气候治理、国际金融体系改革、国际贸易等方面维护自己的合法权益;同时也会对发达国家产生外部压力,迫使其把更多的资源投入科技进步等生产性领域而非分配领域,促进世界资源利用效率的提高,有利于做大世界"经济蛋糕",有利于更加公平地分配。

**四、未来发展与政策思考**

**(一)以多边机制为平台推动双边关系的发展,化解国际政治格局之变**

一是运用多边外交新平台增进双边之间的相互理解,推动金砖国家之间互信,构建更加开放的"金砖+"合作平台。金砖国家合作机制是新兴国家经济体组成的合作机制,成员国少且高效,成员国拥有类似的经历和遭

---

① 张贵:《新工业革命伙伴关系的特征与全球治理新方向》,《人民论坛》2022年第4期。

遇,发展目标也比较一致,加入金砖国家机制的创设并非偶然。应进一步拓展和巩固"朋友圈",推动金砖国家再次扩员,吸收经济有活力、发展有潜力的国家加入金砖国家合作机制,并为金砖国家经济合作注入新的活力。同时,继续同上海合作组织、东盟、欧亚经济联盟、二十国集团峰会等国际组织及区域组织开展高级对话会。更要加强同亚非拉第三世界的国家对话和对接,探讨双方市场一体化以及战略伙伴关系的实现路径,产生更大范围的联动效应。从实际操作层面,可以"新工业革命伙伴关系"为切入点,在第五代移动通信技术、大数据、人工智能、云计算等数字化领域加强协调合作,以科技和经济为切入点,扩大合作交流的领域,推动缓解和协调双边关系中的问题和摩擦。例如,四方安全对话机制在军事安全领域的强化确实提高了中印之间的信任赤字,但是只要持续在两国更加有共同利益的金砖合作机制进行多边互动和交流,是可以对冲和缓解中印之间的紧张关系,以低敏感度的科技、经济领域的合作为基础,推动新工业革命伙伴关系的深化,将金砖框架下的合作重点转向数字和医疗领域。受到疫情的影响,各国对数字经济的需求高涨,通过加强数字经济领域的合作将进一步加深金砖国家的贸易一体化。经济和科技层面的合作意味着,将互信合作的氛围外溢至高级政治领域是一个可持续和可操作的过程。

二是创建区域和跨区域合作新模式,特别是对"金砖+"机制给予更多权重。为发挥好区域层面的危机应对作用,"金砖+"机制应加强金砖国家与其区域伙伴国在域内设施互联互通、完善预警系统和出台危机应对措施等方面的合作,金砖国家新开发银行也应积极参与。金砖国家新开发银行和金砖国家应急储备安排可被视作世界银行和国际货币基金组织之外获取危机应对贷款的备案。"金砖+"合作新机制应为主权国家寻找危机应对资金提供更大的选择空间,而且可以作为发展中国家危机应对措施的协调平台。金砖国家新开发银行需要通过吸纳金砖国家区域伙伴国拓展客户网络,帮助客户制定危机应对措施和经济刺激措施。金砖国家应急储备安排则需在"金砖+"平台上全面分析经济薄弱环节(包括域内风险跨国扩散的可能性),评估向金砖国家区域性伙伴国发放贷款的可能性。"金砖+"可使用主权货币阻止汇率失衡,并将此作为风险应对机制的重要手段,这对某些外债较高的国家尤为重要。金砖国家新开发银行、金砖国家应急储备安排和筹备中的金砖国家支付体系在此方面完全能发挥重要作用。可以通过南方共同市场、欧亚经济联盟和东盟等区域一体化组织发展区域和跨区域生产链条,以金砖国家新开发银行和金砖国家应急储备安排为平台促进发展中国家区域性融资合作。

三是"金砖+"可以转变成更具包容性的机构,应该吸纳更多的发展中国家经济体。"金砖+"涵盖非洲和拉美地区,这些地区是国际社会推进发展中国家现代化的重点帮扶地区。近年来,经济一体化进程趋向加强国家间及区域集团间的合作与一体化,金砖国家新开发银行的发展为此提供了重要的组织基础,其在非洲、拉丁美洲和欧亚大陆开设了区域中心。这些区域中心如果作为金砖国家新的区域伙伴成员加入了金砖国家新开发银行,将为金砖国家与其区域伙伴之间的合作提供更大助力。

**(二)以新工业革命伙伴关系为基础进一步密切合作,实现跨越式发展**

一是进一步拓展合作领域。在认真落实《金砖国家经济伙伴战略2025》《金砖国家遥感卫星星座合作协定》《金砖国家电子商务合作框架》《可持续发展合作和联合融资多边协议》《非洲基础设施联合融资多边协议》等文件的基础上,在经贸投资、智能制造、科技创新、可持续发展等数十个领域开展务实合作的多层次架构,可进一步扩展到物联网、新材料、数字经济、文化创意、工业互联网产业等新兴领域。以数字化、网络化、智能化、绿色化为发展方向,重点谋划未来网络研究院、数字金砖、工业和科技园区、创新中心等项目建设,保障供应链、产业链、创新链、人才链国际大循环的渠道畅通。鼓励开展国际合作,尤其是企业、科研机构和大学联合打造开放创新平台、促进新技术的传播和应用。从合作优势互补来看,巴西在航天、新能源等方面占有优势;俄罗斯在高科技、航空航天、生物技术等方面占领先地位;印度在软件、制造业等方面有长足发展;南非在创新、机械制造等方面独占鳌头；中国近年来在高铁、互联网技术、电子商务、移动支付、三维打印、机器人、无人机、医疗器械等方面发展迅速。[①]总而言之，金砖国家在科技发展上各领风骚，有很强的互补性，合作空间很大。

二是合作升级要不断提质增效。务实合作，是金砖合作的根基。在金砖国家领导人第十三次会晤时，习近平主席提出了五点倡议，推动金砖务实合作朝着更高质量方向前进。概而言之，金砖国家要不断提升重点领域的合作水平和层次，以共同开创贸易投资大融合、货币金融大流通、基础设施大联通、人员文化大交流为目标，形成优势互补、增长联动的强大合力。在科技创新合作方面，加强在多边框架下支持联合研发项目，探索大科学项目合作，鼓励开展科技园区合作、企业技术合作，支持科技创新投资及跨境投资。在数字经济发展方面，要加强数字经济伙伴关系，加快新型数字基础设施建设，促进数字技术同实体经济深度融合，共同探讨制定反映各方利益的数字治理国际规则。在电子商务合作方面，重点推动电子商务便利化、数据转移自由化、个人信息安全化等，推进实现金砖国家一体化大市场。在创新基地建设方面，继续开展政策协调、人才培养、项目开发等领域深度合作，打造金砖合作"厦门样板"。在气候变化与环境治理方面，举办金砖国家应对气候变化高级别会议、金砖国家可持续发展大数据论坛，构建环境智库交流平台与网络等。

三是充实新工业革命伙伴关系的身份内涵，超越具体的经济领域合作，塑造新兴国家和发展中国家参与全球治理的平台机制内涵。如前所述，"金砖+"能够为更多新兴市场国家和发展中国家提供金砖发展的红利，这个"+"不仅是成员的增加，模式的深化，更应是身份的重塑。如果说四方安全对话机制主打的是"民主牌"，那么"金砖+"的核心就应该是"新工业革命伙伴关系"，这种伙伴关系体现在合作领域上是数字化、智能化为突出标

---

① 王圳：《深化金砖国家间合作 应对新工业革命挑战》，《东北亚经济研究》2018年第1期。

志的新一轮科技革命领域,体现在身份内涵上则是可持续发展理念和开放包容共享的伙伴关系:金砖国家将进一步加强同其他新兴大国和广大发展中世界的合作与团结,立足于发展中国家,代表发展中国家利益,打造南南合作的最重要平台,推动全球发展。

四是对国际和地区形势变化应有充分预判和应对举措,尤其这将可能对金砖各个国家政治经济以及金砖国家合作产生的影响需全面深入分析。因此,要对各种可能发生的问题和事件都需要充分预判,并做好应对举措准备。

# 第二章 "金砖+"概念内涵及实践路径

2006年9月联合国大会期间,巴西、俄罗斯、印度、中国等四国外长举行首次会晤,创建了被称为"金砖四国"(BRIC)的合作机制,开启了金砖国家合作序幕。2010年,南非作为正式成员加入后,"金砖四国"改称为"金砖国家"(BRICS)。在2017年金砖厦门峰会上,中国作为东道国,提出了"金砖+"理念与模式。本章拟在阐释"金砖+"概念内涵、理论创新的基础上,探讨"金砖+"合作路径的选择。

## 一、"金砖+"概念内涵

自中国在金砖厦门峰会上提出"金砖+"理念与模式之后,中外理论界对这一问题进行了热烈的讨论,但到目前为止,学界对"金砖+"概念的内涵还没有一个权威和统一的表述。有学者指出:"'金砖+'指的是金砖国家进一步加强与其他发展中国家和新兴经济体的联络、互动、对话及合作,通过金砖国家合作更好地体现发展中国家的共同立场和集体意愿。"[①]有学者认为,"金砖+"倡议的实质不是扩大金砖五国核心以包含最大的发展中国家,而是建立一个联盟网络,这个联盟网络将在发展中国家所有主要区域、大陆具有全面性和代表性;"金砖+"范式更倾向于包容性和多样性,而不是去

---

[①] 王磊:《"金砖+"开启互利共赢新篇章》中国经济网,http://intl.ce.cn/specials/zxgj-zh/201709/03/t20170903_25697454.shtml。

选择重量级最大的经济体;"金砖+"的概念首要的是提出经济一体化的不同方式及在全球范围内建立联盟的不同方式。①有学者认为,"金砖+"就是深化金砖伙伴关系,"即金砖五国如何能在全球形成一个越来越广泛的朋友圈,能够有越来越多的新兴市场和发展中国家一块参与金砖机制"②。有学者则认为,"金砖+"模式,就是金砖五国+其他发展中国家,+一些国际组织。③有学者主张"金砖+"模式应包括:"金砖+新成员"模式、"金砖+区域"模式、"金砖+国际组织"模式。④

2017年9月3日,习近平主席在金砖国家工商论坛开幕式上的讲话中指出:"我们应该发挥自身优势和影响力,促进南南合作和南北对话,汇聚各国集体力量,联手应对风险挑战。我们应该扩大金砖合作的辐射和受益范围,推动'金砖+'合作模式,打造开放多元的发展伙伴网络,让更多新兴市场国家和发展中国家参与到团结合作、互利共赢的事业中来。"⑤根据习近平主席有关"金砖+"理念的论述,借鉴上述学者的研究成果,"金砖+"概念可作如下界定:"金砖+"是指金砖国家通过加强与其他新兴市场国家和发展中国家的互利共赢的团结合作,扩大金砖合作的辐射和受益范围,促进南南合作和南北对话,打造开放多元的发展伙伴网络,来联手应对风险挑战。为深刻理解"金砖+"概念的内涵,需要清楚回答一个问题:"金砖+"要为金砖加什么? 根据对目前所检索到的相关文献的研究结果,"金砖+"的内容应包括以下五个方面:

---

① [俄] Yaroslav Lissovolik《"金砖+"会是另一种全球化吗?》,https://www.fx361.com/page/2018/0302/3083402.shtml。

② 冯迪凡:《第二个黄金十年:金砖朋友圈扩圈》,https://www.sohu.com/a/168802688_826711。

③《"金砖+"的朋友圈,有怎样的含金量?》,https://view.inews.qq.com/a/NEW2017090304699008。

④ 李峰:《创新"金砖+"模式 扩大金砖国家合作》,《中国经贸导刊》2017年上。

⑤《习近平在金砖国家工商论坛开幕式上的讲话》(全文),中国政府网,http://www.gov.cn/xinwen/2017-09/03/content_5222404.htm。

**(一)适度增加金砖新成员**

"金砖+"的首选模式是"金砖+新成员"模式,即在"金砖+"框架下,适度(渐进式)增加金砖新成员。在中国第一次担任金砖国家合作机制轮值主席国的2010年,中国启动了金砖国家第一次扩容,成功邀请南非作为新成员国加入了金砖四国合作机制。[1]南非作为新兴市场国家在非洲的代表,虽然其经济体量较小,但其在非洲的领导作用、拥有的独特的海洋位置优势,以及能够在南北关系中发挥协调作用等的总体优势,使南非加入金砖四国合作机制具有标志性意义:不仅实现了金砖成员国数量的扩大,而且使金砖合作有了非洲的声音,提升了金砖机制的代表性。正如"金砖国家之父"吉姆·奥尼尔所指出的,南非加入金砖国家的重要意义在于它代表了整个非洲大陆。[2]在"金砖+新成员"模式的框架下,在条件成熟时适度(渐进式)吸收新成员,符合新兴市场国家和发展中国家的整体利益,有利于高效地开展全球经济金融治理、推动强劲的国际贸易和投资、实现包容和联动式发展;有利于提升新兴市场国家和发展中国家的话语权与决策权,推动全球治理朝着更加公正、公平、合理的方向发展。

当然,金砖国家成员国的学者大都表示,增加金砖新成员的数量必须适度。否则,会引发金砖国家成员间共同性下降、"公约数"缩小、决策力萎缩的风险,从而提高金砖合作谈判成本,降低金砖机制的效率。至于如何把控这个度,仍然是当前金砖机制研究尚待解决的难题。有学者认为,新兴经济体11国(E11)除了金砖国家外的其他6国——印尼、阿根廷、墨西哥、韩国、土耳其和沙特,具备成为金砖国家新成员的基础条件。在上述6国中,可选取经济水平与金砖国家接近、发展诉求与金砖国家相似、人口较多的土耳其、墨西哥、印尼3个国家作为金砖国家扩容的重要对象。[3]

---

[1] 肖松:《"金砖+"模式打造世界经济新引擎》,《人民交通》2017年10月,第52页。
[2] 李峰:《创新"金砖+"模式 扩大金砖国家合作》,《中国经贸导刊》2017年上。
[3] 李峰:《创新"金砖+"模式 扩大金砖国家合作》,《中国经贸导刊》2017年上。

增加金砖新成员属于金砖扩容的范畴。而扩容问题不仅仅是学理问题,更是一个政治问题,利益分歧和定位差异导致金砖成员国在扩容问题上有着不同立场及对候选国的不同偏好。①但总体上看,南非加入后,金砖成员国在扩容问题上基本上持谨慎态度。2011年11月,巴西前外长安东尼奥·帕特里奥塔曾表示,目前不希望机制扩容,而应该加强整合。②2013年10月,印度前总理辛格在访问俄罗斯前表示,目前没有提议进一步扩大机制。③2018年7月,普京总统在参加完约翰内斯堡会晤后表示,金砖机制目前没有计划扩员。④针对阿根廷有意加入金砖机制的表态,外交部发言人华春莹表示:"关于金砖国家扩员问题,需要各成员国协商一致决定。"⑤而金砖五国协商一致具有相当大的难度。正是上述原因,使金砖国家至今尚未再次接纳新成员,其内部未就扩容问题达成一致,也未出台关于扩容的细则,从而使"金砖+新成员"模式,只是"金砖+"最高级形态,却不是"金砖+"全部和唯一方式。"金砖+"的核心要义是扩大"金砖"朋友圈。

## (二)扩大"金砖"朋友圈

"金砖+"理念的核心要义是金砖五国应该发挥自身优势和影响力,使越来越多的新兴市场国家和发展中国家一块参与金砖机制,从而在全球形成一个越来越广泛的"金砖"朋友圈。只有在全球形成一个最广泛的"金砖"朋友圈,才能使金砖的事业、金砖的精神和金砖的机制发扬光大。⑥

---

① 孙艳晓:《"金砖国家的扩容:基础、路径与风险"》,《俄罗斯研究》2019年第1期。

② 成志杰:《金砖机制神话与扩容初探》,《国际研究参考》2020年第2期。

③ "Prime Minister's Interview to Russian Media ahead of His Official Visit to Russia for the India-Russia Annual Summit 2013", http://mea. gov. in/ outoging-visit-detail. htm? 22352 / Prime +Ministers +。

④ 俄罗斯卫星通讯社:《普京表示:金砖国家目前没有计划扩员》,俄罗斯卫星网,2018-07-27,http://sputniknews.cn/politics/201807271025984081/。

⑤《2014年5月14日外交部发言人华春莹主持例行记者会》,2014年5月14日,中央政府门户网站,http://www.gov.cn/xinwen/2014-05/14/content_2679640.htm。

⑥ 张燕生:《金砖机制将推动建立一个更完善的世界经济规则》,https://www.sohu.com/a/168152891_828358。

2017年金砖国家领导人厦门会晤期间,金砖国家朋友圈得到更大拓展,从过去的具有区域代表性转变为具有鲜明的全球代表性。[①]2013—2016年,金砖国家的朋友圈具有鲜明的区域代表性,因为在这一时期,历次金砖国家领导人会晤期间,都只是邀请了会晤举办地所在地区的一些国家参与。厦门会晤期间,中国作为主席国按照"金砖+"的模式,首次从全球范围内邀请五个新兴市场国家和发展中国家领导人参加对话会。[②]其中,墨西哥是拉美地区的代表,经济、文化影响力广泛;埃及是阿拉伯世界的代表,是非洲人口第二大国,也是非洲大陆第三大经济体;几内亚作为非洲联盟轮值主席国,代表非洲大陆五十多个发展中国家和不发达国家;塔吉克斯坦是推动"一带一路"建设在中亚地区落实非常重要的一个节点国家,同时是本地区的代表;泰国是东南亚地区具有重要影响力的国家。[③]这样的安排,使金砖国家的朋友圈,从过去的具有区域代表性转变为具有鲜明的全球代表性。

推进上述转变的因素是多重的。首先,"开放、包容、合作、共赢"的"金砖精神"推进了金砖朋友圈的代表性由区域性向全球性的转变。每个金砖国家的国情、社会发展阶段、政治制度和文化不同,这一多元的特色奠定了金砖机制开放包容的基本属性。金砖国家坚持"开放、包容、合作、共赢"的"金砖精神",超越不同发展道路和社会制度,跨越遥远的空间距离,摒弃"大国俱乐部"的陈旧模式,不仅开创了金砖五国之间多种形式的伙伴关系,而且开创性的拓展了金砖五国与其他新兴市场国家和发展中国家的伙伴关系。正如习近平主席指出的:金砖国家是真诚相待的好朋友、好兄弟、

---

① 郭言:《金砖模式构建多元朋友圈——三论习近平出席金砖国家领导人厦门会晤系列重要讲话》,《经济日报》2017年9月20日。

② 王磊:《"金砖+"要为金砖加什么》,《光明日报》,2017年09月02日,http://www.cssn.cn/bk/bkpd_qklm/bkpd_bkwz/201709/t20170902_3628112_1.shtml。

③ 肖松:《"金砖+"模式打造世界经济新引擎》,参考网,https://www.fx361.com/page/2017/1025/2870896.shtml。

好伙伴,这种友谊和合作必将不断深化。我们要继续扩大和巩固金砖国家"朋友圈",保持开放、包容,谋求共同发展。①

其次,金砖国家在国际社会中作用和地位的提升,推进金砖朋友圈代表性的提升。金砖国家,汇集了世界第二大、亚洲第一大经济体——中国,南美洲第一大经济体——巴西,欧洲第五大经济体——俄罗斯,世界第七大经济体——印度,以及非洲第二大经济体——南非。②经过十多年的发展,金砖国家已经成为促进世界经济增长、推动全球秩序变革、维护国际和平稳定的关键力量。③金砖国家在国际社会中作用和地位的提升,是不断吸引更多国家参与金砖对话与合作的重要原因。

最后,新兴市场国家和发展中国家对扩大"金砖"朋友圈的愿望和态度,是影响"金砖"朋友圈扩大的重要因素。习近平指出,进入21世纪以来,新兴市场国家和发展中国家群体性崛起,成为不可逆转的时代潮流。同时,我们也要看到,世界经济下行风险和不确定性在同步上升,多边贸易谈判举步维艰,《巴黎协定》落实遭遇阻力。部分国家内顾倾向加重,参与国际发展合作意愿减退,其政策调整的外溢效应仍在发酵。世界经济进入新旧动能加速转换的关键期,各方围绕利益、规则的博弈日益激烈,新兴市场国家和发展中国家所处的外部环境更加复杂严峻。④在这样的背景下,新兴市场国家和发展中国家希望通过加入"金砖"朋友圈,来有效参与到全球经济发展进程当中,从而优化自己在国际社会中的处境。顺应新兴市场国家和发展中国家的需要,金砖国家积极扩大朋友圈,与其他新兴市场国

---

① 《习近平在金砖国家领导人第八次会晤上的讲话(全文)》,新华社,http://www.xinhuanet.com/world/2016-10/16/c_1119727543.htm。

② 《遇见习近平 金砖朋友圈的故事》,中华网,https://news.china.com/zw/news/13000776/20191117/37413866.html。

③ 冯迪凡:《第二个黄金十年:金砖朋友圈扩圈》,https://www.sohu.com/a/168802688_826711。

④ 《习近平在新兴市场国家与发展中国家对话会上的发言(全文)》,中国政府网,http://www.gov.cn/xinwen/2017-09/05/content_5222820.htm。

家和发展中国家构建伙伴网络,共建发展共同体、命运共同体,携手应对全球性挑战,既反映了新兴市场国家和发展中国家的共同愿望,也符合各国发展的根本利益。①

金砖国家运用"金砖+"模式,适度(渐进式)推进"金砖+新成员"合作机制,积极推进"金砖+区域"合作机制("金砖+亚洲"合作机制"金砖+非洲"合作机制、"金砖+南美洲"合作机制、"金砖+亚欧"合作机制),务实推进"金砖+国际组织"合作机制("金砖+发展中国家国际组织"合作机制、"金砖+发达国家主导的际组织"合作机制),扩大"金砖"朋友圈,构建全球金砖伙伴关系网络。

金砖国家通过"金砖+"模式扩大朋友圈的重点是,进一步加强同其他新兴市场国家和广大发展中国家的团结与合作。立足于新兴市场国家和发展中国家,代表新兴市场国家和发展中国家利益,打造南南合作的最重要平台,推动全球发展,是"金砖+"模式的重要使命。金砖国家合作根植于新兴市场国家和发展中国家的整体利益,这是"金砖+"模式提出的根本出发点。

"金砖+"模式不仅要构建南南合作平台,而且要打造南北合作桥梁,以扩大金砖合作的辐射和受益范围,深化金砖伙伴关系,提升金砖国家的全球代表性和国际话语权。

(三)拓展"金砖"合作领域

"金砖+"不仅是"金砖"新成员的增加和"金砖"朋友圈的扩大,更是"金砖"合作领域的拓展与深化。在金砖国家合作领域,"金砖+"模式实现了由传统的经济、政治"二轨并进",向经济、政治、人文"三轮驱动"的跨越式转变。三个轮子相互支撑、共同前行,金砖合作架构正变得更加全面平衡,可

---

① 郭言:《金砖模式构建多元朋友圈——三论习近平出席金砖国家领导人厦门会晤系列重要讲话》,《经济日报》,2017年9月20日。

以走得更稳、更快、更远、更好。①

**1.致力于推进金砖国家经济务实合作**

以贸易投资、货币金融、互联互通、可持续发展、创新和产业合作等为主要内容的经济务实合作，一直是金砖国家合作的压舱石和推进器。自2017年以来，金砖国家在经贸领域取得了丰硕成果。中国担任金砖国家主席国的2017年，金砖国家在经贸领域达成多项合作：制定了《金砖国家服务贸易合作路线图》《金砖国家投资便利化纲要》《金砖国家电子商务合作倡议》《金砖国家创新合作行动计划》《金砖国家深化工业领域合作行动计划》，成立了新开发银行非洲区域中心等。②2020年以来，金砖国家在经贸领域主要取得了以下四项成果：一是就加强国际抗疫合作达成共识，决定进一步提升贸易便利化水平，确保关键物资流通。二是承诺维护多边贸易体制，就世贸组织必要改革、保持市场开放、维护发展中成员权益等发出金砖声音。三是在深化经贸务实合作方面取得新成果：批准了《金砖国家投资便利化谅解》，积极构建透明、可预见的投资法律框架，改善营商环境；批准了《促进中小微企业有效参与国际贸易指南》，为中小微企业开展贸易投资活动和融入全球价值链创造有利条件。四是制定《金砖国家经济伙伴战略2025》，明确了支持多边贸易体制、供应链互联互通、贸易投资便利化、数字经济等经贸合作的重点和方向，为未来5年金砖国家合作规划了路线图。③

**2.加强金砖国家政治安全合作**

金砖国家政治安全合作是指金砖国家在以联合国为核心的多边框架

---

① 王毅：《金砖机制进入"三轮驱动"新阶段》，新华网，http://www.xinhuanet.com/politics/2017-08/30/c_1121570732.htm；《推动金砖合作从"双轨并进"向"三轮驱动"转变》，新浪网，https://news.sina.com.cn/o/2017-09-07/doc-ifykuftz5046169.shtml。

② 《习近平在金砖国家领导人厦门会晤大范围会议上的讲话》，新华网，http://www.xinhuanet.com/politics/2017-09/04/c_1121602495.htm。

③ 《〈金砖国家经济伙伴战略2025〉制订，明确数字经济等合作领域》，第一财经网，https://www.yicai.com/news/100842623.html。

下,为应对和解决各个层面、各种领域的国际和平与安全问题所进行的合作。①综观金砖国家领导人历次(1~13次)会晤宣言,可以看出,金砖国家领导人会晤的议程越来越多地关注国际和平与安全问题。从2009年首次金砖四国峰会论及建立多极世界,推动多边外交,支持和平解决国际争端,谴责任何形式的恐怖主义,再到2013年《金砖国家领导人第五次会晤德班宣言》,明确提出"致力于逐步将金砖国家发展成为就全球经济和政治领域的诸多重大问题进行日常和长期协调的全方位机制",②直至2017年厦门峰会,在正式确立政治安全、经贸财金、人文交流"三轮驱动"架构的基础上,推进金砖国家政治安全合作的深化和实心化③。《金砖国家领导人厦门宣言》强调,我们注意到世界正在经历深刻变革,国际社会面临全球性安全威胁和挑战。我们承诺在国际场合就事关国际和平与安全的问题加强沟通与合作,重申维护世界和平与安全,捍卫国际法基本准则及《联合国宪章》宗旨和原则,包括坚持主权平等、不干涉别国内政。④《金砖国家领导人第十三次会晤新德里宣言》指出,我们注意到金砖国家继续在相关机制内就和平与安全等热点问题开展积极对话。我们欢迎金砖国家安全事务高级代表会议成果,赞赏其围绕反恐,信息通信技术安全使用,全球、地区和国家安全威胁,执法机构合作前景以及金砖国家卫生安全和医疗卫生合作前景等议题进行富有意义的讨论。我们欢迎会议通过《金砖国家反恐行动

---

① 朱天祥、谢乐天:《金砖国家政治安全合作的内涵与挑战》,《拉丁美洲研究》2020年第6期。

②《金砖国家领导人第五次会晤德班宣言》,中国共产党新闻网,http://cpc.people.com.cn/n/2013/0328/c64094-20943698.html。

③ 赵杨:金砖五国政治与安全 合作越来越实心化,https://news.sina.cn/gn/2017-09-06/detail-ifykpuui1289529.d.html。

④《金砖国家领导人厦门宣言》,中国政府网,http://www.gov.cn/xinwen/2017-09/04/content_5222643.htm。

计划》。①

金砖国家政治安全合作是金砖五国向心力和凝聚力的重要来源,对金砖国家的经贸和人文合作起到重要的支撑作用。金砖国家要加强战略沟通,增进政治互信,要完善和用好金砖国家安全事务高级代表会晤机制和金砖国家外长会晤机制,充分发挥金砖国家反恐工作组和金砖国家网络安全工作组在金砖国家政治安全合作中的作用,落实好《金砖国家反恐行动计划》,从战略高度筑牢政治安全合作的根基。

### 3.促进金砖国家人文交流合作

从金砖峰会文本的表述来看,人文交流并非"人文主义的交流"(Humanistic Exchange),而是"人与人的交流"②(People to People Exchange)。人文交流的基本内涵是以和平方式,推动各种文明和文化之间的相互理解与共同繁荣,为深化双多边合作奠定坚实的民意基础和社会根基。③人义交流涉及教育、科技、文化、体育、妇女、青年、地方交流等人文领域。作为推动国际关系发展重要杠杆的人文交流,不仅可以促进不同文明之间的互学互鉴和不同民族之间的融合发展,而且可以提升参与交流的国家的文化软实力。正如习近平主席所指出的:"人是文明交流互鉴最好的载体。深化人文交流互鉴是消除隔阂和误解、促进民心相知相通的重要途径。"④

金砖国家的地理人文特征使人文交流合作对于金砖合作具有特别重要的意义。金砖国家分布在亚洲、欧洲、非洲和美洲大陆,分属不同文明,是人类多元文明的重要代表。一方面,金砖国家文明的多样性为五国之间的文明互鉴创造条件,给金砖合作带来宝贵的精神财富;另一方面,金砖国

---

① 《金砖国家领导人第十三次会晤新德里宣言》,中国政府网,http://www.gov.cn/xinwen/2021-09/10/content_5636528.htm。

② 沈陈:《金砖国家人文交流:进展、功能与挑战》,《世界知识》2018年8月。

③ 吴兵、刘洪宇:《金砖国家人文交流的进展、挑战与路径》,《当代世界》2019年12月。

④ 《习近平在亚洲文明对话大会开幕式上的主旨演讲(全文)》,中国政府网,https://www.ccps.gov.cn/xtt/201905/t20190515_131664.shtml。

家之间语言文化、历史传统、政治制度的较大差异,也会带来相互认知不足、民众情感疏离等问题,使合作缺乏共同的观念基础。在这样的背景下,只有通过金砖国家之间的人文的交流互鉴、相通相知、求同存异,才能筑牢互信基石,从而夯实金砖国家合作走深走实的根基。因此,人文交流与合作不仅是金砖国家深入合作的必然要求,也是推动金砖国家社会进步的重要动力。

金砖合作一开始主要集中在贸易金融、政治安全领域,2015年7月,金砖国家领导人第七次会晤期间才签署了《金砖国家政府间文化合作协定》。一直到金砖国家领导人厦门峰会,人文交流合作才被确立为继政治、经济合作之后的金砖合作的"第三根支柱"。《金砖国家领导人厦门宣言》强调:人文交流合作对促进发展并增进金砖国家人民相互了解、友谊与合作具有重要意义。我们同意深化文化、教育、科技、体育、卫生、媒体机构、地方政府等领域合作,打造金砖国家合作的第三支柱,巩固金砖国家伙伴关系的民意基础。[1]2017年,中方接任金砖国家轮值主席国以来,金砖国家签署《金砖国家加强媒体合作行动计划》《落实〈金砖国家政府间文化合作协定〉行动计划(2017—2021年)》《金砖国家电影合作拍摄2017—2021年计划》《金砖国家电影人才交流培养计划》《金砖国家青年论坛行动计划》等系列文件,并成立美术馆联盟、图书馆联盟、博物馆联盟和青少年儿童戏剧联盟,人文交流合作领域不断拓展。2018年举行的约翰内斯堡峰会延续了厦门峰会的会议精神,强调打造经贸金融、政治安全、人文交流"三轮驱动"的升级版。[2]2021年9月9日,习近平主席在金砖国家领导人第十三次会晤上的讲话中,倡议通过"坚持互利共赢,加强经济合作""坚持公平正义,加强政治安全合作""坚持互学互鉴,加强人文交流合作",推动金砖务

---

[1]《金砖国家领导人厦门宣言》,中国政府网,http://www.gov.cn/xinwen/2017-09/04/content_5222643.htm。

[2]《金砖国家领导人第十次会晤约翰内斯堡宣言(全文)》,中国政府网,http://www.gov.cn/xinwen/2018-07/27/content_5309635.htm。

实合作朝着更高质量方向前进。①

（四）增加"金砖"含金量

"金砖+"不仅是"金砖"新成员的增加、"金砖"朋友圈的扩大以及"金砖"合作领域的拓展与深化，更是"金砖"含金量的增加。金砖国家领导人厦门会晤全面总结了金砖合作10年来的成功经验，精心规划了金砖合作未来发展的新蓝图，为金砖机制增添了"含金量"。

1.通过为经济务实合作注入新内涵来提升"金砖"含金量

在《金砖国家经济伙伴战略》指引下，金砖国家之间将继续加强发展战略对接，加强贸易投资合作，继续向贸易投资大市场、货币金融大流通、基础设施大联通目标迈进，致力于形成金砖国家发展联动格局；把握新工业革命带来的历史机遇，推进金砖务实合作转型升级，大胆探索务实合作新领域新方式，积极将智能制造、互联网+、数字经济、共享经济等新产业新业态纳入金砖国家务实经济合作的内涵中，助力金砖国家经济高质量发展，让金砖合作机制行稳致远。

2.通过为全球治理标上新印记来提升"金砖"含金量

作为厦门会晤成果的《厦门宣言》彰显了金砖国家对全球治理的积极参与，推动着国际秩序朝更加公正合理方向发展。作为当今世界最具代表性的新兴经济体的金砖国家，立足新兴市场国家，扎根于发展中国家，加强与其他新兴市场和发展中国家对话，打造"金砖+"模式，推动全球治理模式朝着更加公正合理的方向转换。厦门会晤期间，金砖五国领导人就联合国事务、打击恐怖主义、互联网治理、和平利用外空、国际货币基金组织份额改革、世界银行股权审议、多边贸易体制、全球税收体系等有关全球治理的重大问题达成广泛共识，一致发出响亮的"金砖声音"，为全球治理刻画鲜

---

① 《习近平在金砖国家领导人第十三次会晤上的讲话（全文）》，新华网，http://www.xinhuanet.com/2021-09-09/c_1127846046.htm。

明"金砖印记"。①

3.通过开启中国与金砖各国共建新工业革命伙伴关系创新基地,推进新工业革命中的全球化金砖合作来提升"金砖"含金量

为有效应对百年未有之大变局和新一轮科技革命和产业革命带来的机遇和挑战,开辟金砖合作第二个"黄金十年"新方向、新征程、新领域,中国率先倡议建立金砖国家新工业革命伙伴关系。2017年9月,金砖国家领导人厦门会晤期间,习近平主席提出,要把握新工业革命的机遇,以创新促增长、促转型,积极投身智能制造、互联网+、数字经济、共享经济等带来的创新发展浪潮,努力领风气之先,加快新旧动能转化。②2018年7月,习近平主席在金砖国家领导人约翰内斯堡会晤时提出建立金砖国家新工业革命伙伴关系,并写入该次会晤宣言。2019年11月,习近平主席在金砖国家领导人巴西利亚会晤时再次提出:"把握改革创新的时代机遇,深入推进金砖国家新工业革命伙伴关系。"③2020年11月,习近平主席在金砖国家领导人第十二次会晤期间明确表态:"中方愿同各方一道加快建设金砖国家新工业革命伙伴关系。我们将在福建省厦门市建立金砖国家新工业革命伙伴关系创新基地,开展政策协调、人才培养、项目开发等领域合作,欢迎金砖国家积极参与。"④2021年9月,习近平主席在金砖国家领导人第十三次会晤时宣布:"金砖国家新工业革命伙伴关系厦门创新基地已经正式启用,举办了人才培训、智库研讨会、工业创新大赛,明年还将开展工业互联网与数字制造发展论坛等活动,欢迎金砖国家政府有关部门和工商界积极

① 徐惠喜:《金砖添成色 厦门启新程》,《经济》2017年9月。

②《习近平在金砖国家工商论坛开幕式上的讲话(全文)》,新华网,http://www.xin-huanet.com/politics/2017-09/03/c_1121596338.htm。

③《习近平在金砖国家领导人巴西利亚会晤公开会议上的讲话(全文)》,中国政府网,http://www.gov.cn/xinwen/2019-11/15/content_5452195.htm。

④《习近平在金砖国家领导人第十二次会晤上的讲话(全文)》,中共中央党校网站,https://www.ccps.gov.cn/xxsxk/zyls/202011/t20201117_144920.shtml。

参与。"①

共建金砖国家新工业革命伙伴关系,是习近平主席着眼全局、面向未来发出的重大倡议,为金砖合作第二个金色十年开辟了新方向、新征程、新领域。在厦门建立的金砖国家新工业革命伙伴关系创新基地,是践行习近平主席上述倡议,提升金砖合作含金量的崭新平台。中国政府以"平等相待、求同存异、务实创新、合作共赢、胸怀天下、立己达人"的金砖精神,引领共建金砖国家新工业革命伙伴关系厦门创新基地的全过程:强化以政策协调为先导,互学互鉴、优势互补,推动金砖各国在经济、金融、贸易、投资、产业等领域形成政策和行动合力,促进释放金砖合作潜能;强化以人才培养为抓手,培育一批掌握先进技术、具有国际视野的创新型人才和适应新工业革命需求,促进金砖人才共育共用;强化以项目开发为重点,搭建政府与企业、企业与企业交流合作平台,推动金砖各国在优势领域加强合作,促进经济融合持续加深,为推动金砖国家务实合作、构建人类命运共同体贡献力量。②

**(五)扎实推进厦门金砖创新基地建设,持续提升中国在金砖国家合作中的引领和主导作用**

扎实推进厦门金砖创新基地建设,持续提升中国在金砖国家合作中的引领和主导作用,应是"金砖+"的题中应有之义。

**1.扎实推进厦门金砖创新基地建设**

在福建省厦门市建立金砖国家新工业革命伙伴关系创新基地(简称金砖创新基地),是习近平主席着眼全局、面向未来,为引领金砖国家在新工业革命浪潮中深化务实合作所实施的重大战略举措。自2020年12月8日,金砖国家新工业革命伙伴关系厦门创新基地建设正式启动以来,在中

---

① 《习近平在金砖国家领导人第十三次会晤上的讲话(全文)》,中共中央党校网站,https://www.ccps.gov.cn/xxsxk/zyls/202109/t20210910_150500.shtml。
② 《金砖国家新工业革命伙伴关系论坛在厦开幕》,福建省人民政府门户网站,http://www.fujian.gov.cn/xwdt/fjyw/202109/t20210907_5683294.htm。

联部、工信部、科技部、外交部等中央和国务院部委的支持指导下,在福建省委省政府的部署推动下,厦门市充分发挥自身优势,着眼"两个大局"、牢记"国之大者",增强使命担当,立足"国家所需、厦门所能、金砖国家所愿",举全市之力扎实推进金砖创新基地建设,在政策协调、人才培养、项目开发等领域,取得了可喜的进展和丰硕的成果(见表2-1:厦门金砖创新基地建设成果一览表)。

表2-1 厦门金砖创新基地建设成果一览表

| 类别 | 建设成果 |
|---|---|
| 政策协调类 | 1.2021年4月21日,金砖国家华侨华人创新合作座谈会在厦门举行,来自金砖国家的30多位侨领侨商欢聚厦门,共商金砖创新基地建设 |
| | 2.2021年6月10日金砖国家智库国际研讨会召开,来自金砖五国智库及工商界、金融界的260多位代表就推动金砖创新基地建设、促进投资贸易便利化、促进金融创新合作等议题,展开深入研讨 |
| | 3.2021年7月21日、26日,厦门市金砖办分别与华侨大学、福建师范大学签订智库合作协议,开展《金砖创新基地内涵、模式及建设路径研究》等11项专项课题研究,完成4期《厦门金砖研究专报》,推出《金砖及"金砖+"国家动态资讯》,联合举办3场线上线下学术研讨会和专题讲座 |
| | 4.2021年8月13日,厦门市金砖办与厦门市税务局共同主办《中国居民赴金砖国家投资税收指南》赠书仪式 |
| | 5.2021年9月7日,科尔科沃基金会与厦门市火炬高新区、湖里区签署框架协议,探讨在厦设立交流中心,促进双方企业进行产业互补、扩展海外市场,推动两国开展文化、商业交流 |
| | 6.2021年9月7日,工信部、福建省及厦门市签署《共建金砖创新基地合作协议》 |
| | 7.2021年9月8日,俄罗斯-中国投资合作论坛在厦门召开,本次论坛旨在推动更加紧密的中俄经济合作关系,通过"线上+线下"方式参会,线下有80多位企业代表参会,线上参与人数超14万 |
| | 8.2021年9月9日,2021年金砖投融资论坛隆重举行,此次论坛以"加强产业金融合作 共建金砖创新基地"为主题,重点围绕推动产融结合、深化金融对外开放、开展绿色金融合作等热点,为金砖国家投融资合作以及金砖创新基地建设建言献策。来自金砖五国政界、金融界、企业界的100余名嘉宾以线上或线下方式参加 |

续表

| 类别 | 建设成果 |
|---|---|
| 政策协调类 | 9.2021年9月10日,"金砖赋能 群英领翔——厦门产业与人才融合发展创新政策协调类论坛"在翔安举办,众多专家及人才顾问齐聚,纵论产业和人才融合发展大势<br><br>10.2021年10月15日,金砖创新基地在线举办"携手共建金砖国家新工业革命伙伴关系厦门创新基地——学习习近平主席在金砖国家领导人第十三次会晤上重要讲话精神理论研讨会",14位来自国内外知名高校及科研机构的金砖专家学者在云端发表主旨发言,展开研讨,吸引海内外约1.2万人次在线参与<br><br>11.2021年11月10日,市金砖办、市外办与中国驻巴西大使馆以视频方式举行"推进金砖创新基地建设工作交流会",中国驻巴西大使出席视频会<br><br>12.2021年11月17日,金砖创新基地举办主题为"金砖合作、全球治理、文明互鉴"的国际学术研讨会。来自12个国家40多位国内外知名专家学者在线上进行专题报告<br><br>13.2021年12月21日,"金砖国际中医药健康智库"正式落地厦门,据介绍,该智库授牌后将依托厦门市中医院,凝聚全国中医药及其他相关领域的专家资源,组建具有战略思维、扎实专业功底、较高学术水平的决策咨询智库和专家库;开展中医药数据库建设,对中医药预防、保健、医疗、科研、教育、产业、国际交流及综合管理平台等领域数据进行收集、分析和应用,为中医药更高质量的创新发展和更有效的国际化传播提供解决方案<br><br>14.中央驻厦金融监管部门联合推出金融支持金砖创新基地20条措施。<br><br>15.厦门自贸片区获批成为新型离岸国际贸易试点地区和飞机经营性租赁外币计价结算试点,便利与金砖国家投资贸易往来<br><br>16.市工商局与专业研究机构合作,编制《金砖国家标准化研究报告》,推动开展金砖国家新工业革命领域标准制定及互认<br><br>17.厦门海关与南非德班海关开展通关便利化、智慧海关等政策交流,开展与俄罗斯"经认证经营者"(AEO)互认课题研究<br><br>18.2021年9月7日,厦门市出台《关于加快金砖创新基地建设的若干措施》,围绕政策协调、人才培养、项目开发三大重点任务,推出26条举措,鼓励深化与金砖国家的沟通交流,创新合作模式,力争推动国内国际两个市场紧密联系,推动金砖创新基地建设各项工作走深走实 |

续表

| 类别 | 建设成果 |
|---|---|
| 人才培养类 | 1.2021年4月29日、8月5日,厦门市金砖办会同巴西大使馆,举办2期面向金砖及"金砖+"国家的线上人才培训,参训学员超5000名,覆盖巴西、印度、乌克兰、巴基斯坦、哈萨克斯坦、智利等国 |
| | 2.2021年5月7日,在厦门市金砖创新基地建设领导小组办公室指导下,厦门火炬高新区管委会携手华为技术有限公司在厦门共同主办了"2021华为数字化人才思享汇·城市站"活动 |
| | 3.2021年5月25日至27日,由厦门市金砖创新基地建设领导小组办公室主办的"向华为学习国际化"首期线下培训开班 |
| | 4.2021年6月1日,"2021厦门金砖创新基地人才赛道暨留学人才创新创业大赛"正式在厦门启动。本次大赛以"聚力金砖启航赋能创新发展"为主题,聚焦厦门金砖国家新工业革命伙伴关系创新基地建设,专门开辟"金砖人才赛道",吸引集聚"金砖+"国家留学人才、外籍人才及相关机构的高技术创业项目,致力打造"金砖+"人才交流合作品牌 |
| | 5.2021年8月5日,由厦门市金砖办、厦门火炬高新区管委会与巴西驻华大使馆联合主办的"科技园区管理"专题线上培训顺利开班,这是厦门市继4月29开展的面向金砖国家首期线上培训后,推出的第二期线上人才培训活动,除巴西外,此次培训还吸引了印度、巴基斯坦、智利等金砖及"金砖+"国家的广泛关注和积极参与 |
| | 6.2021年9月3日,金砖创新基地面向金砖国家金融机构高管人员举办的金融人才高级研修班圆满结束,来自巴西、俄罗斯、印度、南非相关金融机构及厦门市各金融机构近150名学员参加 |
| | 7.2021年9月16日,《金砖国家投资中国的相关法律问题》线上培训活动顺利举办,吸引了中国、巴西、俄罗斯、南非等10个国家的4709名企业管理人员参训。这是厦门市金砖办挂牌成立后,举办的第四期面向金砖及"金砖+"国家的线上人才培训 |
| | 8.2021年10月20日,金砖创新基地举行"厦门金砖新工业能力提升培训基地联盟"授牌仪式,厦门大学、华侨大学、厦门技师学院、厦门海洋职业技术学院、厦门城市职业学院五所高校成为首批获授牌成员单位 |
| | 9.2021年10月27日,厦门城市职业学院举办"金砖国家企业知识产权提升培训班",吸引金砖及"金砖+"国家近万人次在线参与培训。这意味着厦门金砖新工业能力提升培训基地正式启用 |
| | 10.2021年11月16日,举行为期两天的厦门金砖创新基地建设第二期高级研修班 |

续表

| 类别 | 建设成果 |
| --- | --- |
| 人才培养类 | 11.2021年11月17日,"2021厦门金砖创新基地人才赛道暨留学人才创新创业大赛"决赛顺利落下帷幕。50多个高精尖技术留学人才项目线上上演巅峰对决,此次参赛的项目涉及人工智能、新一代信息技术、生物医药与医疗器械、智能硬件和智能制造、新能源新材料等 |
| | 12.2021年11月24日,金砖创新基地与厦门大学外文学院举行金砖创新基地语言服务中心框架合作协议签约仪式 |
| | 13.2021年12月4日,"2021'一带一路'暨金砖国家技能发展与技术创新大赛"(厦门赛区)在厦门技师学院开赛,设有"嘉克杯"国际焊接大赛、增材制造技术、机械设备装调与控制技术、电子信息技术、工程仿真创新设计5项赛事 |
| | 14.2021年12月4日,在"金砖大赛"(厦门赛区)开赛现场,厦门市金砖未来技能发展与技术创新研究院(简称"研究院")也正式启动 |
| | 15.2021年12月7日,"2021'一带一路'暨金砖国家技能发展与技术创新国际研讨会之工程仿真与焊接技术技能国际研讨会"在厦门市集美职业技术学校举行,来自印度、马来西亚、保加利亚、英国等海内外近240名专家、学者、行业从业人员以线上和线下相结合的方式参与研讨 |
| | 16.2022年3月11日,金砖国家绿色金融系列研修班正式开班,来自金砖五国及美国、英国、刚果共和国、阿拉伯联合酋长国、日本、墨西哥、印度尼西亚12个国家的企业、机构、社会组织线上参加,云上转播吸引近万人次观看 |
| | 17.2022年4月7日,2022金砖国家大数据助力精准防疫及人才培养论坛于线上举办,以中英文直播方式进行,面向金砖及"一带一路"国家数字技术、人工智能、智能制造等新技术、新技能领域学者、科研人员、医护人员、企业技术人员、高等院校师生等人群开展,吸引金砖五国及美国、捷克、菲律宾、印度尼西亚9个国家约5.1万人次在线参会 |
| | 18.2022年4月8日,金砖国家绿色金融系列研修班第二期培训课程"绿色信贷"如期于线上举行。来自金砖五国及美国、新加坡、加拿大、韩国、澳大利亚、英国、马来西亚、荷兰、德国14个国家近1.5万人次线上参加 |
| | 19.2022年4月14日,由金砖创新基地主办的"投资巴西的税务及法律问题"线上培训成功举办,吸引中国、巴西、新加坡、英国、荷兰、德国、卢森堡、加拿大、美国9个国家约1.1万人次在线观看 |
| | 20.厦门建立全国首个外国人才服务站与移民事务服务站联动平台,为金砖国家人才提供便利服务 |

续表

| 类别 | 建设成果 |
|---|---|
| 项目开发类 | 1.2021年4月8日,市金砖办项目开发组制订分类表格向全市180个部门、单位、社团及几千家企业了解与金砖国家的往来合作情况,形成《厦门与金砖国家往来情况简析》<br>2.2021年5月9日,北京威拓国际投资顾问公司(纬拓网)与厦门火炬高新技术产业开发区、厦门市湖里区签约,共同打造厦门金砖+科技加速器。厦门金砖+科技加速器将以厦门市建设"金砖国家新工业革命合作伙伴关系创新基地"为契机,打造厦门市金砖国家科技交流合作平台、科技企业"一带一路"出海服务平台和国际科技项目"海创加速器"<br>3.发布了两批60项重点任务清单,推出了首批39个新工业革命领域示范项目,涵盖智慧城市、新型基础设施等标杆项目及应用场景<br>4.2021年9月7日,金砖国家新工业革命伙伴关系创新基地举行签约仪式。28个凸显金砖成色、总投资金额高达134.04亿元的项目,在海内外嘉宾、客商共同见证下签约。签约项目所属行业涉及面广,围绕新工业及相关服务领域展开合作。其中,软件信息类5个、技术服务类7个、基金类1个、物流运输类2个、经贸类7个、产业服务5个、文化产业1个。项目业务广泛涉及金砖国家,其中,俄罗斯19个、印度13个、巴西16个、南非11个<br>5.2021年11月3日,金砖创新基地携手俄罗斯最大的科技园斯科尔科沃创新中心,举办"2021中俄项目开发合作对接会暨俄罗斯斯科尔科沃创新中心国际营项目厦门路演活动"。8个有意进入中国市场的俄罗斯科创项目负责人,通过线上方式介绍各项目情况并回答中国与会机构代表提出的问题,寻求与中国企业合作,以恰当的方式进入中国市场<br>6.金砖创新基地与中国信通院、工信部国合中心等部署单位共建七大新工业革命领域赋能平台,举办促进金砖合作创新大赛、金砖新工业革命展,全力推动面向金砖及"金砖+"国家提供高质量的新工业革命全链条转型升级服务<br>7.建设国际互联网专用通道,畅通金砖国家大数据流通管道,服务金砖国家数字化贸易及制造业数字化协同转型,畅通金砖国家物流通道 |

## 2.持续提升中国在金砖国家合作中的引领和主导作用

作为金砖国家合作的"发动机",中国始终是金砖国家合作的积极支持者和建设者,并且通过贡献中国方案,引领和主导金砖国家合作。当前,新科技革命和产业变革方兴未艾,技术进步和模式创新不断驱动产业范式变迁。①中国凭借互联网产业和数字经济的技术优势,成为全球创新发展的领航员。②

厦门金砖创新基地建设所取得的成果显示,中国正在通过建设金砖国家新工业革命伙伴关系厦门创新基地,持续提升中国在金砖国家合作中的引领和主导作用。这是因为,通过推进金砖国家新工业革命伙伴关系厦门创新基地的共建,中国将与金砖国家构筑互利共赢的金砖国家产业链、供应链和利益共同体,为共同维护全球供应链安全稳定做出贡献,同时也为其他金砖国家的产业数字化、数字产业化带来中国机遇,促进贸易投资便利化并不断推动合作项目落地实施。未来,以"金砖+"理念为代表的中国方案还将继续引领金砖国家创新发展。③

## 二、"金砖+"理论创新

习近平主席指出:"金砖合作是一个创新,超越了政治和军事结盟的老套路,建立了结伴不结盟的新关系;超越了以意识形态划线的老思维,走出了相互尊重、共同进步的新道路;超越了你输我赢、赢者通吃的老观念,实践了互惠互利、合作共赢的新理念。"④金砖合作本身就是创新,"金砖+"模式丰富了金砖国家合作的内涵,是对金砖合作理论和实践的再创新。

---

① 产业范式变迁就是技术变革驱动下的产业及企业发展常识法则的变化。举例而言,网商平台相对于传统的批发零售实体店而言,就是批发零售业的范式变迁;智能机对功能机的替代,就是手机产业的范式变迁;移动支付对传统银行小额支付的部分替代,就是支付行业的范式变迁。在上述这些范式变迁中,原有的企业发展常识法则被新的常识法则所替代。参见赵昌文:《一定要抓住新工业革命的机遇》,《东北财经大学学报》2019年第3期。

② 林子涵:中国不断为金砖国家合作注入动力,中国政府网,http://www.gov.cn/xin-wen/2021-09/09/content_5636350.htm。

③ 林子涵:中国不断为金砖国家合作注入动力,中国政府网,http://www.gov.cn/xin-wen/2021-09/09/content_5636350.htm。

④《习近平集体会见金砖国家外长会晤外方代表团团长》,中国军网,http://www.81.cn/sydbt/2017-06/19/content_7644819.htm。

**(一)推进"金砖+"合作模式的制度创新**

中国在金砖国家领导人厦门峰会首次提出"金砖+"理念,既是对"金砖+"实践的理论升华,也是对"金砖+"合作模式的制度创新。中国通过"机制+跨区域成员国"的实践路径,密切了金砖国家与其他新兴市场国家和发展中国家的合作,使金砖机制真正成为具有全球影响力的国际机制,实现了"金砖+"合作模式的制度创新。根据机制关联理论,"机制+"存在着"机制+区域成员国""机制+跨区域成员国""机制+区域国际组织""机制+跨区域国际组织"四种可能的实践路径,其中"机制+区域国际组织"和"机制+跨区域国际组织"属于机制互动的范畴。[①]从实践上看,中国在厦门峰会提出"金砖+"理念之前,"金砖+"互惠合作模式在2013年3月南非德班金砖国家峰会期间就已开始成形,只是2013—2016年的"金砖+"对话会总体上是区域性的,德班对话会和福塔莱萨对话会参与方主要是非洲和拉美国家,而乌法对话会和果阿对话会针对的主要是中亚和南亚的国际组织——欧亚经济联盟、上海合作组织和环孟加拉湾多领域经济技术合作组织,这一时期的"金砖+"互惠合作的主要实践路径是"金砖+区域成员国"和"金砖+区域国际组织"。

"金砖+"对话会只是聚焦区域性国际组织与地区性国家,既不能充分反映金砖机制作为全球性治理机制的目标定位,也不能满足广大新兴市场国家和发展中国家对金砖国家的期待。厦门峰会所举办的新兴市场国家与发展中国家对话会,首次把不同地区的新兴市场国家和发展中国家代表纳入对话会之中,使对话会真正成为金砖国家与其他新兴市场国家和发展中国家开放合作、互利共赢的有效平台。中国正是通过这种"机制+跨区域成员国"的实践路径,推进了"金砖+"合作模式的制度创新。

---

① 从内涵看,"机制+"可以分为"机制+机制"和"机制+国家"两种简单的类型,而机制互动、机制关联仅包括"机制+机制"。从全球治理要素出发,不同治理主体间的互动,以国家和国际机制的互动与关联最为引人瞩目。参见王明国:《"金砖+"合作模式与中国对全球治理机制的创新》,《当代世界》2019年12月。

## （二）创新和完善金砖国家合作机制

在金砖合作15年（2006—2021年）的进程中，金砖国家合作机制（以下简称金砖机制）逐步形成了由以下四个层级构成的组织架构（见图2-1）：首先，最高、核心的层次是对整个金砖合作发挥政治和战略引领作用的、每年例行举行的金砖国家领导人会晤；其次，是包括安全事务高级代表会议、外长会议、财长和央行行长会议、贸易部长会议等在内的部长级会议和协调人会议，这些机制是落实领导人峰会决议的重要途径；再次，是对金砖合作起到技术支撑作用的国有企业、反腐败、人口、科技、经贸、文化、司法等高官会议和工作组会议；最后，是智库论坛、友好城市及地方政府论坛、青年科学家论坛、中小微企业圆桌会议、旅游大会、电影节等专业论坛和民间交流活动，其目的是加深金砖国家之间人文交流，为金砖合作夯实民意基础。

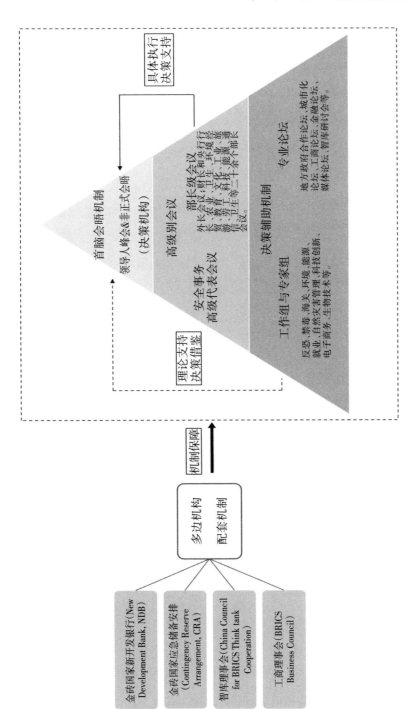

图2-1 金砖国际合作机制组织架构

金砖机制作为一种新型的国际合作制度形式,还面临很多挑战和困境。首先,金砖国家需要解决金砖机制稳定性问题。金砖机制没有设立秘书处等常设机构,而是采用轮值主席国制度,由成员国轮流举办领导人会晤,从而使金砖机制呈现"松散""软性""缺乏稳定性"的特点,最终使金砖机制难以就各种全球的热点问题及紧急问题展开及时的磋商与应对。其次,金砖国家需要面对金砖机制"规范性缺乏"及"约束性缺乏"问题。目前,金砖领导人会晤的成果并不是以规范的法律文本形式出现的,而是以《宣言》的形式问世,从而使金砖机制出现"规范性缺乏"问题,最终导致金砖机制"约束性缺乏"问题。再次,金砖国家要解决金砖机制的规模及国际影响力问题。虽然金砖五国都是最主要的新兴大国,分别代表的是南美、亚欧、东亚、南亚和南部非洲地区,但是相对于一个日益完善的国际合作平台、新兴市场国家和发展中国家共同体的目标而言,还存在一定落差。金砖机制需要提升自己的规模和国际影响力。

上述挑战和困境既有来自外部的因素,如大国关系深度调整对金砖合作形成的分化,也有金砖合作内部长期存在的问题,如因地缘政治和意识形态等造成的困难;既有新暴露出来的,如全球公共卫生治理失灵,也有从金砖合作起步伊始就存在的,如金砖成员国的多样性等。

"金砖+"合作模式的提出是金砖机制自身建设深入发展的客观需求。金砖国家是全球治理的重要引领者和积极推动者。当前,在金砖机制面临新的国际环境的背景下,金砖国家对自身机制建设的方向和具体举措也存在争论。作为新兴市场国家和发展中国家代表的金砖国家,致力于反映南方世界的呼声,推进南南合作。当前,在部分金砖国家经济持续低迷,"金砖褪色论""金砖衰退论""脆弱五国论"等唱衰金砖国家的言论甚嚣尘上的背景下,金砖国家需要正视自身问题,深化自身机制建设。正如习近平主席指出的,作为具有全球影响力的合作平台,金砖合作的意义已超出五国范畴,承载着新兴市场国家和发展中国家乃至整个国际社会的期望。推动"金砖+"合作模式是对金砖机制建设的创新,有助于扩大金砖合作的辐射和受益范围,打造开放多元的发展伙伴网络,让更多新兴市场国家和发展中国家参与到团结合作、互利共赢的事业中来。[1]"金砖+"合作模式的制度化举措契合了金砖国家自身机制建设深入发展的客观需求,是中国贡献治理智慧和方案的重要战略举措。[2]

"金砖+"理念和模式的提出是对金砖机制自身建设的创新。首先,金砖+"模式强化了金砖机制的包容性、民主性、非对抗性和全球代表性。"金砖+"模式一方面可以把更多非西方国家纳入金砖机制当中,增加该机制在地缘经济和政治层面的代表性,另一方面也向潜在的朋友和伙伴传播了金砖机制的理念和制度架构,以友好的态度正向激励其他国家认同和加入金砖机制所确立的一系列政治、经济、文化标准。[3]其次,"金砖+"模式在制度安排上预留了足够的空间,可以有效避免金砖机制走向封闭、保守、对抗、排他,进一步强化了金砖国家非对抗性集团的本质特征,也为今后金砖机制和现行西方主导下的国际机制的对接提供了制度可能。未来的"金砖+"完全有可能和中国业已践行的东盟"10+3"等模式一样,最后变成嵌入、补充而非完全替代西方制度网络的新型制度形式。[4]再次,"金砖+"是对金砖国家合作模式的升级改造。"金砖+"模式进一步丰富了金砖五国同其他新兴市场国家和发展中国家合作的内涵,赋予金砖国家更强的生命力,推动建立更为广泛的伙伴关系,促进更大范围内的共同发展繁荣,把金砖机制打造成推进南南合作的重要平台和南北合作的有效桥梁。"金砖+"模式将推进全球新兴市场国家和发展中国家,抱团取暖,共同应对危机和挑战。"金砖+"模式表明,金砖国家领导人会晤,不再是五个新兴国家的大论坛,

---

① 习近平:《共同开创金砖合作第二个"金色十年"——在金砖国家工商论坛开幕式上的讲话》,《人民日报》,2017年9月4日。

② 王明国:《"金砖+"合作模式与中国对全球治理机制的创新》,《当代世界》2019年12月。

③ 于海洋:《金砖机制助推非西方世界战略性合作》,《理论视野》2017年10月。

④ 于海洋:《金砖机制助推非西方世界战略性合作》,《理论视野》2017年10月。

而是在"金砖+"理念引领下的全球广大新兴市场国家和发展中国家,通过增强战略互信,逐步用同一个声音发言,金砖国家就像五个手指,攥起来是一个拳头,是一个强大生命力的表达。①

**(三)创新其他新兴市场国家和发展中国家与金砖国家合作机制**

"金砖+"是一个更加开放的大平台,将期待更多国家参与对话,加入朋友圈。以中国为代表的金砖国家友好开放的真诚态度,使更多新兴市场国家和发展中国家参与金砖对话与合作,从而使金砖国家朋友圈更加多元化。

在新兴市场国家和发展中国家所处外部环境更加复杂严峻的背景下,"金砖+"积极扩大朋友圈,符合各国发展的根本利益。对于一个国家来说,若要有效参与到全球经济发展进程当中,与金砖国家对话都是一个无法绕过的环节。

"金砖+"为世界上其他新兴大国参与和加强同金砖国家合作提供了有效路径。除金砖国家之外,世界不同地区也有一批新兴大国正在快速成长,诸如被称作"薄荷四国"的墨西哥、印尼、土耳其和尼日利亚;被称为"灵猫六国"的哥伦比亚、越南、印尼、埃及、土耳其和南非等。其中,墨西哥、埃及、阿根廷、印尼、哈萨克斯坦等国的地区和国际影响力明显提升,这些新兴国家认识到,金砖国家已经成为新兴市场国家和发展中国家就全球重大政治经济事务进行长期且全方位协调的最重要平台,有强烈愿望同金砖国家建立更密切的伙伴关系,甚至更深度地参与金砖合作。"金砖+"模式规划了其他新兴国家逐步深入参与金砖合作的路径,避免新兴国家群体的内部分化。②

"金砖+"是一种反映新兴市场国家和发展中国家共同愿望的创新模

---

① 王磊:"金砖+"开启互利共赢新篇章,中国经济网,http://intl.ce.cn/specials/zxgjzh/201709/03/t20170903_25697454.shtml。

② 王磊:《金砖国家:新兴大国合作新模式》,中国经济出版社,2020年,第64页。

式。多年来,金砖合作成果丰硕,丰富了南南合作内涵,开创了新兴市场国家与发展中国家共同发展的新途径。如今,新兴市场国家与发展中国家在国际金融和经济领域的参与程度显著增强,金砖合作对全球经济的助推作用日益显著。金砖国家在推动自身改革过程中为广大发展中国家创造了平等、开放的发展环境,其地位和作用越来越被国际社会认可。金砖国家领导人厦门会晤期间,中方邀请来自不同地区有代表性的国家出席新兴市场国家与发展中国家对话会。这一对话会是金砖合作机制包容性的具体体现,不但有利于新兴市场国家与发展中国家加强团结合作,也有利于金砖机制自身发展。通过加强合作,各国可以汇聚资金、技术、资源等方面优势和力量,打造多元的发展伙伴网络。"金砖+"模式反映了大多数新兴市场国家与发展中国家的共同愿望,是一种创新模式。

### (四)创新全球治理机制

全球治理是指通过具有约束力的国际机制解决全球性的冲突、生态、人权、移民、毒品、走私、传染病等问题,以维持正常的国际政治经济秩序。[1]全球治理机制实质上是为应对全球性问题而采取的由多元行为体合作提供全球公共产品的集体行动机制。[2]从二战末期开始,由全球、国家和次国家层面三种不同水平的规范机制联合产生了持续增长的全球治理机制。[3]进入21世纪以来,特别是进入第二个10年以来,由西方主导的全球治理机制陷入权力固化、排他性增强、主动性降低的三重困境。权力固化是指全球治理机制成为美国维护其世界霸权的工具;排他性增强是指以美国为首的西方霸权国家,通过设置身份门槛,限制非西方世界尤其是新兴市场国家在全球治理上的发言权和影响力;主动性降低是指西方世界在推

---

① 俞可平主编:《全球化:全球治理》,社会科学文献出版社,2003年,第13页。
② 王明国:《全球治理机制复杂性的探索与启示》,《国外社会科学》2013年第9期。
③ [美]伊夫斯·德扎雷、布赖恩特·加思:《全球性解决方案:新法律正统性的产生输出与输入》,陆幸福等译,法律出版社,2006年,第108页。

动全球治理机制改革与完善方面的主动性已经明显减弱。①在西方主导的全球治理机制陷入三重困境的背景下,中国倡导的"金砖+"模式,通过创新全球治理机制,彰显了非西方世界改革和完善全球治理体系的决心与能力。

首先,"金砖+"合作模式是改革全球治理体系权力结构的重大尝试。直面世界百年未有之大变局,中国倡导的"金砖+"合作模式通过扩大"金砖"朋友圈、拓展"金砖"合作领域、增加"金砖"含金量、增强"金砖"辐射范围和影响力,推进南南合作和南北合作,推动建设相互尊重、公平正义、合作共赢的新型国际关系,可以提升以金砖国家为核心的新兴市场国家和发展中国家的总体实力,改变全球治理体系中西方世界与非西方世界的力量对比,提升非西方世界在全球治理体系权力结构中的权重,从而有利于应对全球治理机制体系中的"权力固化"困境。

其次,"金砖+"合作模式是提升以金砖国家为核心的新兴市场国家和发展中国家在全球治理机制体系中制度性话语权的重要路径。制度性话语权是指一个国际行为体在国际经济政策、规则制定以及国际机制等方面的影响力和决策权。②制度性话语权反映了国际行为体在参与全球治理中通过话语博弈对国际社会机构赖以存在的体系、规则、机制等产生的支配性影响,是把制度性权力转换为国际影响力的重要路径。③"金砖+"理念和合作模式的成功实践,可在整体上提升以金砖国家为核心的新兴市场国家和发展中国家在全球治理机制体系中的制度性话语权。这是因为:

第一,"金砖+"合作模式扩大"金砖"朋友圈、推进金砖国家经济务实合作、开启中国与金砖各国共建新工业革命伙伴关系创新基地,推进新工业

---

① 于海洋:《金砖机制助推非西方世界战略性合作》,《理论视野》2017年10月。

② 《[详解十三五]制度性话语权》,央广网,http://china.cn/ygxw/20160726/t20160726 52278128.shtml。

③ 陈伟光、王燕:《全球经济治理制度性话语权:一个基本的理论分析框架》,《社会科学》2016年第10期。

革命中的全球化金砖合作,符合新兴市场国家和发展中国家的整体利益,有利于创新经济增长方式、更高效地开展全球经济金融治理、强力推进金砖国家与新兴市场国家和发展中国家的国际贸易和投资、实现包容和联动式发展,从而有利于提升以金砖国家为核心的新兴市场国家和发展中国家在全球经济治理机制体系中的制度性话语权。

第二,"金砖+"合作模式维护世界和平与安全,捍卫国际法基本准则及《联合国宪章》宗旨和原则,推进金砖国家与其他新兴市场国家和发展中国家政治安全合作的深化和实心化。"金砖+"合作模式的最大特点就在于其开放性、多元性及其践行的民主逻辑。金砖国家及其他新兴市场国家和发展中国既可以在这一平台上通过协商民主的方式达成共识、寻找全球治理的共同方案,也可以利用这一平台从外部推动现行西方全球治理制度体系向更加开放、平等的方向发展,从而为全球治理机制中民主缺失、排他性增强问题的解决提供替代性方案。"金砖+"合作模式表明,金砖国家不是封闭的俱乐部,金砖合作的影响也远远超出五国范畴;金砖机制不仅已成为新兴市场和发展中国家加强团结合作、维护共同利益的重要平台,也在对国际和平与发展事业发挥着日益重要的作用。[①]因此,"金砖+"合作模式必将提升以金砖国家为核心的新兴市场国家和发展中国家在全球政治治理机制体系中的制度性话语权。

第三,在"金砖+"理念引领下的全球广大新兴市场国家和发展中国家,通过增强战略互信,逐步用统一的、具有强大生命力的一个声音说话,其结果必然推进以金砖国家为核心的新兴市场国家和发展中国家在全球治理体系中的国际话语权的提升。

再次,"金砖+"合作模式有利于推进金砖国家与国际组织的对话与合作,推进发达国家兑现承诺、履行义务,提升发达国家在推动全球治理机制

---

① 王毅:《金砖国家不是封闭的俱乐部,影响远超五国范畴》,https://weibo.com/ttarticle/p/show?id=2309351002454146434470474583。

改革与完善方面的主动性,缓解全球治理机制主动性降低的困境。加强金砖国家与国际组织的合作,有利于在其框架内加强沟通和协调,共同推动落实国际货币基金组织份额改革决定,制定反映各国经济总量在世界经济中权重的新份额公式,改革特别提款权货币篮子,增加新兴市场国家和发展中国家代表性和发言权;有利于促进各方加大宏观经济政策协调力度,维护多边贸易体制主渠道地位,共同建设开放型世界经济,反对一切形式的保护主义和排他主义,确保各国发展权利平等、机会平等、规则平等,推动互利共赢的国际发展合作。[1]

### 三、"金砖+"的合作路径未来发展与政策思考

金砖国家领导人第十四次会晤上,习近平主席再次强调金砖合作机制的开放性,指出"'金砖+'模式不断深化拓展,成为新兴市场国家和发展中国家开展南南合作、实现联合自强的典范。"[2]此次会晤就推进金砖国家扩员进程达成共识,将进一步明确扩员进程的指导原则、标准和程序。2022年6月24日,中国外交部表示,中方作为金砖轮值主席国积极支持金砖国家扩员进程,拓展"金砖+"合作。"金砖+"机制进一步向全世界新兴市场及发展中国家打开了大门。

金砖国家合作机制是推动全球新兴市场合作机制的主要潜在平台,随着2017年金砖国家领导人厦门峰会期间,中国作为东道国正式提出"金砖+"的概念,金砖国家合作机制被赋予了新的历史使命。推动"金砖+"合作模式发展,成为提升包括中国在内的主要新兴市场国家在"全球化"和全球治理等重大国际问题中话语权的主要路径。金砖国家是全球新兴市场和发展中国家的领头羊,也是各自次区域(东亚、东欧、南亚、南美和南部非

---

[1] 李锋:《创新"金砖+"模式 扩大金砖国家合作》,《中国经贸导刊》2017年7月。
[2]《习近平在金砖国家领导人第十四次会晤上的讲话》,《光明日报》,2022年6月24日。

洲)最有影响力和代表性的"关键国家"。然而随着金砖合作迈入第二个十年,其合作机制的宗旨早已经超越这五个国家本身,金砖国家合作的深层次意义如今更多体现在提升全体新兴市场国家的国际话语权,带动更多新兴市场国家和发展中国家在全球舞台发出自己的声音。

金砖国家并非一个封闭的新兴市场国家"大国俱乐部",2010年南非加入金砖国家合作机制就是"金砖+"概念的早期具体实践和行动。2017年"金砖+"概念正式提出后,无论是金砖国家政府部门还是学术界都还没有形成一个统一、清晰的"金砖+"合作模式的具体路径,随之也为"金砖+"合作模式的落地和实施带来了不少问题。

首先,金砖国家扩容进展缓慢,金砖国家合作机制内部的平衡性遭到外界诟病。金砖国家成色多少的最终落脚点是持续稳定的高速经济发展,经济表现是金砖国家区别于其他新兴市场国家的主要标准。金砖国家在第一个十年整体表现良好,占全球经济比重和对全球经济发展贡献率稳步提升,随着全球经济动荡和全球公共卫生治理失灵的冲击,金砖五国的经济表现也呈现出巨大的差距,其中2001年至2020年中国国内生产总值占金砖五国国内生产总值总量的比重从47.63%提升到了71.61%,其他四国的占比数据持续下降。西方国家甚至金砖国家内部出现了一些对于金砖国家平衡性的质疑,中国在金砖国家内部比重的不断增长,降低了其他金砖国家主动推动金砖国家合作机制升级的积极性,也增加了金砖国家向实体化国际组织变革的难度。

其次,金砖国家仍然缺乏制度化、实体化的国际组织实体,金砖国家合作机制仍然处于松散、初步的发展阶段。全球具有重大国际影响力的国际组织中,不乏一些起步发展阶段无宪章、无常设行政机构的国际论坛、国际会议在稳步提升国际影响力和代表性后,发展成为某个领域或者区域的重要国际组织,例如关贸总协定及亚太经合部长级会议最终发展成为世贸组织和亚太经合组织。金砖国家合作机制不仅仅是金砖五国之间的合作,也不是五国各自所代表的区域之间的合作,而是全球所有新兴市场国家参与全球治理的平台，因此推动"金砖+"路径探索是提升金砖国家合作机制全球代表性，并且进一步推动金砖国家形成实质影响力的重要国际组织的基础。

最后，金砖国家与各区域、各重要国际组织缺乏实质性合作。历年金砖国家领导人峰会有意推动金砖国家与各区域及区域国际组织之间的交流对话，例如2013年南非德班会晤期间的金砖国家组织对话非洲联盟、2014年巴西福塔莱萨会晤期间的对话南美国家联盟、2015年俄罗斯乌法会晤期间的对话欧亚经济联盟和上海合作组织、2016年印度果阿会晤期间的对话环孟加拉湾经合组织。但是上述交流对话缺乏实质性内容，更多是轮值主席国利用金砖国家领导人峰会巩固本国在本区域政经优势的举措，对于其他国家在本区域的影响力有所戒备。2017年厦门峰会提出"金砖+"理念后，历届金砖国家领导人峰会延续了邀请非金砖国家和区域国际组织参与对话的传统，但是目前的合作成果仍然停留在纸面上，对于新兴市场国家在全球治理提升影响力的大宗商品定价、气候政策、国际货币改革等事务都缺乏实质进展。

"金砖+"概念诞生于2017年的厦门，从厦门创新基地的角度来看，主动担负起丰富"金砖+"内涵与内容的责任是题中应有之义，而具体如何推动"金砖+"概念落地见效也是厦门创新基地必须回答的一份试卷。随着第一批新兴市场和发展中国家与厦门创新基地建立初步合作关系，当务之急是尽快梳理基地现有的国际合作资源和自身优势，尤其是要回答两个问题：其一，明确基地推动"金砖+"工作是要加哪些国家；其二，基地应该着重从哪些领域和方式与这些国家加强合作。

做好上述思路整理工作具有三个层面的意义：一是从国家层面，厦门创新基地作为金砖国家合作机制的创新平台主动为国家拓展"金砖+"朋友圈，弥补历年金砖峰会无法大范围邀请新兴市场和发展中国家直接参与的局限。二是从地方层面，厦门创新基地可以尝试探索厦门如何利用"海丝"核心区和支点城市、国际航运中心、自贸片区、国际综合交通枢纽以及主要侨乡等区位优势与新兴市场和发展中国家互动的具体模式,推动厦门创新基地成为厦门更高水平建设国际化城市的新助力。三是从基地自身层面,金砖国家新工业革命伙伴关系绝非仅仅停留在金砖国家之间的创新合作,而是旨在推动全球所有新兴市场和发展中国家提升全球产业链话语权,为构建人类命运共同体贡献力量。因此,主动吸引其他新兴市场和发展中国家加入金砖国家新工业革命伙伴关系是厦门创新基地的重要任务之一。

金砖国家新工业革命伙伴关系厦门创新基地启用以来,中国通过加强与其他金砖国家在工业创新、数字经济、绿色经济、生物制造、人工智能等领域的合作,主动担当起共同推进金砖国家新工业革命伙伴关系的重任。厦门创新基地创建两年多以来,着力加强与印度、俄罗斯、巴西和南非等国在各领域的合作,尤其重视发挥厦门在"海丝"核心区、港口、海洋经济、侨乡等领域的优势,建设多个新工业革命领域赋能平台、新工业革命领域示范标杆项目。据统计,厦门创新基地建立以来,厦门作为金砖国家合作互利的重要窗口与印度、俄罗斯、巴西、南非的经贸人文交流迅速提高。

与此同时,厦门创新基地不仅仅是中国加强与全球其他新兴市场和发展中国家加强合作的平台,也是吸引其他新兴市场和发展中国家加入"金砖+"大平台的重要窗口。2021年至2022年上半年,厦门创新基地举办了"科技园区管理""金砖国际科创人才""金砖国家绿色金融"等一系列科技创新培训活动,吸引了全世界各个区域国家的重视和参与,其中2021年共有来自15个国家的22856人参与了基地培训活动,而2022年仅截至4月初就已经有来自21个国家的76899人通过各种方式参加基地各类项目。①值得注意的是,部分新兴市场和发展中国家通过参与厦门创新基地的系列活动对习近平总书记在2017年厦门金砖峰会上提出的"金砖+"概念有了新的认识和理解,表达了进一步通过厦门创新基地这个平台加强与中国在新工业革命领域合作的意愿。

---

① 数据来源:《厦门市金砖办2021—2022年培训活动汇总表》。

综上所述，推动"金砖+"合作模式具体路径尽快落地是金砖国家合作机制第二个十年合作的当务之急。在确定"金砖+"整体框架的基础上，针对金砖国家扩容、金砖国家与区域合作、金砖国家与国际组织合作仍然存在的不足，建议可以从金砖+新伙伴国家、金砖+国际组织、金砖+区域一体化合作、金砖+重要全球性国际组织等方面充实"金砖+"模式的具体内容。此外，建议选取金砖扩容意向国，以及前期与厦门创新基地已有一定交流基础且有意愿开展新工业革命国际合作的新兴市场和发展中国家，作为基地推动"金砖+"工作的重点对象，根据福建、厦门优势和特点因国施策，设计不同重点、不同方式的新工业革命合作路径，为后续国家层面推动"金砖+"工作做好前期准备。

（一）金砖+新伙伴国家

金砖国家概念源自 2001 年美国高盛公司的经济学家吉姆·奥尼尔提出的"金砖四国"（BRIC），随着 2008 年金融危机使西方发达国家受挫而新兴市场国家在全球经济扮演越来越重要的角色后，这一概念作为全球新兴市场国家的代名词而快速流行，并催生了金砖国家领导人峰会和金砖国家合作机制。新兴市场国家和发展中国家的快速发展与崛起已经成为未来国际经济发展格局的大趋势，全球各个区域还有很多新兴市场国家受到国际社会的高度关注。

2013 年，吉姆·奥尼尔继提出金砖国家概念后，又提出了"薄荷四国"（MINTs）的概念，即墨西哥（M）、印度尼西亚（I）、尼日利亚（N）和土耳其（T），并且认为"今后 10 年中，投资者从这 4 个市场获得的回报将会与过去 10 年中从金砖国家获得的回报同样丰厚"。此外，国际金融市场还有"灵猫六国"（CIVETS）的概念，即哥伦比亚（C）、印度尼西亚（I）、越南（V）、埃及（E）、土耳其（T）、南非（S）。其他类似的新兴市场国家概念还有很多，大多数目前还缺乏实质性内容。除金砖国家，其他新兴市场国家也普遍希望通过建立相互之间的合作对话平台，希望加强本国在本区域或全球经济体系的话语权。金砖国家作为目前全球新兴市场合作平台中综合实力最强、影响力最大、实质化程度最高的合作平台,有必要整合全球新兴市场国家力量,为促进南南合作和发展中国国际影响力发挥作用。在"金砖+"概念的基础上,建议金砖国家达成共识明确继续推动金砖国家扩容,吸收更多有代表性的新兴市场国家加入金砖国家合作机制,为全球新兴市场国家的合作提供平台,这样也能避免新兴市场国家内部出现过多同质化平台而造成分化。

金砖国家扩容的前提是金砖国家合作机制建立起明晰的扩容规则和完备的扩容机制。一是加强顶层设计,为金砖国家扩容奠定规则基础。大多数国际组织宪章关于扩容都有明确的宪章条款规定、有扩容问题专家小组、有明确的扩容决议程序、有新增成员国义务备忘录,从法理上明确新增会员国的权利、义务和条件。二是建立多级参与机制,为金砖国家扩容疏通机制。大多数国际组织都有完备的创始成员国、成员国、准成员、观察员国、对话合作伙伴等多级阶梯式扩容机制,可以有序统筹区域不同、利益不同的新兴市场国家通过不同形式参与金砖国家合作机制。目前的金砖五国来自亚洲、欧洲、非洲和美洲,更准确地说是来自东亚、南亚、东欧、南美和南部非洲五个次区域。目前该机制内尚缺乏其他次区域的代表性新兴市场国家,例如中美洲及加勒比海地区、东南亚地区、中亚地区、西亚地区、北非地区等。这些地区有不少政治经济基础牢固的区域性国际组织,有些次区域的区域一体化合作程度甚至走在世界前列,例如东南亚国家联盟、阿拉伯国家联盟、海湾阿拉伯国家合作委员会、加勒比国家联盟,这些地区绝大部分国家都是发展中国家,也不乏经济发展亮眼的新兴经济体。因此,把上述次区域代表性新兴市场国家纳入金砖国家扩容视野,也是"金砖+"建立全球新兴市场国家合作大平台的题中应有之义。

2022年6月27日,伊朗外交部发言人哈提卜扎德(Saeed Khatibzadeh)表示伊朗已经正式申请加入金砖国家合作机制。同日,俄罗斯外交部证实阿根廷也已经正式提交申请文件。[①]此外，据俄罗斯《消息报》2022年7月14日报道，沙特阿拉伯、土耳其和埃及等国家正在准备申请加入金砖国家。[②]因此，有必要通过分析金砖国家扩员意向国与潜在国，就"金砖+"背景下深化金砖创新基地建设提出对策建议。

**1.阿根廷**

阿根廷加入金砖具多重价值，可在粮食安全、多边机制、中国同拉美关系等方面推进利我合作。第一，阿根廷农、牧、矿资源丰富，是全球重要粮食、肉类生产国和出口国，在全球粮食与供应链危机背景下，阿根廷加入金砖可增强金砖机制在维护全球经济与供应链安全方面影响力。第二，阿根廷乃拉丁美洲新兴国家代表，长期奉行独立自主外交政策，其多边主义主张与金砖国家合作机制理念一致，阿根廷加入金砖国家有利于金砖国家增强在拉美地区的影响及促进全球多边治理。第三，阿因过度依赖资源陷入"中等收入陷阱"，抗外部风险能力弱，其有意在与巴西等南美新兴国家共同推进拉美一体化基础上，通过南南合作建立与其他新兴国家的合作，应对欧美发达国家单边主义带来的外部风险，吸纳阿根廷有利于促进中国同拉美的合作关系。第四，阿根廷是拉美代表性中间地带国家，已参与二十国集团、南方共同市场、美洲国家组织、南美国家联盟、拉美和加勒比国家共同体等国际组织，在中美竞争中有反美霸权立场，主张拉丁美洲一体化进程不应受美控制。

阿根廷加入金砖具较大可能性，当前"金砖+"对阿扩容重点工作是协调好巴西立场。一方面，阿根廷与巴西在美洲国家组织、南方共同市场应对美国单边主义有共同利益；但另一方面，巴西有意借金砖与阿竞争拉美主导权，或对阿入金砖持保留态度。当前工作重点是从金砖机制扩容利巴

---

① 《伊朗宣布申请加入金砖国家，俄外交部：阿根廷也已申请》，《环球时报》，2022年6月28日。

② 《俄媒：五国表达加入意愿 金砖合作机制影响力不断提升》，《参考消息》，2022年7月15日。

角度,结合全球及拉美政治经济动态局势,做好协调阿巴关系及巴西立场工作。

2.伊朗

伊朗是全球举足轻重的能源大国,工业化基础良好,同时具有连接东西方的重大地缘优势。2022年6月27日,伊朗外交部发言人在新闻发布会上表示,伊朗已经正式提交加入金砖国家的申请,希望伊朗的加入能够为所有成员国增值。伊朗总统莱希也指出:"伊朗能够成为金砖国家的可持续伙伴,以自身的地缘政治经济优势,打通金砖国家与能源产地、重要市场之间的联系。[1]"正如伊朗官方所述,伊朗加入金砖国家合作机制使其与成员国之间形成显而易见的互利共赢关系,这体现在两个关键词上——能源和地缘。

首先,国际能源市场出现剧烈波动,伊朗在面临西方国家严厉制裁的情况下其石油出口利润仍然快速增长,对于国际能源安全具有重大影响力。随着中伊25年全面合作协议落地和伊俄能源战略合作,一旦伊朗成功加入金砖国家合作机制,金砖国家内部便可形成伊俄石油供应、人民币结算、中国能源消费市场的闭环。由此,一方面以美国为首的西方对中、俄、伊三国的封锁制裁将大打折扣,另一方面将对欧佩克组织和欧佩克+体系造成巨大冲击,金砖+将进一步提高对于沙特阿拉伯和阿联酋等中东能源出口国的吸引力。其次,若伊朗加入金砖国家合作机制,中、印、伊、俄四国可以通过中哈土伊铁路运输走廊和伊朗南北交通走廊,完成亚欧世界岛心脏地带的地缘联结整合,一方面提升中国"一带一路"亚欧大动脉效率和安全,另一方面金砖国家合作机制的全球地缘政治影响力也将大大增强。

伊朗目前是上海合作组织观察员国,其加入上海合作组织的申请已经

---

[1]《伊朗正式申请加入金砖国家:希望为所有成员国增值》,《人民日报(海外版)》,2022年6月28日。

于2021年9月获批，预计在2023年7月成为上海合作组织正式成员。参照伊朗申请上海合作组织会员的情况，预计目前包括中俄印在内的金砖国家不会给伊朗加入金砖国家设置太多障碍。

### 3.阿联酋

阿联酋是"金砖+"合作的积极参与者，2021年9月2日与孟加拉国、乌拉圭一起成为金砖国家新开发银行第一批扩容新成员，以实际行动支持"金砖+"概念落地。

建议金砖国家新工业革命伙伴关系厦门创新基地把阿联酋列为基地"金砖+"工作的重点对象，是基于以下两个原因：

其一，阿联酋与中国在新工业革命伙伴关系建设中是天然的利益共同体。阿拉伯国家是中国国际科技合作的重要合作伙伴，而阿联酋更是中国在全球新兴市场国家建立新工业革命伙伴关系的天然绝佳合作对象。阿联酋资金雄厚，近年来启动了在传统石油产业外开拓高新科技和新工业革命的新路线图。2019年1月22日，阿联酋内阁与未来事务部同世界经济论坛合作宣布建立"阿联酋第四次工业革命中心"（阿联酋第四次工业革命中心官方网站 https://c4ir.ae/），这是继美国、中国和印度之后世界经济论坛建立的全球第四个及中东地区第一个新工业革命中心，阿联酋的工业与先进技术部、工业协调理事会、迪拜未来基金会等机构和部门都明确提出把新工业革命作为本机构未来工作规划的核心。[1]阿联酋是全球第一个建立人工智能部的国家，还与国际可再生能源署共建阿布扎比永久总部，更是在三维打印、机器人、人工智能、仿生、生物材料、纳米技术和废物管理等领域提出了具体的阶段发展目标。2021年10月，阿联酋工业与先进技术部和12家财团以及阿布扎比、迪拜地方政府联合签订"阿联酋工业4.0谅解

---

[1]《第四次工业革命计划》，迪拜未来基金会官方网站，https://www.dubaifuture.ae/initiatives/future-foresight-and-imagination/c4ir/。

备忘录",阿联酋正式把新工业革命计划列为基本国策。[1]

　　与此同时,阿联酋极为重视在高科技领域"向东看",避免受制于西方发达国家的技术垄断,阿联酋与中国在新工业革命领域有着广泛的共同目标和合作基础。2015年中国-阿联酋技术转移中心在中国-阿拉伯技术转移框架下成立,2018年习近平主席在中阿合作论坛第八届部长级会议上讲话中指出:"要加强中阿在核能、太阳能、风能、数字经济、人工智能、新材料、生物制药、精准医疗、智慧城市等领域合作,落实好中阿科技伙伴计划,共建联合实验室,加快网上丝绸之路建设,争取在网络基础设施、大数据、云计算、电子商务等领域达成更多合作共识和成果。"[2]

　　其二,福建厦门与阿拉伯国家以及阿联酋有广泛的经贸合作基础,为厦门创新基地进一步将阿联酋纳入下一阶段"金砖+"新工业革命伙伴关系建设重要目标提供了保障。2018年厦门市商务局在阿联酋迪拜设立厦门市第5个海外投资贸易服务联络点,也是厦门在中东设立的唯一一个海外经贸服务联络点。[3]2020年9月,中阿经贸投资高峰论坛暨中东新能源发展论坛在厦门举办。[4]2021年1至10月,福建省与阿联酋双方进出口总额为147.84亿元,同比增长61.11%,截至2021年10月,阿联酋对福建投资14个项目,实际到资2058万美元,主要涉及制造业及服务业等领域;福建经备案在阿联酋设立境外企业与分支机构34家,中方企业协议投资额累计

---

①《阿联酋第四次工业革命》,阿联酋工业与先进技术部官方网站,https://moiat.gov. ae/en/the-fourth-industrial-revolution-program。

②《习近平在中阿合作论坛第八届部长级会议开幕式上的讲话》,新华网,2018年7月10日。

③《推动企业"走出去" 厦门在阿联酋新设贸易服务联络点》,《台海网》2018年8月22日,http://www.taihainet.com/news/xmnews/cjdc/2018-08-22/2174077.html。

④《中阿经贸投资高峰论坛暨中东新能源发展论坛在厦门举行》,《中国新闻网》,2020年9月9日。

3061.46万美元。①2021年12月7日,福建与阿联酋在福州举行了以"海丝互联、商约福建"为主题的迪拜世博会路演暨福建-阿联酋投资贸易促进大会,②福建、厦门与阿联酋的经贸合作水平达到新的高度。

建议金砖国家新工业革命伙伴关系创新基地在下一阶段工作中加强与阿联酋工业、科技部门的联系,继续邀请对方参与厦门创新基地组织的培训活动,另外可以考虑重点布局,通过科技部门提前组织在新能源汽车、太阳能利用、海洋经济和互联网领域有技术优势的本地企业参加第六届中阿博览会和第五届中国-阿拉伯国家技术转移与创新合作大会,寻找沟通渠道,推动金砖国家新工业革命伙伴关系厦门创新基地与阿联酋第四次工业革命中心建立日常工作联系。

### 4. 墨西哥

墨西哥是中北美及加勒比海地区发展中国家的主要代表,拉美地区仅次于巴西的第二大经济体,地缘上联通北美发达地区和拉丁美洲地区,也是全球西班牙语国家中人口最多的国家。墨西哥是北美自由贸易区的成员,与美国、加拿大经济联系密切,大量西方资本和产业在墨西哥布局,因此墨西哥现代工业体系在整个拉丁美洲地区也是佼佼者。2017年金砖国家领导人峰会厦门会晤期间,墨西哥时任总统培尼亚作为新兴市场国家和发展中国家的代表受金砖国家邀请参与了会议,他在接受采访时指出墨西哥高度认同金砖国家提出的密切关系、促进合作、共同应对挑战的价值观,高度赞赏中国提出的"金砖+"模式为南南合作提供了新的平台。③厦门会晤期间,墨西哥参与"金砖+"成为正式成员的话题一度在墨西哥国内引发

---

① 数据来源:福建省商务厅,https://swt.fj.gov.cn/xxgk/jgzn/jgcs/xyfzc/tpxw_535/202112/t20211202_5786512.htm。

②《迪拜世博会路演暨福建-阿联酋投资贸易促进大会举办》,福建省人民政府官方网站,http://www.fujian.gov.cn/xwdt/fjyw/202112/t20211208_5789201.htm。

③《专访:墨西哥致力于同金砖国家保持密切对话——访墨西哥总统培尼亚》,新华网,http://www.xinhuanet.com//world/2017-09/02/c_1121592708.htm。

热议。

中国是墨西哥的全球第二大贸易伙伴,墨西哥是中国在拉丁美洲地区的第二大贸易伙伴,2021年中墨两国的贸易总额在疫情冲击下仍然创下历史新高达866亿美元,同比增长41.9%。

墨西哥作为全球最为重要的新兴市场经济体之一,最为显著的特征是对北美自由贸易和美国市场的高度依赖。对美出口占墨西哥对外出口贸易总额的比例长期保持在80%左右,墨西哥也长期保持为美国的第一大贸易伙伴,墨西哥的对外出口、外国直接投资都与美国经济和美国对外贸易政策息息相关。但是值得注意的是近年来美国保守主义抬头,尤其是美国前特朗普政府屡次威胁对墨西哥产品征收重税,导致墨西哥贸易安全环境严重恶化。疫情暴发后,美墨贸易迅速恶化,墨西哥作为美国第一大贸易伙伴的位置也一度被加拿大取代。

墨西哥经济高度依赖美国的格局在未来很长一段时间都不会改变,但是墨西哥在经历特朗普政府贸易打压、新冠疫情冲击后也意识到寻找多元合作伙伴的重要性。作为墨西哥第二大贸易伙伴的中国及其他主要新兴经济体是墨西哥寻找多元贸易合作伙伴的首选。多年来,除了北美自由贸易区,墨西哥还积极参与亚太经合组织和经济合作与发展组织等多边和区域经济组织,努力提升墨西哥对外经济合作的多元化,而金砖国家合作机制作为新兴市场国家的最有代表性的平台对墨西哥具有巨大的吸引力。

除此之外,墨西哥是金砖国家合作机制打通"两洋工业走廊"、对接加勒比海地区的重要桥梁,也是金砖国家与美国、加拿大开展经贸产业对接的重要枢纽。因此,墨西哥作为北美及加勒比海地区新兴市场国家的代表,也应该成为"金砖+"扩容的主要发展目标。

早在2015年,墨西哥政府就启动了新工业革命发展计划,尤其是把重点放在中小企业、信息通信技术和数字经济的技术升级改造上。为此,墨西哥政府启动了一系列"工业革命4.0"促进计划。2016年4月,墨西哥发布了《创造未来:墨西哥工业革命4.0路线图》作为墨西哥新工业革命整体国家战略的纲领。①以该路线图为基础,墨西哥多个部门都制定了新工业革命工作计划,其中工业革命4.0生产和创新中心(CEPRODI 4.0)是主要的全国新工业革命协调机构。此外,墨西哥经济部"墨西哥工业创新中心"针对工业革命4.0制定了鼓励新兴技术、人力资源培养、技术知识转移、提高工业生产效率四大方向,针对互联网经济制定了《软件产业发展计划》,并且组织墨西哥数字经济企业建立了"墨西哥4.0联盟"。②墨西哥其他新工业革命研究和平台机构还包括:技术创新中心FIT(隶属于墨西哥经济部)、先进制造业技术中心(MTAC)、电子工业发展部际委员会(CIDGE)、墨西哥工业政策论坛、工业生产力和竞争力计划(PPCI)等。

墨西哥新工业革命发展计划尤其重视中小企业转型和互联网数字经济发展,墨西哥政府与阿里巴巴集团在2017年签署电子商务战略合作协议,就是希望借鉴中国企业通过互联网转型发展的成功经验。因此,厦门创新基地可以从中小企业和互联网经济领域入手,与墨西哥相应机构建立对接关系。建议如下:一是通过"九八"投洽会针对中小微企业和丝路电商的展览、论坛和洽谈会邀请墨西哥相关企业参与,时机成熟可以由金砖国家新工业革命伙伴关系厦门创新基地组织中墨中小电商企业线上对接活动;二是通过政府部门或者在墨商会、企业与墨西哥经济部墨西哥工业创新中心建立联系,加强双方关于新工业革命的动态和信息沟通。

### 5.哈萨克斯坦

哈萨克斯坦的经济总量虽然排名不高,但是油气资源非常丰富,且地缘优势明显。其一,哈萨克斯坦是世界第一大内陆国家,在中亚五国中经济优势明显,2020年哈萨克斯坦国内生产总值为1680亿美元,而乌兹别克斯坦577亿美元、土库曼斯坦452亿美元、塔吉克斯坦82亿美元、吉尔吉斯

---

①《墨西哥工业革命4.0路线图》,https://amiti.org.mx/wp-content/uploads/2018/01/Crafting-the-future-10-agosto-2016.pdf。

② 墨西哥工业革命4.0生产和创新中心(El Centro de Productividad Industrial e Innovación 4.0,CEPRODI 4.0),http://ceprodi4-0.org/Que_es_Ceprodi_edomex。

斯坦77亿美元。①其二,哈萨克斯坦地处中俄之间,是中俄两国上海合作组织中亚区域合作的基石,地理位置对于陆上丝绸之路建设至关重要,也是"一带一路"建设首倡之地,对于中俄两国都有极高的地缘价值。

哈萨克斯坦已经与中国建立永久全面战略伙伴关系,中国是哈萨克斯坦第二大贸易伙伴和最大投资国,也是哈萨克斯坦基础设施建设最大投资国。中国和哈萨克斯坦之间建有中哈原油管道、中哈天然气管道、中哈石油管道等多条油气管道,2021年上半年向中国输送原油545.5万吨,据统计,中国进口天然气中的约20%,来自哈萨克斯坦或依赖哈萨克斯坦油气管道对华运输。②

2022年1月,哈萨克斯坦爆发大规模暴力骚乱事件,但是在独联体集体安全条约组织协助下迅速平息了骚乱。此次骚乱事件不乏中亚地区"三股势力"的参与,因此1月8日上海合作组织也发表声明愿意提供相关协助。哈萨克斯坦的骚乱问题虽然通过集安组织、上海合作组织等区域安全国际组织得以暂时解决,但是长期的社会问题只有通过稳步的经济发展才能治根治本,因此,建议把哈萨克斯坦作为中亚地区代表纳入"金砖+"扩容目标,这无论对于金砖国家与中亚区域经济合作,还是协助中俄稳定中亚地区政治安全利益或推动"一带一路"欧亚贸易、能源大通道都是大有裨益。

哈萨克斯坦是较早明确把新工业革命定位为国家基本战略的国家之一。2018年1月10日,哈萨克斯坦总统纳扎尔巴耶夫向全国发表国情咨文《第四次工业革命背景下的发展新机遇》,提出哈萨克斯坦要开展以数字产业为重点的第三个五年计划。2021年7月7日,哈萨克斯坦的数字发展创新和航空航天工业部部长与世界经济论坛总裁宣布共建哈萨克斯坦第四次工业革命中心,成为世界经济论坛第四次工业革命全球网络布局在中

---

① 数据来源:国际货币基金组织中文官方网站,https://www.imf.org/zh/home。
②《现在,中哈油气管道是否安全》,《环球时报》,2022年1月6日。

亚地区的唯一基地。①

  2019年中国和哈萨克斯坦联合声明中指出："中国新发展理念和'两个一百年'奋斗目标同哈萨克斯坦第四次工业革命条件下的发展理念对中哈各自发展具有重要指导意义"②,中国与哈萨克斯坦承诺通过金融创新、可再生能源、数字电商、农业创新以及航空航天等领域加强科技合作。福建厦门与哈萨克斯坦也已经建立坚实的经贸合作基础,其中"中亚班列"(厦门—阿拉木图)是厦门作为"一带一路"核心区参与国际产能合作的重要体现,2019年12月福建经贸代表团赴哈举办了"中国·福建—哈萨克斯坦'一带一路'经贸对接会",③2021年4月哈萨克斯坦驻上海总领事率团访问福建商务厅并参加福建省"中亚市场线上推介会",④频繁的经贸交流为双方在新工业革命领域的合作提供了有利的外部条件。

  金砖国家新工业革命伙伴关系厦门创新基地针对哈萨克斯坦的双边合作可以从金融创新和园区建设两个方面入手:其一,创建于2018年的阿斯塔纳国际金融中心(AIFC)被哈萨克斯坦寄予厚望,由总统直接负责主导哈萨克斯坦对外金融合作的一切事宜。其中,哈萨克斯坦第四次工业革命中心正是由阿斯塔纳国际金融中心下属的金融科技创新部具体运营。因此,建议厦门创新基地重点开展与阿斯塔纳国际金融中心的接洽工作,邀请该中心参与厦门创新基地目前正在开展的绿色金融研修班、国际金融人才培养和国际金融投资等培训交流活动。其二,哈萨克斯坦近年另外一个比较关注的国际合作领域是科技园区建设,创办"阿斯塔纳枢纽"国际IT

---

  ① 哈萨克斯坦第四次工业革命中心官方网站(哈萨克斯坦第四次工业革命中心由阿斯塔纳国际金融中心金融科技创新部具体运作),https://tech.aifc.kz/about-c4ir/。

  ②《中华人民共和国和哈萨克斯坦共和国联合声明》,中国外交部网站,http://www.mfa.gov.cn/web/ziliao_674909/201806/t20180608_7947825.shtml。

  ③《福建经贸代表团在哈萨克斯坦、阿联酋 成功举办经贸推介活动》,福建国际投资促进网,https://fdi.swt.fujian.gov.cn/show-7255。

  ④《福建商务厅领导会见哈萨克斯坦驻上海总领事》,福建省商务厅官方网站,https://swt.fujian.gov.cn/xxgk/swdt/tpxw/202104/t20210430_5587846.htm。

初创科技园(Astana Hub)统筹国际园区合作,尤其关注中国在海外高新技术产业园区投资建设的经验。因此,建议厦门创新基地可以在与哈萨克斯坦方面交流时重点展示厦门火炬高新区模式、福清"两国双园"模式的成果,与"阿斯塔纳枢纽"建立高新技术信息交流合作。

6.东盟东增区:菲律宾、马来西亚、印度尼西亚

东盟东部增长区(简称EAGA),是菲律宾、马来西亚、印度尼西亚、文莱共同发起的一个次区域合作倡议。2005年12月,中国正式成为东盟东增区的发展伙伴。2019年11月24日,在第13届东盟东增区峰会暨第二次中国-东盟东部增长区合作部长级会议上,审查与批准了中国-东盟东增区合作行动计划(2020—2025年),指定由福建省对接西婆罗洲经济走廊、苏禄群岛—苏拉威西群岛经济走廊,并确定电子能源、信息技术等重点对接产业。①福建、厦门与东盟东增区国家临海相望,东南亚是闽籍侨胞重要聚居区,加之随着区域全面经济伙伴关系协定正式落地,福建及厦门与东盟东增区开展新工业革命合作迎来了新的历史机遇。

菲律宾、马来西亚、印度尼西亚都已经启动新工业革命计划。菲律宾科技部联合菲律宾工业、能源与新兴技术研究与发展委员会在2020年8月出台了《工业革命4.0五大新兴技术部委计划与规划路线图》,提出重点发展智能产品、网络与数字化、新商业模式、自动化、生产优化五个方向,菲律宾工贸部也制定《菲律宾综合创新产业战略》(Inclusive Innovation Industrial Strategy, I³S)作为菲律宾工业革命4.0的总蓝图;马来西亚在2018年10月31日启动《马来西亚国家工业4.0政策》(Industry 4WRD),时任首相马哈蒂尔代表马来西亚政府提出马来西亚制造业及其相关服务业企业的数字化转型目标,具体负责部门包括马来西亚总理办公室下属的马来西亚经济策划局、马来西亚经济部、马来西亚科学工艺与创新部,马来西亚的工业

①《中国—东盟东部增长区合作第2次部长级会议联合声明》,中国商务部网站,http://yzs.mofcom.gov.cn/article/cbw/201911/20191102916230.shtml。

4.0计划优先发展的五大目标是人工智能、物联网、区块链和分布式账本技术、云计算支持的先进材料、大数据分析;印度尼西亚工业部在2018年7月发布《印度尼西亚工业革命4.0》,确定了电子、汽车、纺织服装、食品和饮料及石化工业等作为数字建设的五大重点发展产业。

东盟作为整体也把迎接新一轮工业革命浪潮作为东南亚地区整体的未来发展规划。东盟十国首脑在2019年东盟峰会上共同签署《东南亚国家联盟面向"工业4.0"的产业转型宣言》,2021年东盟峰会又通过《东南亚国家联盟第四次工业革命综合战略》,提出了实现技术治理与网络安全、数字经济和社会数字化转型三大目标。

其中,印度尼西亚作为东盟创始成员和总部所在地,是"21世纪海上丝绸之路"的首倡之地,也是东盟最大经济体和东南亚地区在二十国集团的代表,毫无疑问是"金砖+"扩容的重要对象之一。2019年中国与印度尼西亚双边贸易额为797.1亿美元,受疫情影响2020年两国双边贸易额略有下降为783.7亿美元。2021年两国经贸合作迅速恢复同比增长58.6%,首次突破千亿美元大关,[①]其中受国际大宗商品价格影响,印度尼西亚对华出口铁矿石、煤炭和棕榈油等能源产品总额迅速增长。除此以外,印度尼西亚与中国在雅万高铁项目的合作,是"一带一路"国际合作的标杆项目,也是中国基建走出去的样板工程之一。

近年,印度尼西亚陆续启动了"全球海洋支点""海上高速公路""印尼经济建设总计划""首都迁移法案"等规模宏大的基础设施建设计划,提出建设"中等强国"战略,因此中印尼两国在区域全面经济伙伴关系协定框架下有广阔的基建合作潜力和前景。另外一方面,印度尼西亚作为地区大国和次区域最大经济体,对于在全球寻找经济合作伙伴、扩大全球政治影响力有着迫切的需求。金砖国家合作机制是印度尼西亚作为重要新兴经济

①《2022年8月中国与印度尼西亚双边贸易额与贸易差额统计》,华商情报网,https://www.huaon.com/channel/tradedata/842990.html。

体在全球发挥影响力的第一选择。

从金砖国家合作机制的角度来看,资源丰富、潜力巨大且地缘位置重要的东南亚地区是"金砖+"扩容机制首先要争取的地区,而印度尼西亚作为东南亚地区经济总量第一、人口总量第一的区域代表性国家,经济稳步发展、国家政局稳定,自然是"金砖+"扩容的优先目标。

金砖国家新工业革命伙伴关系厦门创新基地在开展与东南亚国家业务工作时具有天然的地理、人文和产业优势,针对东盟东部增长区以及其他东南亚国家的"金砖+"工作建议把以下三个方面作为重点:

其一,迎合东盟国家数字经济与技术发展的需求。东盟及东南亚各国的工业革命4.0发展计划高度集中于信息通信等数字化技术产业,而数字经济正是中国新工业革命的优势产业,因此建议厦门创新基地针对东盟国家开设一门专门的东南亚数字经济产业人才培训课程,并继续吸引除了菲律宾、马来西亚、印度尼西亚之外的其他东盟国家参与厦门创新基地的国际合作。

其二,发挥福建的海洋经济产业优势。东盟东部增长区与福建及厦门隔海相望,双方的海洋产业经济互动非常频繁。建议通过"两国双园"模式、丝路海运和海洋产业技术转移等方式打造福建-东盟东增区海洋经济合作走廊,厦门创新基地也可以考虑增设海洋产业技术升级和转移的相关培训课程,通过在地闽籍华侨华人社团针对菲律宾、马来西亚、印度尼西亚相关企业做好宣传工作。

其三,利用好区域全面经济伙伴关系协定平台对接东盟国家工业革命4.0规划。区域全面经济伙伴关系协定落地后,区域内外的规模经济、刺激投资和充分竞争效应将为东盟国家产业转型升级提供强大外部动力,尤其是外部技术合作和高新产业投资的限制门槛大大降低,因此建议厦门创新基地组织专家跟踪东盟各国区域全面经济伙伴关系协定实施计划中关于新工业革命的具体法律、关税和优惠政策,做好一国一策的具体合作规划方案。

### 7.土耳其

土耳其地跨欧亚大陆,在欧亚世界岛经贸交流中的巨大地缘优势毋庸置疑。土耳其工业基础良好,是中东西亚地区现代工业发展的佼佼者,也是二十国集团成员之一,近年来在国际政治舞台非常活跃。2003年埃尔多安率领正义与发展党执政以来尤其重视基础设施建设,2020年11月土耳其出台了全新的铁路投资建设规划,与"一带一路"中国基建有巨大的合作潜力。中国是土耳其第二大贸易伙伴,2021年6月两国签署新一期货币互换协议,减少两国经济合作对美元的依赖,越来越多中国企业希望利用土耳其的地缘优势联通欧亚市场。

土耳其在工业基础完备、地缘优势突出,拥有重要区域政治影响力的同时,近期也面临不少政治、金融风险。2016年7月,土耳其发生未遂军事政变后,土耳其与美国关系急转直下;2018年以来土耳其里拉兑换美元汇率在美联储金融操作冲击下多次上演剧烈震荡,严重冲击土耳其的经济稳定。

土耳其作为欧亚世界岛的核心枢纽,和中国一样都是多边主义和自由贸易坚定的支持者,对于中国基建企业出海战略、人民币国际化战略有重大意义,土耳其经济基础好、潜力大,但是短期内金融环境面临西方发达国家金融资本的严重冲击,尽快把土耳其纳入"金砖+"扩容合作对象有利于提升金砖国家合作机制和新兴市场国家与西方发达国家博弈的筹码。

### 8.埃及

与土耳其、印度尼西亚等国一样,埃及苏伊士运河的地缘位置和交通枢纽优势为埃及追求区域大国地位提供了坚实基础。埃及人口过亿,在中东地区、阿拉伯世界拥有重要政治、经济影响力,是冷战期间发展中国家"不结盟运动"的主要发起国之一,也在阿拉伯国家联盟(总部设在开罗)、非洲国家联盟具有重要区域影响力。埃及多年来坚定支持多边主义和"南南合作"精神,是北非地区毫无争议的新兴市场国家代表。

中国与埃及经贸联系紧密,"一带一路"建设与埃及"2030愿景"有共同发展目标和方向,尤其是近年苏伊士运河走廊基建升级工程、埃及首都迁移工程、新冠疫苗联合生产等事务上两国合作潜力巨大。中国是埃及第一大贸易伙伴,在疫情冲击下,2020年1—11月中埃双边贸易总额逆势同比增长10%,2020年1—9月中国对埃及新增直接投资同比增长19.3%。[①]

埃及是唯一两次受邀在2017年金砖国家领导人峰会厦门会晤新兴市场国家与发展中国家对话会(第一次"金砖+"对话会)、2018年金砖峰会约翰内斯堡金砖国家领导人同非洲国家领导人对话会(第二次"金砖+"对话会)参加"金砖+"对话会的国家,这与埃及在北非地区、阿拉伯地区明显的国家综合实力优势密切相关。2021年12月29日,金砖国家新开发银行宣布埃及成为新成员,这是金砖国家新开发银行在2021年9月首次扩容(乌拉圭、孟加拉国、阿联酋)之后的再次扩容,也被媒体普遍视为埃及将进一步参与"金砖+"乃至成为金砖国家合作机制正式成员的积极信号。埃及纳入"金砖+"扩容目标,对于金砖国家合作机制提升在北非国家、阿拉伯国家乃至非洲地区和中东地区的影响力、感召力都大有裨益。

从埃及的角度来看,参与"金砖+"是实现国家利益最大化的现实考量。其一,埃及人口增长迅速,基础设施建设需求极大,这也是埃及加入金砖国家新开发银行成员的主要原因,埃及与以中国为首的金砖国家在基建资金贷款、货币互换、基建工程技术等领域有广泛的共同利益;其二,2011年"阿拉伯之春"爆发后,埃及政局动荡,严重打击了埃及在北非、中东、阿拉伯地区的区域国家地位。近年,埃及逐步恢复政治、经济局势,2020年埃及经济在疫情冲击下仍然维持正增长,正在努力恢复区域大国地位,而以新兴市场大国的姿态参与"金砖+"合作机制将为埃及恢复区域大国地位带来加分。

---

[①]《疫情无碍 中埃经贸合作稳中有升》,光明网,https://m.gmw.cn/baijia/2021-01/15/1302038123.html。

### 9.沙特阿拉伯

沙特阿拉伯石油资源丰富,拥有雄厚的经济实力,是阿拉伯世界唯一的二十国集团成员和代表。沙特阿拉伯是海湾阿拉伯国家合作委员会和石油输出国组织的主要领导者,积极参与中东地区国际事务,对全球伊斯兰世界都拥有特殊宗教影响力,是海湾地区国家的代表。因此,沙特阿拉伯是"金砖+"扩容机制在海湾地区的首选。

2020年沙特阿拉伯受到疫情冲击和石油价格低迷等影响,国内生产总值总量下降4.1%为7001亿美元,[①]在中东地区仅次于土耳其,同时在阿拉伯世界排名第一。2020年中国与中东地区贸易总额为2717亿美元,其中中国与沙特阿拉伯双边贸易为671亿美元,这一数据与疫情前纵向对比下降了14%,但是横向对比沙特阿拉伯仍然是中国在中东地区的第一大贸易伙伴,占中国与中东地区贸易总额的24.7%。[②]作为全球举足轻重的石油出口国,2020年沙特阿拉伯对华出口石油8492万吨,超越俄罗斯成为中国的最大石油来源国。

长期以来,沙特阿拉伯在以石油王国享誉世界的同时,也受困于农业发展受限、淡水资源紧缺及工业发展严重依赖石油产业导致经济结构单一的问题,例如2020年上半年的石油价格暴跌就给沙特阿拉伯的工业发展乃至国民经济带来严重冲击。沙特阿拉伯政府很早就意识到多元产业对于国家经济发展稳定的重要性,2016年4月沙特阿拉伯出台了"沙特阿拉伯2030愿景"计划,提出了将非石油产业财政收入占比从10%提高到70%的宏伟计划。其中,新能源、工业装备制造、数字化等中国优势领域都是该愿景计划的组成部分,与中国的合作潜力巨大。

沙特阿拉伯利用充裕的外汇资金出海投资、提高国家经济多元化的

---

[①]《沙特2020年实际GDP同比下降4.1%》,中华人民共和国商务部,http://jedda. mofcom.gov.cn/article/jmxw/202104/20210403049123.shtml。

[②]《沙特占中国与中东地区贸易1/4》,中华人民共和国商务部,http://sa.mofcom.gov. cn/article/jmxw/202104/20210403054279.shtml。

目标与金砖国家新开发银行有共同的合作利益,在阿联酋成功尝试加入金砖国家新开发银行成功后,沙特阿拉伯作为次区域领头羊参与"金砖+"扩容机制的障碍已经扫除。沙特阿拉伯多元化分散投资的需求与大多数新兴市场国家急需外部资金投资的需求契合,因此沙特阿拉伯加入"金砖+"合作机制有利于其扩大在新兴市场国家和发展中国家的经济影响力,符合"沙特阿拉伯的2030愿景"计划。此外,随着近年美国逐渐从中东地区抽身,沙特阿拉伯在中东事务、石油问题等领域有必要与中国、俄罗斯保持密切沟通和协调,加入金砖国家合作机制也符合沙特阿拉伯的区域政治利益。

**(二)推动"金砖+区域一体化"合作**

在全球化与世界一体化的大潮流中,近年区域经济一体化的广泛兴起成为经济全球化发展的重要方向。区域经济一体化的进程大大推动了区域经济发展和政治互信的基础,在此过程中诞生了欧洲国家联盟、东南亚国家联盟、非洲国家联盟等一大批区域国际组织,反过来这些区域国际组织又通过自由贸易区、共同市场、经济联盟进一步推动区域经济一体化的深度和广度。区域一体化已经成为未来国际关系发展的主旋律,也为探索人类命运共同体建设提供了大量发展样本。

近年来,个别西方国家的单边主义、贸易保护主义政策并不能阻挡区域一体化的继续发展,尤其是广大新兴市场国家和发展中国家特别需要各类区域国际组织舞台加强互动与团结,依靠组织力量参与人类命运共同体建设。因此,金砖国家合作机制有必要把"金砖+区域一体化"作为"金砖+"合作的重要模式。

1."金砖+非洲区域一体化"(非盟)

非洲拥有丰富的自然资源和人力资源,是全球未来最有发展潜力的地区,2018年12月经济合作与发展组织发布的《非洲发展活力报告》指出,21世纪以来,非洲年均增长率为4.7%,是全世界发展仅次于东亚的地区。但是严重落后的基础设施建设极大制约了非洲国家内部贸易活跃度,金砖国家合作机制通过积极参与非洲发展和非洲区域合作,能有效挖掘非洲发展潜力,双方合作前景广阔。

南非是目前非洲地区在金砖国家合作机制的唯一代表,也是金砖国家新开发银行非洲区域中心总部,南非近年来也始终致力于在金砖合作框架内不遗余力地把金砖国家合作机制与非洲区域一体化联结起来。事实上,2010年南非加入金砖国家大家庭本身就是"金砖+非洲"的具体成果。2013年在南非德班举行的金砖国家领导人第五次峰会邀请非洲国家联盟以及部分非洲国家领导人与会,峰会主题围绕"金砖国家与非洲:致力于发展、一体化和工业化的伙伴关系",加上金砖国家领导人与非洲国家领导人对话会:"释放非洲潜力:金砖国家和非洲在基础设施领域合作",这是金砖国家与非洲第一次正式携手。2018年,金砖国家领导人约翰内斯堡峰会的主题是"金砖国家在非洲:在第四次工业革命中共谋包容增长和共同繁荣",并且直接把"金砖+非洲领导人"作为领导人对话会的主轴,邀请了纳米比亚、加蓬、安哥拉、塞内加尔、乌干达、多哥和卢旺达等多国领导人与会,会后宣言确定了金砖国家与非洲国家加强基础设施建设合作的共识。

中国与非洲国家交往非常密切,双方有非常稳固的合作基础,从2009年起中国连续12年稳居非洲地区的第一大贸易伙伴,2020年中非贸易额占非洲地区对外贸易总额的21%。截至2020年底,中国企业累计在非洲国家直接投资430多亿美元,在非洲本土设立各类企业超过3500家,提供数百万就业机会。①中国与非洲国家在南南合作精神框架下,从2000年开始举办"中非合作论坛",合作机制成熟、合作成果丰富,2021年12月中非合作论坛第八届部长级会议通过了《中非合作论坛——达喀尔行动计划(2022—2024)》,发布《中非合作2035愿景》,把双方合作推向新的高度。在金砖合作框架下,中国也尤其重视非洲国家对于"金砖+"的重要意义。2017年非洲国家联盟的轮值主席国是几内亚,因此2017年金砖峰会厦门

---

① 《新时代的中非合作》,《光明日报》,2021年11月27日。

会晤领导人对话会邀请几内亚总统作为全体非洲国家的代表与会,传达了金砖国家合作机制及中国政府对于"金砖+非洲"高度重视的强烈信号。

因此,建议以非洲联盟以及其他非洲次区域组织为抓手,建立金砖国家与非洲国家代表的定期会晤机制。首先,非洲联盟作为非洲区域一体化的主要平台,是"金砖+非洲"战略的主要着力点。2021年1月,非洲联盟主导的非洲大陆自由贸易区正式启动,非洲联盟与金砖国家在多边主义、贸易开放、基础设施、资金贷款及互不干涉内政等领域拥有共识,非洲大陆自由贸易区为"金砖+"提供了新的重大机会。因此,每年金砖峰会都可以延续厦门会晤的做法邀请当年非洲联盟轮值主席国参与领导人对话会(2022年非洲联盟轮值主席国是塞内加尔),不断加深双边交往。其次,进一步推动金砖国家与南部非洲发展共同体(SADC)、西非国家经济共同体(ECOW-AS)、中部非洲国家经济共同体(CEEAC)、东非共同体(EAC)、东南非共同市场(COMESA)、阿拉伯马格里布联盟(UMA)的合作机制升级,建议将非洲次区域主要国家代表根据实际情况纳入"金砖+"正式成员、观察员及合作伙伴扩容目标,除了南非,可以考虑北非地区的埃及、东非地区的埃塞俄比亚、西非地区的尼日利亚以及中非地区的卢旺达等国作为次区域代表作为"金砖+"主要合作目标。

2."金砖+东南亚区域一体化"(东盟)

东南亚是"一带一路"倡议的核心地区,也是中国周边对外关系的重点。东南亚人口超过6亿,经济发展潜力巨大,2020年疫情冲击下东南亚11国国内生产总值总量为30039亿美元,人均国内生产总值为4494美元,除了越南各国经济总量都有一定程度萎缩。2021年,东南亚地区经济开始迅速恢复,如新加坡从2020年的衰退中走出,实现强劲增长,同比增长了7.6%,而菲律宾国内生产总值最终增长高达5.6%,也高于该国政府部门预期的目标。根据世界银行预估,2022年东南亚地区将在2021年基础上继续保持增长。

中国与东南亚地区相互都是对方重要的经贸伙伴,2020年前中国与东盟十国2019年贸易总额为6414亿美元,相比2018年同比增长9.2%,2021年双边贸易再创新高达到8782亿美元,自2009年起中国连续13年保持东盟的第一大贸易伙伴,而东盟也在2020年首次超越美国和欧盟成为中国的第一大贸易伙伴,2021年双边继续保持相互的最大贸易伙伴,而且贸易结构更加优化、产业链联系更加紧密。2021年底,中国与东盟累计双向投资总额达3000亿美元,中新、中马、中印尼两国双园成为双边投资的标志性项目。

在东盟主导下,东南亚经济以及区域一体化不断取得进展,尤其是2011年东盟发起区域全面经济伙伴关系倡议,2022年1月1日,中国与东盟十国及日本、韩国、澳大利亚及新西兰共同签署的《区域全面经济伙伴关系协定》正式生效,在此基础上中国—东盟自由贸易区迎来新的历史发展机遇。

2016年果阿会晤期间,泰国政府代表以环孟加拉湾多领域经济技术合作倡议成员国身份首次参与金砖会议,2017年厦门会晤期间,"金砖+"机制再次邀请了泰国作为东盟国家代表参会。随着东盟主导的区域全面经济伙伴关系逐渐落地,东南亚区域一体化再次进入快车道,使得东南亚成为最有投资吸引力的次区域。东南亚地区绝大部分国家都是新兴市场和发展中国家,东盟高度支持多边主义和贸易投资自由,东盟成为全球新兴市场国家多边合作的又一个标杆。东盟正在全力推行的《东盟互联互通总体规划2025》与金砖国家有广阔的贸易、市场和投资前景,金砖国家新开发银行、亚洲基础设施投资银行与东盟国家已经有良好的合作基础。因此建议:一是借区域全面经济伙伴关系启动首年的东风继续推进"金砖+东盟"合作机制;二是选择性吸纳某个东盟成员国(可在东盟五国印度尼西亚、新加坡、马来西亚、泰国、菲律宾中根据谈判情况选择)成为金砖国家新开发银行新会员,并借此继续推进金砖国家与东盟国家基础设施建设的合作机制建设;三是推动印度尼西亚作为东盟代表进入"金砖+"新成员国扩容程序,印度尼西亚经济总量、国土面积和人口总量都在东南亚地区排名第一,印尼政府政局稳定,有维护多边主义的传统,且雅加达是东盟总部所在地,是"金砖+东盟"最合适的合作代表。

3."金砖+中亚区域一体化"(上合组织)

中亚地区是古代丝绸之路枢纽,也是"一带一路"建设中贸易、交通、能源合作的关键节点,更重要的是中亚地区是中俄两国在金砖国家合作机制和上海合作组织框架下开展合作的主要利益交汇点。通过"金砖+"扩展金砖国家合作机制在中亚地区的影响力,助推中亚地区在"一带一路"多边合作基础上加快区域一体化,避免中亚地区受到域外势力"颜色革命"干扰,其战略价值并不局限于经济合作,而是对于中、俄两国地缘政治、国家安全都有重大影响。

2021年中亚地区经济从疫情冲击下逐渐开始恢复,前三个季度哈萨克斯坦、乌兹别克斯坦和塔吉克斯坦经济增长率分别为3.5%、6.9%、8.9%,吉尔吉斯斯坦和土库曼斯坦经济增速也从2020年的负增长恢复正增长。但是由于中亚国家与俄罗斯密切的经贸人员往来,西方国家对俄罗斯大规模制裁给2022年中亚地区经济复苏和通货膨胀蒙上一层阴影,中亚各国社会稳定可能会面临冲击。中亚五国中,哈萨克斯坦经济总量和综合国力占据绝对优势,但是近期的社会动荡拖累哈萨克斯坦的经济恢复,经济活跃的乌兹别克斯坦出现了挑战哈萨克斯坦主导区域一体化的地缘格局。因此,中亚五国在独立三十多年以来迫切需要有外力推动来弥合内部分歧,推动次区域的一体化进程,地缘上位于中国、俄罗斯和印度之间的中亚地区最合理、最直接的区域一体化平台就是:经济上依靠"金砖+中亚",政治上依靠上海合作组织。

中国是中亚地区的第一大贸易伙伴和主要投资来源地,2021年中国与中亚地区双边贸易额超过500亿美元,双方已经有大批已经建成或者在建的天然气、原油和欧亚贸易班列等基建合作项目。2022年是中国与中亚五国建交30周年,1月25日中国与中亚五国领导人以视频会议形式举办了双边六国元首会晤,正式开启了中国–中亚发展共同体的蓝图。峰会表示争取在2030年双边贸易额达到700亿美元,并且明确提出要以"一带一路"建设和上海合作组织作为构建中国–中亚发展共同体的主要平台。

金砖国家合作机制与上海合作组织有共同的朋友圈,同样致力于维护新兴市场国家和发展中国家利益,而两者的主要交汇点就是中亚区域一体化。2015年,上海合作组织元首峰会和金砖国家领导人峰会集聚俄罗斯乌法,两个国际组织在地理时空和发展理念上同时产生互动,金砖国家领导人与上海合作组织成员国领导人、欧亚经济联盟部分国家领导人举行对话会,以中亚地区为中心的几个重要国际组织产生了强烈的化学反应。2015年的上合峰会获批吸纳印度和巴基斯坦成为正式会员,金砖与上合的互动从中俄朋友圈扩展到了中俄印朋友圈,两个平台的融合和对接更进一步。在2017年金砖峰会厦门会晤期间,塔吉克斯坦受邀作为中亚国家代表参会,这是"金砖+"首次与中亚国家正式牵手。2022年以来,东欧、中亚的一系列政治、安全动荡更加彰显区域合作共同体建设的重要性,中国作为上合组织和金砖国家合作机制的核心成员,更有必要加强同中亚国家的合作,以"金砖+中亚一体化"为抓手,推动"中国+中亚"发展共同体的稳步推进。因此建议:一是组织力量研究"金砖+上海合作组织"的战略对接和互动;二是着手推动中亚国家代表(首选哈萨克斯坦)纳入"金砖+"扩容范围。

### 4."金砖+南亚区域一体化"(南盟)

南亚地区的区域一体化进程在区域国际组织发展的基础上已经取得一定进展,但是也受到内部分歧等因素影响导致困难重重。

南亚区域一体化的主要成果是1985年建立的南亚区域合作联盟(南盟),2004年南盟签署了《南亚自由贸易协定》,开启区域一体化进程,之后在2014年通过《加德满都宣言》,再次强调加快区域一体化建设。但是区域内主要国家印度和巴基斯坦长期冲突和对立,导致南亚区域一体化仍然停留在文件上,实质性区域贸易、基建和金融合作项目进展缓慢。

南亚区域一体化的另外一个政治成果是环孟加拉湾多领域经济技术

合作倡议(环孟加拉湾经合组织),从严格意义上讲,环孟加拉湾组织由于包括泰国和缅甸,是印度有意打通南亚和东南亚的跨区域合作、拓展印度在东南亚影响力的工具。很遗憾的是,目前环孟加拉湾经合组织的运行机制并不完善,区域合作化成果相比南盟更加落后。2016年金砖峰会果阿会晤,印度邀请了环孟加拉湾经合组织成员国与金砖国家领导人对话,各国领导人一致认同金砖国家与环孟加拉湾经合组织重视发展中国家的共同理念,各国经济互补性强、合作潜力大,但是目前也面临愿景难以落地的困境。

南盟和环孟加拉湾经合组织成员国都是中国周边外交的重要伙伴。中国和印度都是区域内有影响力的大国,中、印两国在求同存异的基础上应该共同推动"金砖+"与南盟和环孟加拉湾经合组织的合作互动,建议邀请这两个南亚区域组织以"合作对话伙伴"的身份参与"金砖+"机制或者金砖国家新开发银行对话论坛,加快南亚地区经济发展和区域一体化,共同维护全球多边主义,推动新兴市场国家在全球治理体系中扮演更加重要的角色。

5."金砖+南美区域一体化"(南美国家联盟、南方共同市场)

南美地区的主要区域一体化成果也体现在区域国家组织合作机制的建立和发展,主要是南美国家联盟和南方共同市场。但是美洲历来被美国视为自己的"后花园",南美地区的独立自主和区域一体化进程长期受到外部强权的干涉。

南美国家联盟于2011年签订《南美国家联盟组织条约》,正式开启南美国家的一体化议题。2014年在巴西举行的金砖国家第六次峰会邀请南美国家联盟成员国领导人举办对话会,共商加强南美国家与金砖国家的合作。会晤宣言特别强调,金砖国家重申对与国际和地区组织持续深化合作持开放态度……支持南美一体化进程,认可南美国家联盟的重要作用。南方共同市场是南美国家在经济一体化领域的重要成果,而且南方共同市场同南美国家联盟相比与区域外其他国际组织的合作互动更加频繁,为南方共同市场与金砖国家合作机制开展合作提供了丰富的经验。例如,1995年南方共同市场与欧盟签署《区域性合作框架协议》、1998年与南部非洲发展共同体签订扩大贸易谅解备忘录、2003年与安第斯共同体签署自由贸易协议、2004年与南部非洲关税同盟签署贸易优惠协定、2005年与海湾阿拉伯国家合作委员会签署经济合作框架协议。

"金砖+"与上述两个南美主要区域组织的合作是"金砖+南美区域一体化"的基础。因此建议:一是加强与南美国家的金融合作。早在2009年南美国家联盟就宣布集资200亿美元成立"南方银行",但是这个区域性金融机构由于资金筹措的原因迟迟没有落地,金砖国家新开发银行可以支持南美国家联盟的金融机构改革,通过入股的形式推动"南方银行"最终落地,本土化战略更加有助于金砖国家参与南美区域一体化建设;二是以巴西为纽带推动金砖国家集体与南方共同市场签订经济合作协议,更加重要的是效仿南方共同市场与其他区域国际组织的合作机制和合作形式,在全球新兴市场和发展中区域加快"金砖+区域一体化"的实质性内容。

(三)金砖+重要全球性国际组织

"金砖+"的主要宗旨是推动金砖国家与更多新兴市场国家和发展中国家开展合作,在世界格局复杂多变的背景下坚持提升新兴市场国家和发展中国家在全球治理改革中的地位和影响。虽然主权国家仍然是国际政治的主要参与者、主导者和全球治理的基本力量,但不能否认的是国际组织崛起是全球化运动中最为显著的国际政治事实。全球性的国际组织站在全人类共同利益的基本立场,有助于打破部分西方大国在全球化大趋势中不断制造单边主义、霸权主义和贸易保护主义的壁垒,国际组织的重要性日益凸显,是全球治理机制建设过程中不可或缺的重要力量。因此,"金砖+全球性国际组织"是"金砖+"合作机制不言而喻的重要路径之一。

1.金砖+二十国集团

二十国集团是目前全球最重要的论坛性国际组织,由原先的八国集团发展而来,是发达国家和新兴市场国家合作对话的中心舞台,也是全球治理改革由西方主导向南北合作转变的信号。"金砖+"与二十国集团向全世界发出的政治信号是相同的：提升新兴市场国家的地位、促进全球多边主义互动，反对西方主导的单边主义。因此，金砖国家在二十国集团场合多次共同发声，从2011年在法国戛纳举办二十国集团领导人峰会以来，金砖五国领导人都会在二十国集团峰会期间同期举办金砖国家领导人非正式会晤，金砖国家合作机制与二十国集团的互动模式基本形成。

二十国集团中的新兴市场国家是全世界发展中国家的代表，而金砖国家又是二十国集团中新兴市场国家的核心。金砖国家领导人在二十国集团框架下的共同声音和密切配合有效增强了新兴市场国家的影响力，捍卫了全球发展中国家在全球性事务中的共同利益。与金砖国家领导人峰会聚焦政治、经济、安全等宽泛重大议题不同，二十国集团峰会的金砖国家领导人非正式会晤目前主要集中在经济议题，尤其是国际自由贸易和国际货币体系改革，建议在此基础上把目前的非正式会晤升级为二十国集团框架下的金砖国家经济合作会议，由各国分管经济问题的政府领导人参会，借此进一步提升金砖国家在经济领域南南合作和南北对话的话语权和领导力。

2.金砖+全球金融国际组织

金砖国际合作机制在国际金融领域扮演着日益重要的作用。首先，这种作用体现在为新兴市场国家和发展中国家提供融资需求；其次，金砖合作机制还体现在团结新兴市场国家和发展中国家争取在全球金融体系改革中提高话语权。因此，金砖国家合作机制与国际货币基金组织和世界银行既存在潜在的竞争，也存在共同利益。

2014年，金砖国家在巴西福塔莱萨会晤期间签署《关于建立金砖国家应急储备安排的条约》，建立共同储备资金为条约成员国提供紧急纾困，这是新兴市场国家参与全球金融体系建设的创举，也是金砖国家金融合作机制在现有国际金融秩序下对于国际货币基金组织的补充。当然，金砖国家的应急储备机制并非要取代或者部分取代国际货币基金组织的职能，在金砖国家合作机制本身尚未开启正式实体化的前提下，要想通过经济条件迥异、对外政策不同的金砖国家达成共同的金融危机处理思路有很大难度。因此，金砖国家应急储备更多是对于国际货币基金组织的补充，或者说是通过潜在的竞争和另外一个可选项倒逼国际货币基金组织加快特别提款权以及份额与治理改革，更好调试新兴市场国家和发展中国家在全球金融体系中的真实地位。2021年《金砖国家领导人第十三次会晤新德里宣言》明确指出："支持一个强劲、基于份额且资源充足的国际货币基金组织作为全球金融安全网的中心"，但是也呼吁国际货币基金组织推进久拖不决的份额与治理改革方案，提升新兴市场和发展中国的代表性。

金砖国家合作机制在银行领域与世界银行的关系，也与国际货币基金组织类似，一方面作为世界银行的补充，另一方面通过合作督促世界银行加快改革，提升新兴市场国家在全球金融治理的参与度。2015年金砖国家在上海成立了金砖国家新开发银行，2017年又在南非成立非洲区域中心，2021年两度扩容接受新成员进入理事会，朝着"以新兴市场为中心的多边开发银行"的初衷稳步前进。金砖国家新开发银行从诞生之初就与世界银行开展了密切合作，2016年9月双方签署谅解备忘录，承诺在中低收入国家的基础设施建设方面加强融资合作。事实上，双方在全球各地尤其是发展中国家的环保、扶贫、能源可持续发展、中小企业创新创业，以及高新技术领域项目合作上还有很大合作空间，建议金砖国家加大与世界银行的互动。此外，金砖国家新开发银行在世界银行提升新兴市场国家投票权改革中还可以发挥更大刺激作用。

3.金砖+世界贸易组织

金砖国家合作机制坚决支持贸易多边主义，反对单边贸易制裁和任何形式的贸易保护主义，与世界贸易组织有巨大的共同利益。近年来，美国多次滥用否决权导致世界贸易组织贸易争端上诉机构法官遴选机制瘫痪，世界贸易组织面临严重的生存威胁。与此相反，金砖国家坚决支持世界贸易组织继续领导全球贸易合作，《金砖国家领导人第十三次会晤新德里宣言》表示:"重申支持以世界贸易组织为核心、透明、以规则为基础、开放、包容、非歧视的多边贸易体制,并为此重申支持对世贸组织进行必要和亟须的改革,特别是维护其核心地位、核心价值和基本原则",反对个别单边贸易保护主义对争端机制,以及对世界贸易组织整体的破坏。此外,2021年的金砖视频峰会还特别强调支持世界贸易组织关于疫苗知识产权豁免、《与贸易有关的知识产权协定》和《关于〈与贸易有关的知识产权协定〉和公共卫生的多哈宣言》规定的讨论和改革。

建议"金砖+世界贸易组织"的合作路径包括短期方向和长期方向两个方面。短期方面,在世界贸易组织目前的不利处境下,金砖国家应该团结起来继续争取尽快恢复争端解决机制,这是近期"金砖+世界贸易组织"合作路径的当务之急。长期方面,在此基础上,建议一方面在世界贸易组织纲领框架内逐步落实《金砖国家经贸合作行动纲领》《金砖国家投资便利化合作纲要》《金砖国家经济伙伴战略2025》等金砖国家内部协议,另一方面则推动金砖国家与世界贸易组织的立场协调,促进世界贸易组织基于多边贸易体系的国际法改革,维护多数成员的共同利益,防止反复出现个别国家以一己之私破坏全球贸易合作机制的闹剧。

### 4.金砖+联合国

金砖国家合作机制建立以来,金砖国家一贯维护联合国权威,2021年金砖领导人新德里宣言再次强调:"承诺推动以联合国为核心,以国际法及《联合国宪章》宗旨和原则的,更加包容、公平,更具代表性的多级国际体系。"[1]2017年中国担任金砖峰会主席国期间,中国代表在联合国大会"可持续发展目标筹资问题高级别讨论会"上代表全体金砖国家发言,这是金砖国家首次在联合国正式场合集体发声。此外,联合国系统的工业发展组织、教科文组织都是"金砖+"的积极参与方,例如2013年11月金砖五国教育部长在法国巴黎与教科文组织共同举办了"联合国教科文组织—金砖国

---

[1]《金砖国家领导人第十三次会晤新德里宣言》,2021年9月10日。

家教育部长会议"，建立了金砖国家—联合国教科文组织工作组，双边六方共同推动全球教育议程。2018年12月，第73届联大通过"给予新开发银行大会观察员地位"的决议，金砖国家合作机制的下属机构成为联大观察员，对于金砖国家组织实体化具有重大历史意义。根据联大49/426号决议，联大观察员只有"国家以及活动涉及大会所关心事项的政府间组织"才有资格获得，这是主权国家和重要国际组织获得国际法权利和地位的重要入场券。目前，全球大多数重要区域和领域国际组织如非洲联盟、阿拉伯国家联盟、上海合作组织、亚洲开发银行等国际组织都是联大观察员。

在上述基础上，建议"金砖+联合国"继续从机制合作方面入手，推动金砖合作机制更加广泛更加深入地参与联合国体系。短期可以围绕"金砖国家新工业革命伙伴关系"倡议框架，由金砖各国鼓励工业、科技、教育、文化、智库等领域团体和机构组建国际非政府组织实体，例如金砖国家智库组织、金砖国家中小企业联合会等，然后向联合国经济与社会理事会非政府组织委员会申请获得全面或特别咨商地位。长期目标则是通过"金砖+联合国"合作路径，在联合国支持下推动金砖国家合作机制的进一步组织化升级，包括建立常设行政机构和组织宪章，然后以"金砖国家共同体"的名义申请成为联大观察员，即在联合国框架下以国际法的形式推动金砖国家合作机制向实体化政府间国际组织过渡，为新兴市场国家参与全球治理改革提供更大发挥空间。

# 第三章 金砖国家创新基地内涵与发展路径

## 一、厦门金砖创新基地的内涵

### (一)厦门金砖创新基地的建设基础

在新工业革命背景下,金砖国家之间的合作增添了新的活力,焕发了新的色彩。

其一,新工业革命为金砖五国提供了后发赶超传统发达工业国家的一种可能性。把握新工业革命的新机遇,有利于打破老牌工业大国建立的技术壁垒,缩短技术鸿沟,化解"卡脖子"难题。由于新兴技术开发过程具有不确定性,因此主导技术的开发者尚未明确,发展中国家可通过高密度的研发投入实现后发赶超。而且,当新型技术趋于成熟、进入商业化应用阶段时,囿于政策体制等因素,主导技术策源国仍有可能丧失技术研发红利,失去产业应用的领先优势。因此,金砖国家应意识到本次新工业革命释放的巨大经济价值,系统把握本次新工业革命的机遇窗口期。[1]

其二,新工业革命催生的新兴技术形态,如第五代移动通信技术、区块链、互联网、人工智能等,增强了金砖国家的经济增长动能。一方面,提升了金砖国家在全球贸易中的份额,数字经济不仅利于跨境电商的蓬勃发

---

[1] 谢伏瞻:《论新工业革命加速拓展与全球治理变革方向》,《经济研究》2019年第7期。

展,而且推动了全球服务贸易的深刻变革;另一方面,维护了金砖国家产业链的安全性与稳定性,数字化供应链更加安全、高效、可信任。①

其三,多边主义构成现行国际体系的重要基石。党的二十大报告指出,中国积极参与全球治理体系改革和建设,践行共商共建共享的全球治理观,坚持真正的多边主义,推进国际关系民主化,推动全球治理朝着更加公正合理的方向发展。②同时,坚持金砖合作的多边主义特性非常重要。金砖合作不能建成一个封闭的集团,而应力求发展出具有包容性和全球性的机制和规则,支持多哈回合谈判、气候变化谈判及国际发展等重要领域的多边合作进程。在全球化的世界里,中国可以借助这个平台推动双边外交和金砖国家内部的合作,但不应忽视该平台在全球多边议程中的引领作用,更不能把它作为双边谈判的平台。金砖国家合作应坚持以联合国为主的多边体系的核心地位,遏制霸权主义、强权政治和保护主义对国际体系的损害,为新兴市场国家和广大发展中国家谋求更加广阔的发展空间。然而当前这个基石正遭受侵蚀,诸如"本国优先的多边主义""俱乐部式的多边主义""有选择的多边主义"等假借多边旗帜搞单边行径,甚至以多边为名行霸权之实,世界需要真正的多边主义,确保多边理念得到秉持、多边原则得以维护、多边实效能够彰显。而建立新工业革命伙伴关系,有利于践行真正的多边主义,构建更为紧密的人类命运共同体。金砖国家深化务实合作,追求共同繁荣,有助于促进金砖国家之间、世界各国可持续发展、包容性增长。金砖五国共乘第四次工业革命的东风,采取新形式,挺进新高度,在第二个"金色十年"中共谋增长繁荣。

2020年,金砖创新基地在厦门启动,厦门成为深度参与金砖国家新工业革命伙伴关系建设的新高地。厦门成为金砖国家交流经验智慧的平台,

---

① 齐旭:《金砖国家:数字技术合作大有可为》,《中国电子报》,2021年9月10日。

②《习近平:高举中国特色社会主义伟大旗帜 为全面建设社会主义现代化国家而团结奋斗——在中国共产党第二十次全国代表大会上的报告》,中国政府网,http://www.gov.cn/zhuanti/zggcddescqgdbdh/sybgqw.htm。

源于以下四大基础：①

一是政策基础。1980年，国务院批准设立厦门经济特区。四十多年来厦门不断发挥体制改革的"桥头堡"作用，凝聚改革共识，打造"厦门样板"。厦门多次承担国家级改革试点任务，有利于更好地谱写"金砖情缘"。党的十八大以来，厦门勇担新时代探路者使命，相继承担了自贸试验区、自主创新示范区、"多规合一"、零基预算改革等国家级改革试点任务，工程建设项目审批制度改革等一批经验做法成为全国蓝本，获评全国营商环境建设标杆城市。

二是产业基础。《厦门市"十四五"先进制造业发展专项规划》中阐明，厦门将高位整合资源，打造培育"芯—屏—端—软—智—网"一体的产业集群。厦门高质量、可持续的产业链群，契合金砖国家把握新工业革命潮流的诉求。

三是区位基础。厦门是我国连接其他国家的重要枢纽，是实现"一带一路"建设互联互通的关键节点。依托"向海而生、以港立市"的独特禀赋和口岸优势，厦门在特区与国际市场间架起了一座桥梁，为"引进来"和"走出去"注入活力，从偏居东南的海岛小城，逐步发展成为海陆空运通达五洲的国际性综合交通枢纽。截至2022年1月31日，厦门港集装箱班轮航线共开设163条，通达53个国家和地区的142个港口，成为我国唯一实现"海丝"与"陆丝"无缝对接的海陆枢纽城市。港口集装箱吞吐量在2017年突破1000万标箱的历史大关后逐年刷新纪录，2021年实现1204.64万标箱。②厦门具备东西交汇、南北贯通的地缘优势，在服务国家国内国际双循环战略中扮演着重要角色。

四是人文基础。厦门是对外开放的重要窗口，在两岸之间人员往来、

---

① 《金砖国家创新基地启动，为什么是厦门？》，搜狐网，https://www.sohu.com/a/437252818_120035301。

② 澎湃新闻：《媒体聚焦！厦门自贸片区大力弘扬特区精神，当好改革开放先锋》，澎湃新闻，https://www.thepaper.cn/newsDetail_forward_17051250。

文化交流等方面不断有"破冰"之举。厦门缔结21个国际友好城市和12个友好交流城市,厦门国际马拉松赛连续13年获评国际田联金标赛事,形成了官任、前埔等一批国际社区,对外开放影响力不断提升,为城市国际化提供了重要支撑。[①]国之交在于民之亲,厦门中西荟萃、底蕴深厚的环境,有利于促进金砖国家之间的人文交流,增厚金砖五国之间的情谊。[②]

### (二)厦门金砖创新基地的使命和意义

金砖五国各领风骚,在南南合作中具有互补性。巴西的航天航空、俄罗斯的核电、印度的软件开发、中国的高铁以及南非的天文学等科技创新,为"金砖"增色,提升了五国的"含金量"。[③]金砖五国凭借各自的比较优势融入全球价值链中,在世界市场中占据着越来越重要的地位。研究表明,中国与其他金砖国家绝大多数制造业价值链的多数环节互补性较强,他们的价值链分工有向高端化发展的趋势。金砖国家之间的合作机制,也为全球治理体系深度革新贡献了"金砖智慧"。在新兴经济体中,金砖五国显现出蓬勃生机,其影响力在世界政治经济格局中不断提升。

然而金砖国家之间也存在一定程度的竞争和冲突。一方面,金砖国家之间的比较优势和所处地区情况均不相同,部分成员之间存在着很强的竞争关系。比如巴西和俄罗斯是主要的能源出口国,而中、印两国是能源消费国,双方对能源价格很难达成一致,这些都加剧了开展战略合作的难度。不少评论家对南非的加入更是持有异议,认为该国在经济上与其他成员不在一个量级上,而俄罗斯经济受到能源价格波动的影响也使其难以匹配金砖之名。政府政策方面,2013年中国政府提出"一带一路"倡议,2014年印

---

① 《厦门:中国改革开放的一个缩影》,光明网,https://epaper.gmw.cn/gmrb/html/2021-12/21/nw.D110000gmrb_20211221_4-01.htm。

② 朱天祥:《机遇与挑战:推动实现金砖合作"第二个金色十年"》,《中国报道》2019年第12期。

③ 王圳:《深化金砖国家间合作 应对新工业革命挑战》,《东北亚经济研究》2018年第1期。

度政府提出"季风计划",2015年俄罗斯政府主导成立欧亚经济联盟。[①]另一方面,金砖五国之间在国内条件、政治制度、经济前景、发展模式和战略目标等方面存在巨大差异,这种差异将会损害金砖合作的深度,包括难以建立紧密的地缘政治合作。[②]在此条件下,即使做到机会平等、过程平等,金砖五国也难以实现收益平均,未来金砖五国在全球价值链中的分工地位必然存在一定的不平衡。目前在金砖五国之间,中国科技的影响力和活跃度不断增强,然而南非却处于世界科技网络的边缘区位。同时,欧美等发达国家仍然占据着科技创新制高点,掌握着关键技术。新兴经济体若想实现后发赶超,需加强五国之间的多边合作,优化协调机制,创建共享平台,寻求科技共赢。因此,金砖国家需意识到应以团结取代分歧,以理性消除偏见,加强各国之间的战略对接,凝聚合力。

厦门金砖创新基地是深化金砖务实合作的崭新平台,是新工业革命时代对外开放的新高地。金砖创新基地承载着推进新工业革命伙伴关系的"金色梦想",肩负着重大历史使命。具体而言,厦门金砖创新基地承担着三个使命。

第一个使命是完成习近平总书记交代给厦门的历史重任。习近平总书记在金砖国家领导人第九次会晤时表示,金砖五国共同努力,推动金砖合作从厦门再次扬帆远航,开启第二个"金色十年"的大门。[③]习近平总书记的嘱托充分体现了党中央、国务院对厦门的关怀厚爱和高度信任,也为厦门提供了千载难逢的发展机遇。厦门金砖创新基地将以实际行动贯彻落实好习近平总书记对厦门的重要指示和殷切嘱托,深挖金砖国家合作潜

---

① 张贵:《新工业革命伙伴关系的特征与全球治理新方向》,《人民论坛》2022年第4期。

② Sharma, Ruchir. Broken BRICs: Why the Rest Stopped Rising. *Foreign Affairs*, 2012, 91(6).

③ 赵铭:《习近平主持会晤并发表重要讲话 金砖国家领导人第九次会晤举行》,《中国会展(中国会议)》2017年第18期。

力,打造更多务实合作成果。

第二个使命是乘势而上,将厦门建设成"三个高地",即人才引进高地、产业创新高地、引进外资高地。通过创新基地着力吸引金砖国家中高端人才,依托基地合作项目积极带动海外人才,形成人才引进高地。创新基地担当着金砖国家科技创新、成果落地、产出转化的新载体角色,通过打造一系列旗舰项目成为新工业革命的先导,从而建设成产业创新高地。在创新基地提供的交流平台中,进一步发掘金砖国家的合作需求,在共同关切的领域进行合作磋商,寻找金砖国家之间互补契合之处,打造引进外资高地。

第三个使命是将厦门建成中国对外开放的崭新模板,厦门实践将成为中国窗口。通过金砖创新基地,世界得以窥见中国拥抱世界、投身时代舞台的开放胸襟和文明底色。新兴市场国家和发展中国家的合作之船、友谊之船,将从金砖创新基地驶向世界。金砖创新基地体现出中国加强与新兴国家团结协作、构建开放型世界经济的远见和担当,象征着中国与金砖国家合作共赢、互惠互利的精神和态度。

**(三)厦门金砖创新基地的顶层设计及建设现状**

自2020年底金砖创新基地在厦门落地,厦门政府牢记习近平总书记嘱托,积极承担新时代使命,在政策协调、人才培养、项目开发等领域推动金砖创新基地建设,助力"金色梦想"。[①]

首先,在政策协调领域,厦门积极探索、搭建桥梁、提供平台,推动开展了智库合作和联合研究等一系列专题调研。在中央层面,中联部于2021年在厦举办金砖国家智库国际研讨会。在省属层面,福建省委政研室设立金砖创新基地建设专项课题。在市级层面,厦门市金砖办与多所高校签订智库合作协议。

其次,在人才培养领域,厦门市金砖办在2021年围绕金砖国家关注聚

---

① 厦门市人民政府.《创新务实 打造金砖合作"厦门样板"》,厦门市人民政府网站,https://www.xm.gov.cn/tpxw/202111/t20211117_2599615.htm。

焦的问题,共开展五期线上人才培训,覆盖中国市场、科技园、中国金融科技、投资法律问题、知识产权等议题,助力夯实金砖国家创新发展的人才基础。2021年底,厦门大学等五所高校获得"厦门金砖新工业能力提升培训基地联盟"授牌,根据院校自身优势开发针对金砖国家多语种线上线下职业教育培训课程。厦门市金砖办多层次、宽领域的人才服务体系,进一步畅通金砖国家创新渠道。在项目开发领域,厦门打造了一系列金砖新工业革命旗舰项目,贡献了一批可复制、可推广的"厦门方案",树立了典范。金砖创新基地首批征集发布了39个新工业革命领域示范标杆项目,业务涵盖软件信息、技术服务等领域,凸显金砖特色。厦门锐意革新,阔步进取,切实服务金砖国家新工业革命,持续放大金砖效应。自启动以来,金砖创新基地从顶层设计的宏伟蓝图到落实的具体实践全方位发力,在政策协调、人才培训、技术研发、项目孵化、国际交流等方面开展建设,力图为金砖国家提供一站式服务,显现出基地蓬勃的活力和广阔的前景。

**(四)厦门金砖创新基地的未来方向**

未来厦门金砖创新基地当不辱使命,切实发挥基地数字化、智能化的引领示范作用,为金砖国家提供学习交流的平台,借助金砖自身资产,打造金砖世界的中心。厦门市应推进形成更多实质性合作成果,共同打造金砖国家新工业革命合作的重要平台,与金砖国家在新工业革命浪潮中共寻利益空间,携手并进,在新一轮世界主要经济体博弈中发出"金砖声音""厦门声音"。具体来说,包括以下四点:

第一,增强厦门与金砖国家之间的经贸往来合作。促进厦门与金砖国家之间的进出口贸易,加强法律、会计、知识产权等服务贸易领域的合作,利用中国电商优势搭建金砖国家跨境电商平台。引导厦门地方龙头企业并重"引进来"与"走进去",吸收金砖前沿技术,深耕金砖海外市场。激励企业与金砖国家各类创新主体深度合作,整合国际国内资源。搭建标准化信息服务平台,推动金砖国家对接具体产业标准,对金砖国家间重点贸易产品进行标准互译比对。

第二，构建金砖国家金融服务平台，畅通金砖创新基地投融资渠道。引导支持符合资质的金砖及"金砖+"国家金融机构、合格境外投资者资金流入金砖创新基地重点项目，设计合理灵活的融资方案，设立金砖创新专项产业基金。多举措为厦门民营企业开辟融资渠道，对承接金砖创新合作项目的企业给予补贴与税收优惠。

第三，发挥厦门华人华侨资源优势。依托金砖国家当地华人华侨社团、华商总会，发挥华人华侨的桥梁纽带作用，促进厦门与金砖国家之间的交流互动。年轻一代华商在数字经济、创新投资等新领域寻求高增长机会，这与厦门市"十四五"数字厦门专项规划的产业定位不谋而合。《厦门市国民经济和社会发展第十四个五年规划和二〇三五年远景目标纲要》指出，推动华侨大学、集美大学开展海外办学。大力传承弘扬嘉庚精神，加强与海外侨团侨亲联系，积极涵养侨务资源。发挥"陈嘉庚奖学金"作用，吸引更多留学生来厦留学。办好海外华人华侨社团联络总部，打造更加开放的华侨华人创新创业之城。[1] 这就需要厦门做好新一代华人华侨工作，引导其积极参与厦门创新基地投资建设。

第四，加快金砖国家科技成果落地与转化。围绕人工智能、大数据、区块链等新兴业态培育人才，建立金砖国家科技人才储备池。在全球高等教育国际化深入发展的背景下，金砖国家也积极推进教育国际化战略，大力实施教育国际化政策，以促进教育进步，提高教育质量，培养创新型高素质人才。2016年，印度出台《国家新教育政策》（征求意见稿），首次在国家政策中提出要积极推进高等教育国际化，将印度建成"有知识的超级大国"。南非于2017年4月公布了《南非高等教育国际化政策框架》（征求意见稿），提出了全面综合的教育国际化政策框架，推动开展国际研究合作，以提升高等教育的国际声誉和创新能力。巴西2017年公布了新的"科学促进发

---

[1]《厦门市国民经济和社会发展第十四个五年规划和二〇三五年远景目标纲要》，https://www.ndrc.gov.cn/fggz/fzzlgh/dffzgh/202104/P020210427320472190941.pdf。

展"教育国际化计划,以培养具有创新能力的高素质青年人才为重点,鼓励加强研究合作与人才交流。俄罗斯2017年公布了《俄罗斯教育出口潜力开发专项计划》,把扩大国际学生规模和打造世界一流大学作为教育国际化战略的重点。中国在2010年颁布的《国家中长期教育改革和发展规划纲要(2010—2020年)》中就已经明确将国际化作为高等教育长期发展的战略,为提升教育国际化水平、增强国际创新合作创造了良好的政策环境。可以说,金砖国家推进教育国际化战略,将有力促进金砖各国的教育进步,培养更多具有国际视野的创新型人才,加快推动金砖国家科技创新发展。①

在培养国际人才之余,还应举办金砖国家国际技能创新大赛,以大赛为通道激励人才、汇聚科技成果。构建金砖合作智库,以智库为抓手开展专项课题研究。深化产学研有机融合,通过衔接高校与企业促进科技成果落地转化。实施专利战略,激励企业对新工业革命关键技术、前沿技术进行研发创新并申请专利。设立知识产权保护中心,打造法治化营商环境,做深做实金砖科技创新保护工作。推进项目落地,促进金砖国家在数字化、工业化、创新、包容增长等领域深度合作。②厦门创新基地将进一步发挥金砖合作主阵地优势,抓住机遇、扩大成果,为五国企业提供先行先试、开展产业合作的平台,不断推动金砖国家新工业革命合作走深走稳走实。

**二、厦门金砖国家新工业革命伙伴关系创新基地的模式**

在历经20世纪的工业化高潮和"现代化理论"的洗礼后,人们却发现南北之间的财富鸿沟并未消弭反而愈发扩大,发展中国家急于寻找一种新的发展模式来改变自身的困境。2015年,习近平总书记在《携手消除贫

---

① 黄茂兴:《金砖国家合作:加强科技创新与教育进步互动发展》,《光明日报》,2018年7月26日。

② 市政协办公厅:《集思广益谋划在先 高标准建设金砖创新基地》,《厦门日报》,2021年5月28日。

困,促进共同发展》的主旨演讲中,首次将"减贫""共同发展"纳入构建人类命运共同体的范畴。2016年二十国集团杭州峰会上,中国"发起支持非洲和最不发达国家工业化合作倡议",这也是二十国集团峰会首次讨论发展中国家的工业化问题。然而在现行世界发展格局下,贸易保护主义、逆全球化加剧,发展中国家已经越来越难以通过传统的"雁行模式"①走向工业化之路。

此外,21世纪以来各工业国产业竞争升级,纷纷开启"新工业革命"的产业变革,比如德国的"工业4.0"、美国的"工业互联网"、日本的"社会5.0"②和中国的"中国制造2025"。同时,19世纪末以来的长时段曲线里,资本收益率(特别是顶级资本的收益率)明显超过经济增长率,③贫富差距、南北差距在新工业革命下有进一步扩大的可能。在经济全球化的条件下,随着新工业革命,工业生产会逐渐流向科研水平较高而生产成本较低的国家

---

① "雁行模式"(Flying Geese Paradigm)为日本经济学家赤松要在1932年提出,当时主要用来说明日本的工业成长模式经过了进口—当地生产—开拓出口—出口增长四个阶段并呈周期循环,其图形如三只大雁列队。后来普遍以此表述后进国家工业化、重工业化和高加工的发展过程,并成为"雁行产业发展形态"。后来日本学者山泽逸平将其扩展为引进—进口替代—出口成长—成熟—逆进口五个阶段。参见胡俊文:《"雁行模式"理论与日本产业结构优化升级——对"雁行模式"走向衰落的再思考》,《亚太经济》2003年第4期。

② 德国在2012年提出工业4.0,旨在通过增加数字化和产品、价值链和商业模式的互联,推动制造业的数字化发展,并在整个数字转型过程中保持德国在制造业和机械工程方面的传统优势地位。美国虽未公开宣称要实施工业互联网战略,但美国政府2013年启动了国家制造业创新网络计划,支持企业实施工业4.0,从而诞生了工业互联网联盟,2021年改名为"工业物联网联盟"。日本2016年在其第五个科学和技术基本计划中提出"社会5.0",指向建设"超级智能社会"。参见李小妹:《主要发达国家工业互联网政策的演变与启示》,《区域经济评论》2022年第4期。目前情况下,工业互联网与工业物联网在中文语境里已经基本重叠,英文缩写都可使用IIoT,即Industrial Internet of Things。IoT则指的是物联网,the Internet of Things,美国工业物联网联盟的名称中使用的缩写是IoT。

③ [法]托马斯·皮凯蒂:《21世纪资本论》,中信出版社,2014年,自序第8页。

和地区，因此新工业革命会带来新一轮的全球竞争，即所谓全球地方化（Glogcalization）趋势。[①]习近平总书记援引克劳斯·施瓦布（Klaus Schwab）在《第四次工业革命》一书中的论述，指出新工业革命将产生极其广泛而深远的影响，包括会加剧不平等，特别是有可能扩大资本回报和劳动力回报的差距，当前全球范围内收入分配不平等、发展空间不平衡令人担忧。[②]新工业革命，究竟是发展中国家工业化的最后机会，还是进一步加剧全球发展的不平等？中国的答案是希望共建新平台、创造新机会，让发展中国家不要错过新工业革命，而是要搭上产业变革的快车。因此，厦门"金砖新工业革命伙伴创新基地"，是中国构建人类命运共同体的重要举措，是承载发展中国家产业革命梦想的领航基地。

就中国自身而言，也正处于"世界工厂"产业升级的十字路口。2012年开始，中国结束了将近20年10%的高增长阶段，进入新常态，迫切需要转换经济增长动力以实现高质量发展。中国目前生产了全世界一半以上的工业制成品，制造业是人民币国际化的坚强后盾，必须坚持中国在制造业上的优势，让持有人民币的国家和个人能始终买到优质商品，才能真正实现人民币国际化。同时，中国制造业未来将伴随着人口的急速老龄化，我们需要制造业的就地转型，往更加节省劳动力、不依赖人口红利的方向去升级。现阶段我国制造业仍处于全球价值链的中低端，党的二十大报告提出要坚持制造强国，要加快发展数字经济，促进数字经济和实体经济深度融合。因此，新工业革命是中国改变自身工业结构，加快推动传统制造业转型升级的重大战略方向。

---

① 周嘉昕：《"第四次工业革命"：一个马克思主义的分析》，《天津社会科学》2017年第1期。

② 习近平：《共担时代责任 共促全球发展——在世界经济论坛2017年年会开幕式上的主旨演讲》，《人民日报》（海外版），2017年1月18日。

**(一)创新基地以"新基建合作"为基本模式**

众所周知,第一次工业革命由铁路建设和蒸汽机触发;第二次工业革命伴随着电气基础设施的大规模建设;第三次工业革命则是信息基础设施的伴生品。每一次划时代的重要技术创新,往往都是与基础设施结合后开始推动社会进步。第四次工业革命的显著特点是"同过去相比,互联网变得无所不在,移动性大幅提高,传感器体积变得更小,性能更强大、成本也更低"①,这些前提都要求基础设施的更新,因此我们认为,新工业革命最可能的路径就是从"新基建"开始突破。

新基建2015年7月第一次出现在国务院文件,2018年12月第一次出现在中央经济工作会议。2020年3月中共中央政治局常务委员会召开会议提出,"加快5G网络、数据中心等新型基础设施建设进度";2020年4月20日,国家发改委对新型基础设施的范围正式做出解读,指出新型基础设施是以新发展理念为引领,以技术创新为驱动,以信息网络为基础,面向高质量发展需要,提供数字转型、智能升级、融合创新等服务的基础设施体系,包括信息基础设施、融合基础设施、创新基础设施三个方面。2020年底,国家发布《中共中央关于制定国民经济和社会发展第十四个五年规划和二〇三五年远景目标的建议》中,新基建被赋予拉动经济增长、实现产业转型、支撑高质量发展的多重任务。2020年习近平总书记在参加全国政协十三届三次会议经济界委员联组会时,又特别指出要以"新基建"为支撑,加快数字经济建设,以数字经济"赋能"内循环,推动我国经济形成"双循环"发展格局。

国家发改委强调,伴随着技术革命和产业变革,新型基础设施的内涵、外延也不是一成不变的。最初新基建被认为是第五代移动通信技术、特高压、城际高速铁路和城际轨道交通、新能源汽车充电桩、大数据中心、人工

---

① [德]克劳斯·施瓦布:《第四次工业革命:变革的力量》,李菁译,中信出版社,2016年,第4页。

智能、工业互联网七大领域。目前,对于"新基建"的解读已经趋于多元化,既指的是高附加值、高科技含量的数字化基础设施,也可以衍生到在数字基建的基础上拓展的全新基础设施,还可以进一步指针对我国传统基础设施建设暴露出的不足,为弥补其短板而进行的数字化改造和转型。[①]总而言之,"新基建"不仅能拉动一国经济增长,对中国经济转型有长期作用;也是以智能制造代替传统制造、实现产业转型升级的基础;与传统基建相比,"新基建"还具有领域广泛,可以带动产业链发展的可能性。

要之,以"新基建合作"模式为金砖国家新工业革命伙伴关系创新基地的基本模式是基于以下三点:

**1.中国的基础设施建设能力存在既有优势**

基础设施指为社会生产和生活提供基础性、大众性服务的工程和设施,是社会赖以生存和发展的基本条件。国际上对基础设施的定义分为三个层面:狭义指交通运输、能源、通信、水利四大经济基础设施;更宽松的定义包括了社会性基础设施(教育、科技、医疗卫生、体育、文化等社会事业)、油气和矿产;最广定义延伸至房地产。

第一,"基础设施先行",长期以来是我国经济发展的基本途径,在基础设施建设上累积了丰富经验,在国际上也赢得了良好口碑。由于中国在基础设施建设与经济发展上的良好示范作用,2014年中国投资500亿美元在北京成立亚洲基础设施投资银行,专门服务于亚洲地区的基础设施投融资需求,以实现亚洲地区的共同繁荣发展。至2021年底,亚投行已经有104个成员国。此外,至2019年底,中国也已经与168个国家和国际组织签署了共建"一带一路"合作协议。在"一带一路"建设中,国家之间的基础设施互联互通是最优先的方向,2022年11月3日,越南宣布部分铁路与中国铁路轨距并轨,可见其他国家对中国基础设施的建设能力的信赖程度。

---

① 刘凤芹、苏丛丛:《"新基建"助力中国经济高质量发展理论分析与实证研究》,《山东社会科学》2021年第5期。

第二,第四次工业革命技术的发展改变了基础设施的本质,传统的基础设施越来越多地将数字化融入其中。"新基建"与传统基建原本就是互补关系。基建需要根植于本代际突破性技术,天然具备极强的对传统产业的改造能力,新基建可以是新建造的,也可以是基于原有设施改造的,其与传统基建是互补关系。延续基础设施建设大国、强国的路线,中国可以继承良好口碑,继续在"新基建"大国的道路上前进。

第三,把新工业革命依托于"新基建"上,或可规避数字贸易壁垒。例如在多边数字经济合作领域,印度曾数次拒绝签署声明或协定。2019年1月,中国、美国、欧盟、日本、俄罗斯、巴西等76个世界贸易组织成员签署《关于电子商务的联合声明》,以世贸组织现有协定和框架为基础,启动与贸易有关的电子商务议题谈判。印度主张将数据存储本地化,致力于保护本国的电子商务市场,不愿意承担电子商务全球规则的义务,拒绝参加谈判。①如果从"新基建"模式出发,强调新工业革命伙伴关系的基础设施示范及共建性质,有助于淡化数字经济自带的全球化竞争色彩。

2."新基建合作"模式符合"国家所需、金砖所愿、厦门所能"

基础设施投资、内需消费和外部出口一直是我国拉动经济的三驾马车。当前中国基础设施已经发展到基本平衡。面对经济下行压力,需要新基建投资代替旧基建成为我国稳定经济增长、调节产业结构的有效工具。从根本上讲,中国经济已由高速增长阶段转向高质量发展阶段,产业链要迈向全球中高端,对基础设施产生了新要求。

以福建省为例,近年来,福建经济发展取得很大成绩,但研发投入占地区生产总值比重仍然低于全国平均水平,科技创新是福建发展的突出短板。福建省2021年数字经济增加值达2.3万亿元,成功举办了第四届数字中国建设峰会暨首届数博会。福建省为高水平建设创新型省份,正在着力

---

① 郭霞、朴光姬:《印度数字服务贸易发展特征及中国应对策略》,《南亚研究》2021年第2期。

补齐我省科技创新领域的短板,推进战略性新兴产业发展工程。近期目标是着力打造数字经济新引擎,加快建设国家数字经济创新发展试验区,办好第五届数字中国建设峰会暨第二届数博会;推动数字产业化,新布局推广一批第五代移动通信技术网络、数据中心、物联网、工业互联网、人工智能、区块链等新型基础设施和应用,实现数字经济增加值2.6万亿元以上。《福建省"十四五"数字福建专项规划》中提出到2025年,要基本实现数字政府智治化、数字经济高端化、数字社会智慧化、数据要素价值化,成为全方位推进高质量发展超越的强大引擎,成为数字中国建设样板区,同样包含了"新基建"的内容。

就金砖国家而言,目前均遇到了工业化瓶颈,在旧基础设施建设上仍存在明显短板。普遍来说,金砖国家重视数字经济,消费互联网发展迅速,但新工业革命需要的新型基础设施仍然处于起步阶段。

首先是已具备一些新型基础设施的巴西,比如巴西有清洁能源的优势,可再生能源在巴西总体能源供给中占比为48%,是世界平均水平的三倍,[①]而且巴西"美丽山"项目从中国引进了特高压输电技术。巴西数字经济的发展情况也相对较好,根据《G20国家数字经济发展研究报告(2020年)》,巴西数字经济占国内生产总值的比例在10%~30%之间,名列世界前茅。巴西正大力推动数字城市项目、"农业5G技术"、工业技术4.0和"智慧巴西"国家宽带发展计划。但是巴西虽然在20世纪80年代就早早进入了工业化后期阶段,却过早出现去工业化趋势,贸易顺差依赖矿产出口。2021年,巴西矿产部门的出口顺差几乎达到490亿美元,相当于巴西610亿美元贸易顺差的80%。

俄罗斯是金砖国家互联网普及率最高的国家。2017年达到76.01%,高于南美的73%、东南亚的63%和大洋洲的69%。根据俄罗斯电子通信协

---

① 巴西中资企业协会、中国国际贸易促进委员会驻巴西代表处:《巴西经济月刊》2022年第3期。

会的数据,2020年俄罗斯互联网用户超过9500万,占全国人口78%以上。但是由于国土面积广阔,光纤网络因价格昂贵无法覆盖,俄罗斯计划2030年前实现卫星组网和偏远地区互联网接入。俄罗斯从产业结构和就业结构来看,目前处于后工业化时期,但是从工业结构来看,实际上处于工业化初期,依赖于能源出口。2022年受到国际制裁,遭遇了一些发展困境。

印度虽然有众多人才储备,但互联网用户密度较低,2014年每百人用户数量才超过20人,这一特点导致印度国内对软件产品的需求量不足。同时,因国外对信息服务外包和软件产品需求量很大,因而刺激了印度的软件出口。印度历届政府把软件技术作为优先发展的行业,很快成为全球仅次于美国的第二大软件出口国,并带动服务业的迅速发展,但是"跨工业化"没有普惠到普通百姓,只有制造业才能解决就业。莫迪政府上台后大力推行"印度制造"计划,将制造业发展作为国家战略,目前仍然处于工业化初期阶段,工业仅占总产值的1/5左右。较大的内需及没有迅速发展的制造业导致了印度制造业贸易长期逆差,其制造业信息化更多体现在帮助信息产业发展的基础设施建设方面。印度创新仅由九大产业主导,[①]超过一半的企业研发支出仅分布在三个产业:医药、汽车和软件业,而制药公司是本土企业,信息技术公司却是外资企业。

南非是整个南半球工业化程度最高的国家。2010年以后,南非如巴西一样,过早出现去工业化趋势。[②]金砖国家中,南非和中国是移动网络覆盖率最高的,2018年达到99.9%和99.5%。[③]但是南非的互联网接入率较低,只有60%的南非人可以接入互联网,在农村地区这一占比更低。在经

---

① 联合国教科文组织:《迈向2030年》,北京理工大学MTI教育中心译,中国科学技术出版社,2019年,第605~606页。

② 权衡:《金砖国家经济崛起与新发展经济学》,格致出版社、上海人民出版社,2020年,第50页。

③ 伊万·沙拉法诺夫、白树强:《"金砖国家"网络通信服务及数字产品交易市场发展现状》,《欧亚经济》2020年第1期。

济发达的豪登省和西开普省，有7成民众可以用上互联网。但在欠发达的林波波省，这一比例只有42%。此外，南非互联网接入速度慢，只有新加坡等发达国家的约1/10，但费用极高。①南非基础设施建设的短板还体现在电力供应方面，可以说比较缺乏新型基础设施。

在旧基础设施和新基建相关方面，总体上中国的基础条件和发展水平都是最高的，各地政府都密集部署"新基建"，采取多重措施助力"新基建"，中国有经验、有能力为金砖国家的新型基础设施建设提供一个合作范本。

就厦门自身的情况而言，厦门的经济体量虽然不大，2021年仅有7033.9亿元（人民币），但是在数字经济和"新基建"上具备较好的基础。厦门是目前国家光电显示产业集群唯一试点城市，全球触控屏模组最大研发生产基地，同时在同翔高新城火炬（翔安）产业区、火炬湖里园区打造计算机与通信设备产业链总部经济集聚区。厦门还是全国13个软件特色名城之一，正全力打造成厦门市软件和信息服务产业链总部经济集聚区。值得一提的是信息技术产业龙头企业浪潮在厦门的产业园是一座按照自动化、智能化、柔性化、透明化标准打造的现代制造工厂，同时浪潮的M81是国内六大工业互联网平台之一。厦门在新工业革命上已经起步，位于厦门的新工业革命伙伴关系创新基地有能力在新型基础设施建设上给金砖国家提供合作的土壤。

3."新基建"合作模式具有可复制性与"叠加优势"

新兴数字基础设施建设可以有效拉动国家经济增长，符合金砖国家的共同利益，总体上推广阻力小。②基础设施建设合作可以充分发挥中国融资能力和建设速度等优势，这也是发达国家受限于国内体制所不能比拟的。厦门市金砖办的《创新基地发展规划（2022—2035）》（征求意见稿）中

① 荆晶：《南非的数字机会》，新华网，http://www.news.cn/globe/2021-06/08/c_139980400.htm。

② 李鑫：《新兴数字基础设施建设助力金砖国家参与第四次工业革命》，《网络安全与信息化》2019年第11期。

提出,要"立足厦门、面向全球,加强与金砖和金砖+国家、'一带一路'共建国家、区域全面经济伙伴关系协定国家和有关地区产能、经贸、能源、技术、人才、文化交流领域合作,建立政策协调常态化机制,发挥国际合作政策'叠加优势'",这是"新基建合作"自身的内在优势。

"新基建合作"对金砖+国家、"一带一路"共建国家、绝大部分区域全面经济伙伴关系协定国家,同样有示范和借鉴意义,如果厦门在金砖国家"新基建合作"模式上取得成效,对中国经济的内外循环途径和广大发展中国家的工业化,对中国倡议的其他国际合作项目,都具备参考性和可复制性。

中国在某些新兴技术及新兴数字基础设施建设领域已经领先全球,可以在该领域的合作中处于主导地位。中国近年来一直通过对外援助、发展融资,大力推进与发展中国家的数字领域合作。在基础设施领域,据《新时代的中国国际发展合作》白皮书,截至2019年底,支持建设了37个电信传输网、政务信息网络等电信基础设施项目,帮助伙伴国发展信息通信产业,为缩小国家间数字鸿沟做出积极贡献。在融资支持上,2020年6月亚洲基础设施投资银行通过推行数字基础设施行业战略,已与阿曼、柬埔寨、印度尼西亚等国启动项目合作,对其数字基础设施融资进行支持。在第五代移动通信技术建设中,中兴软创(中国联通新加坡子公司)与泰国运营商深度合作,提供全套技术解决方案。在交通互联互通领域,金晓电子参与建设了"巴基斯坦KKH二期"(赫韦利扬至塔科特路段)交通项目,通过大数据和人工智能技术赋能交通诱导系统,为出行提供精准可达的信息,精准预计行程,提升了出行效率。[①]中国还积极推动"数字丝绸之路"建设,推动与沿线国家间的数字贸易便利化。中国与16个国家签署了"数字丝绸之路"合作备忘录;与阿联酋等7个国家发起"一带一路"数字经济国际合作倡议,与沿线国家共建国际陆缆海缆、跨境电商平台等数字基础设施,利用互

---

① 郭朝先、徐枫:《新基建推动"一带一路"建设高质量发展研究》,《西安交通大学学报(社会科学版)》2020年第9期。

通互利、共商共建来分享数字贸易和数字化转型的变革红利。在这些国际合作的基础上，推动金砖创新基地的"新基建合作"模式，彼此之间能够互联互通，具有"叠加优势"，可以推而广之。

**（二）"新基建"示范合作以工业互联网为切入口**

1. **"5G+工业互联网"是国家战略**

工业互联网是通用电气（GE）公司 2012 年底提出的概念，其核心是互联网与机器设备的结合，利用对机器运转产生的大数据分析，提升机器的运转效率，减少停机时间和计划外故障。2013 年 10 月 10 日，通用电气在芝加哥举行的发布会上推出 14 种工业互联网应用产品，并宣布 2014 年公司开发的 Predix 新软件平台将开放给第三方用户和软件商。通用电气公司拥有在美国成功运用工业互联网的案例：美国凤凰城圣卢克医疗中心使用了通用电气公司提供的软件分析病人和设备数据，病床转换腾位时间缩短了 51 分钟，减少了病人的等候时间。

工业互联网是连接工业全系统、全产业链、全价值链，支撑工业智能化发展的关键基础设施，是新一代信息技术与制造业深度融合所形成的新兴业态与应用模式，是互联网从消费领域向生产领域、从虚拟经济向实体经济拓展的核心载体，为工业乃至产业数字化、网络化、智能化发展提供了实现途径，是第四次工业革命的重要基石。为抢抓新一轮科技革命和产业变革的重大历史机遇，世界主要国家和地区加强制造业数字化转型和工业互联网战略布局。2017 年，我国发布《国务院关于深化"互联网+先进制造业"发展工业互联网的指导意见》，对工业互联网发展进行了全面部署。2018 年工信部发布《工业互联网 APP 培育工程实施方案（2018—2020年）》，提出夯实工业技术软件化基础、推动工业应用程序向平台汇聚、加快工业应用程序应用创新、提升工业应用程序发展质量四个主要任务。紧接着工信部又推出《工业互联网创新发展行动计划（2018—2020 年）》等多个指导意见和推进方案。2020 年 2 月，习近平总书记在中央政治局常委会会议中明确提出要推动工业互联网等加快发展。2020 年 7 月，在中央全面深化改革委员会第十四次会议上,习近平总书记再次强调要加快推进新一代信息技术和制造业融合发展,要顺应新一轮科技革命和产业变革趋势,以供给侧结构性改革为主线,以智能制造为主攻方向,加快工业互联网创新发展。

工业互联网具有四层架构:海量终端工业设备、接入层通信设备、工业互联网平台和上层工业应用。第五代移动通信技术属于接入层通信设备,具有低时延、高可靠、大连接的特性,弥补了传统无线技术可靠性、连接范围的不足,可实现无死角网络覆盖,对大型产业区来说,是移动热点、工业无源光纤网络(PON)无法取代的存在,是工厂外网内网的重要组成部分。2017年《关于深化"互联网+先进制造业"发展工业互联网的指导意见》,明确将第五代移动通信技术列为工业互联网网络的基础设施。2019年8月,工业和信息化部在上海中国商用飞机有限责任公司召开"5G+工业互联网"全国现场工作会议,会议首次提出落实"5G+工业互联网"工程,加强试点示范、应用普及、培育解决方案供应商,加快"5G+工业互联网"在全国推广普及。我国高度重视第五代移动通信技术与工业互联网的融合发展,各省市也纷纷制定政策推进"5G+工业互联网"的应用示范落地。我国已有十几个省市地区发布了第五代移动通信技术产业规划,北京、上海、广东、深圳、浙江、福建等地都将第五代移动通信技术与工业的融合应用作为产业规划的重点,涌现出一批"5G+工业互联网"应用示范企业,如中国上飞、杭汽轮、精功科技、青岛港、南方电网等。[①]

2.金砖国家的"5G+工业互联网"发展现状

金砖各国都意识到了当下是新工业革命的窗口期,纷纷拿出了自己的数字化战略。印度的"印度制造""面向未来的数字化印度"(Digital India for the future)、巴西的"有效的巴西战略"(Efficient Brazil Strategy)、俄罗斯

---

① 工业互联网产业联盟:《5G与工业互联网融合应用发展白皮书》,2019年,http://www.aii-alliance.org/upload/202004/0430_161025_275.pdf。

的"数字经济战略"（Digital Economy Strategy），都是国家层级的数字化战略，直接或间接地为第五代移动通信技术服务工业提供了国家战略支持。

2020年，南非成为非洲首个第五代移动通信技术网络商用的国家，南非总统西里尔·拉马福萨（Cyril Ramaphosa）大力倡导科学技术，是第一位将第四次工业革命作为核心国策的领导人。在2018年2月发表的《国情咨文》中，拉马福萨总统谈到了数字工业革命，并建立"第四次工业革命总统委员会"为本国数字经济发展提供政策建议和战略规划。南非计划整合两家国有数字企业，成立国家数字基础公司，统一管理大数据。但是南非的互联网接入率较低，基础设施短板明显。

2014年印度发布了《物联网策略》，此举被认为是"印度制造"与"数字印度"之间的纽带。虽然在工业软件上印度能够跻身八大强国之一，但是印度的第五代移动通信技术频谱拍卖却一拖再拖，目前印度仍处于第四代移动通信技术红利期，2021年印度第四代移动通信技术渗透率在68%左右。

巴西大力推动数字城市项目、"农业5G技术"、工业技术4.0和"智慧巴西"国家宽带发展计划。目前主要的发展仍在消费互联网上，2020年巴西电商销售额同比增长68%。与福建省进行数字经济合作的塞阿腊州正打造全长8万余公里的环州"数字带"，塞州圣冈萨洛市成为巴西通信部数字城市项目首批试点之一。但是联合国教科文组织科学报告指出塞阿腊州的科技支出水平仅是巴西全国科技支出水平的25%，且没有一所研究型大学，在研发上公共支出的份额仅占1%，巴西科技发展领先的圣保罗州是73%。2021年11月，巴西国家电信局举行了第五代移动通信技术频段拍卖，竞拍700MHz（兆赫）、2.3GHz（千兆赫）、3.5GHz和26GHz四个频段，特许经营权为期20年，当时的拍卖公告预计，第五代移动通信技术网络将在2022年7月前在巴西所有各州的首府城市开始运行。巴西通信部长2022年4月底表示该国目前依然没有能力制造任意一种支持第五代移动通信技术的芯片，巴西使用的芯片100%来自亚洲（台积电、三星等）。但是欧盟的"地平线计划2020"资助巴西开发"FASTEN"工业互联网框架,并由巴西航空工业公司(EMBPT)和蒂森克虏伯(TSK)开始试用。

俄罗斯也面临困难,据"俄罗斯联邦数字经济"国家计划,2021年俄将在10个百万人口城市建立第五代移动通信技术网络,到2024年在俄罗斯所有主要城市建立第五代移动通信技术网络。但是因英特尔、戴尔、爱立信相继停止对俄罗斯第五代移动通信技术设备的出货,这对于半导体设备全靠进口,第五代移动通信技术对外依赖性极大的俄罗斯来说无疑是重大打击。不过俄罗斯对工业互联网态度积极,根据2018年的调查,约占35%的俄公司受访者确认他们打算实施工业互联网计划。相对来说俄罗斯在工业互联网上的研发能力居于金砖国家前列。俄罗斯工业互联网的领头羊是俄罗斯电信公司(Rostelecom),2022年2月国际标准化组织和国际电工技术委员会(ISO/IEC)批准了国营运营商俄罗斯电信公司PJSC提供的第一个工业互联网标准。[1]它旨在成为智能生产概念的基础,为促进俄罗斯技术发展提供帮助。自2017年初以来,俄罗斯电信公司一直积极参与国际物联网标准化,国际标准的制定工作于2018年启动,来自美国、中国、韩国、日本等国家的专家参与其中。然而俄罗斯电信公司目前仍主要在能源、住房和公用事业、视频监控、照明等基础设施管理系统上下功夫。[2]

金砖国家内部,中国在"5G+工业互联网"上居于主导地位,工信部已经出台《工业互联网发展行动计划(2018—2020年)》《工业互联网创新发展行动计划(2021—2023年)》等一系列政策举措,在第二个行动计划里提出要建设30个第五代移动通信技术全覆盖工厂,长三角也已经依托三省一市产业互补优势构建了全国首个工业互联网一体化发展示范区。从技

---

[1] https://www.akm.ru/eng/press/the-first-international-standard-of-digital-technologies-proposed-by-the-russian-federation-has-been/.

[2] Yuliya Asaturova. Development of the Industrial Internet of Things in the Russian Economy,Proceedings of the 2nd International Scientific Conference on Innovations in Digital Economy.October,2020:1-7.https://doi.org/10.1145/3444465.3444496.

术实力上看,以金砖国家中获得欧洲专利局授予的专利数为例,中国获得的专利数也远高于其他金砖国家,其次是印度,而俄罗斯、南非、巴西数量非常少。从发表在科技杂志的文章数量来看,中国增长非常快,并且在总量上与美国相近。印度的增长速度也比较快,但是数量非常少,巴西、南非和俄罗斯的增速不是很明显。[①]中国的高科技产品出口占制造业出口的比重超过其他金砖国家,并且高于中等收入国家的平均水平。而其他金砖国家的高科技产品出口占制造业出口的比重均低于中等收入国家的平均水平。南非的制造业出口中高科技产品占比最低,这也是目前南非出现去工业化趋势最明显的原因之一。据联合国贸发会议公布数据,目前全球约有50%的人还难以上网,发达经济体仍然占据数字贸易的主导地位。[②]从规模上来看,2019年前十大经济体分别是美国、英国、中国、德国、爱尔兰、荷兰、法国、印度、日本和新加坡,其中的八个发达经济体数字贸易规模合计19269亿美元,占十大经济体数字贸易总额的84%。

不过金砖国家数字合作潜力巨大,中国科学技术交流中心发布的《金砖国家综合创新竞争力发展报告(2020年)》显示,截至2019年底,金砖国家的研发投入已大于全球总投入的1/6;高技术产品出口额超过六万亿美元,占比超全球总量1/4;科技期刊论文发表量逾六十万篇,占比超全球总量1/4。

### 3.厦门的"5G+工业互联网"基础

厦门已经实现"5G CITY",有5500多个第五代移动通信技术基站,目前在工业互联网发展上也已经有一定基础,若将之作为"新基建"示范合作的切口项目,既能提升自身工业互联网发展层级,对金砖国家的示范合作亦能有事半功倍之效。首先,厦门已经连续举办了两次中国国际工业互联

---

① 权衡:《金砖国家经济崛起与新发展经济学》,格致出版社、上海人民出版社,2020年,第61页。

② 国务院发展研究中心对外经济研究部、中国信息通信研究院课题组:《数字贸易发展与合作:现状与趋势》,《中国经济报告》2021年第6期。

网创新发展大会。其次,厦门已经有工业互联网公共服务平台(https://iiot.
ixiamen.org.cn/),浪潮、金蝶、中国移动、中国电信、中国联通、东方国信、厦
门邑通、工物智能等二十余家国内知名工业互联网服务提供商与厦门市物
联网产业研究院有限公司签约,入驻平台。厦门市工业互联网公共服务平
台为厦门市工业企业"上云上平台"提供专家团队的咨询服务和量体裁衣
式的服务,降低企业"上云"的认知门槛、财务门槛、技术门槛,提升中小企
业应用工业互联网技术的能力。最后,为贯彻落实《厦门市制造业与互联
网融合发展规划(2018—2022)》《厦门市加快数字经济融合发展若干措施》
等文件要求,厦门市正在推动建设市工业互联网展厅,作为全市首个以工
业互联网为主题的展厅,是面向厦门6个工业千亿产业链(平板显示、计算
机与通信、半导体和集成电路、新材料、生物医药与健康、机械装备)、4个
传统优势产业链(水暖卫厨、纺织服装、农副产品与食品加工、运动器材)共
1个行业及2个场景(绿色制造、产融结合)提供展示的服务平台。

在金砖办的《金砖创新基地建设三年行动方案(2022—2024)(初稿)》
"加强数字经济合作"一节,提出加快建设厦门工业互联网标识解析二级节
点(截至2022年6月,北京、上海、广州、重庆、武汉五大国家标识解析顶级
节点已经建设完毕并平稳运行,南京、贵阳两地灾备节点在建设中),培育
健康有序的工业互联网解析生态产业。工业互联网包含网络互联体系、地
址与标识体系、应用支撑体系三个重要体系,工业互联网标识类似于互联
网域名,用于识别产品、设备、原材料等物体。不过总体来说,厦门的工业
互联网建设尚在起步阶段,与宁波、武汉、青岛、深圳等地仍有较大差距,要
在金砖国家新工业革命中展示出示范效果,需要打造自身的智能工厂,还
需要加强国内跨地域合作。工信部《工业互联网创新发展行动计划
(2021—2023年)》要打造的30个第五代移动通信技术全连接工厂、120个
二级节点和20个递归节点、5个国家级工业互联网产业示范基地及10个
"5G+工业互联网"融合应用先导区,厦门至少要争取到其中一项或跟其中
一项的所在地达成深入合作。泉州是省级"5G+工业互联网"的应用试点

示范,在《泉州市绿色数字技改专项行动方案》里提出2023年之前至少建成3个第五代移动通信技术全连接智能工厂。作为"闽南同城化"的一员,厦门需要扩大金砖创新基地的辐射范围,把闽南乃至福建的工业互联网优质项目纳入金砖国家"新基建"示范合作的范畴。

厦门市工业互联网公共服务平台的侧重点是"公共服务",它与真正的工业互联网平台不同,没有开发者社区,但是它能在工业互联网企业和一般企业之间起到一个中转站的作用,加以改造,既能引入境内外工业互联网企业上平台,也能为境内外企业提供服务,很适合作为厦门金砖创新基地开展国际合作的示范点。

### 三、金砖国家新工业革命伙伴关系创新基地建设路径

按照"项目开发、政策协调、人才培养"的指示和先易后难的原则,我们对金砖国家新工业革命伙伴关系创新基地的未来发展途径有如下思考。

#### (一)利用华侨华人讯息通道,扩大金砖共识基础

福建省委副书记赵龙指示厦门金砖基地:"要用好各方面资源,积极争取上级支持,运用金砖合作机制推进务实合作,同时发挥金砖国家非政府组织、华人华侨社团、工商界人士、智库等多方面作用。要建立相关平台,积极探索发布金砖国家指数,扩大基地吸引力和影响力,推动基地建设提速增效。"在《三年行动方案》里也提到:"充分把握2022金砖'中国年'契机,全力争取更多金砖机制下的系列活动在厦门举行,主动对接更多友好合作力量,扩大金砖+朋友圈,厚植金砖合作民意基础。到2024年,把厦门建成金砖及'金砖+'人文交流频密、活动品牌特色突出的样板城市。"

华侨华人在金砖国家的分布达到百万以上,福建拥有丰富侨力资源,历史上早就有闽籍华侨华人的国际网络存在,厦门应利用一切机会抓住金砖国家华人华侨社团"桥梁纽带"的作用,发挥区域全面经济伙伴关系协定、"一带一路"的叠加优势,为金砖合作"引进来、走出去"提供良好平台。目前来说比较简便和直接的做法,首先可参考宁波。宁波从2018年以来

成功举办了三届世界"宁波帮·帮宁波"发展大会，充分利用了全世界宁波人的人才、科技、人脉、财富资源。海外华侨华人普遍参加各种血缘、地缘、神缘社团，以六桂堂世界恳亲大会、董杨世界联谊会、莆田湄洲妈祖进香团、海沧青礁保生大帝慈济宫进香团、南安龙山寺进香团等社团为例，要么本来就定时会在福建举办恳亲大会，要么进香会途经厦门。厦门的侨务部门首先可尽量争取华侨华人的各种联谊大会多在厦门举办；对取道厦门的联谊会进香团，则可在机场送上金砖创新基地的推介册，让祖籍福建的华侨华人都了解金砖合作的目的、意义和内容。其次，福建省侨联和泉州侨联2021年建成全国首个网上"一键寻根"平台，一期是"南洋华裔族群寻根谒祖综合服务平台"，像这类针对海外华侨华人的服务性平台，金砖创新基地可以去寻求合作，加入金砖创新基地的介绍或链接。以上举措的总体目的都是扩大金砖创新基地在华侨华人中的影响，以求利用侨力资源和华侨华人的国际网络，达成促进金砖共识凝聚、推进创新基地建设的目的。

在学术层面上，可以寻求建立发展中国家新型工业化理论体系。在20世纪现代化发展理论的潮流下，曾经形成过南南合作、南北对话的共识。为了凝聚金砖+国家的共识，同样需要进一步完善理论体系，构建发展中国家新型工业化的理论体系，有助于形成适应新工业革命时代的共识，形成中国叙事体系。构建发展中国家新型工业化理论体系，不是为了现代化理论、后现代化理论的简单继任者和应声虫，它应该是一种全新的理论体系和共识，摒弃西方中心论的发展观，"支持多边，反对单边霸权"，充分把握数字化、智能化融合发展。国际社会对于金砖+的期待，其实是对"中国话语""中国道路""中国作为"的期待，金砖合作有望给南南合作带来新气象。为此，我们应该推动发展中国家新型工业化理论开展国际研究，创办发行相关研究期刊，以期形成国际学术潮流，把更多的发展中国家囊括进来。

**（二）以厦门为基地共建"金砖智造"工业互联网服务平台**

工业互联网平台是制造业数字化的重要基础设施，它就是工业互联网核心架构的"网络""平台""安全"三部分中的平台部分。工业互联网平台发展到今天,已经具备服务制造业的基础能力,从边缘层的数据接入、PaaS (Platform as a Service)层的服务构建,再到应用层把传统工业软件完成云化迁移和整合,工业互联网平台对制造业数字化转型的驱动能力正在逐渐显现。尤其中小企业利用平台云化工具能以较低成本实现信息化和数字化普及,总体上看,工业互联网平台对制造业数字化转型的支撑作用会越来越强。在国际上,发达国家都在加快推进工业互联网建设,在美国的先进制造国家战略中,就将工业互联网和工业互联网平台作为重点发展方向。美国、欧洲和亚太是当前互联网平台发展的焦点地区,其中美国拥有显著集团优势,在市场上处于主导地位,紧随其后的是欧洲工业巨头们,欧洲工业互联网平台发展迅速,是美国的主要竞争对手。日本也有日立、东芝、三菱、NEC、发那科等企业在研发平台上取得显著成效,同时中国、印度等新兴经济体也在加速发展工业互联网平台。从行业覆盖范围来讲,德国工业4.0专注于物联网在制造业中的应用,而中国工业互联网不仅关注工业基础,还涵盖多个垂直行业,如能源、医疗保健和建筑行业等。[1]

2019年国务院印发了《关于深化"互联网+先进制造业"发展工业互联网的指导意见》,统筹布局工业互联网的网络、平台、安全三大功能体系建设。当前,我国工业互联网平台已进入落地关键窗口期,全国各类型平台数量已经上千,具有一定影响力的工业互联网平台已经超过70个,平台接入工业设施规模突破4000万台/套,2019年工业互联网平台产业规模达2486亿元,比2018年增长29.3%。[2]截至2020年11月,据统计我国工业互联网企业数量约5749家,其中工业企业2925家,其余类型企业2824家。[3]

---

① 工业互联网产业联盟:《中德工业互联网白皮书(2020)》,http://www.aii-alliance.org/upload/202009/0907_221723_663.pdf。

② 李颖:《加快工业园互联网平台创新发展,开辟制造业数字化转型新局面》,新华网,http://big5.xinhuanet.com / gate / big5 / www.xinhuanet.com / info / 2020-10 / 29 / c_139475392.htm。

③ 工业互联网产业联盟:《工业互联网产业人才发展报告(2020—2021)》,http://www.aii-alliance.org/index/c315/n3144.html。

到 2021 年 12 月 31 日，我国工业互联网上市企业累计有 248 家，其中 A 股上市企业 209 家，与 2020 年相比增长 25.9%，总市值 4.83 万亿元。①

但是目前我国工业互联网平台的应用与美、德相比总体发展水平仍然比较低，大部分企业尚未使用工业互联网平台，尤其中小企业对工业互联网平台有"不敢用、不会用、用不起"的顾虑，目前开始采用工业互联网平台的多是知名大型企业。同时，已有的工业互联网平台应用主要集中于设备管理服务、生产过程管控与企业运营管理三大类场景，占比分别为 38%、28% 和 18%，资源配置优化和产品研发设计仍然有待培育。②何小龙通过1445 份问卷和三层指标测评我国工业互联网平台企业应用水平和绩效，认为我国工业互联网平台应用水平总体两极分化严重，大多数企业仍处于初级水平：企业的工业互联网平台应用水平与当地的经济活力和经济发展质量密不可分，广东省和长三角地区雄厚的工业与经济基础为当地工业互联网平台应用提供了天然土壤，是工业互联网平台发育比较好的地区；其次我国的工业互联网平台普遍仍正在建设中，工业设备上云难度大，设备上云率仅为 13.1%，只有业务上云率相对较好，已达 36.46%。③

国内目前排名前十的工业互联网平台是海尔 COSMPlat、东方国信 Cloudiip、用友精智、树根根云、航天云网 INDICS、浪潮、华为 FusionPlant、富士康 BEACON、阿里 supET、徐工信息，其中海尔的平台上工业应用程序超过 1000 个，与厦门有合作的是华为和浪潮。

由政府出面建一个大而全的工业互联网平台是不现实且不经济的，工业互联网平台先驱通用电气公司的 Predix 在商业上失利后也转型成专注

---

① 工业互联网产业联盟：《中国工业互联网投融资报告（2021 年）》，http://www.aii-al-liance.org/index/c315/n3212.html。

② 工业互联网产业联盟：《工业互联网平台白皮书（2019）》，http://www.aii-alliance.org/upload/202002/0228_135747_302.pdf。

③ 何小龙：《工业互联网平台应用现状及发展对策》，《科技管理研究》2021 年第10 期。

于电力、航空、制药自身传统行业板块的平台。工业互联网平台与工业互联网公共服务平台不同,前者是以企业为主体的商业化运营,后者可以是政府部门提供的汇总各种平台和云端的公共服务。厦门市已有的工业互联网公共服务平台,汇聚了一些国内现有平台,但目前总体上仍更像是一个有公有云服务的信息发布中心,没有开发者社区,仅可以链接到一些提供定制服务的平台企业,没能打破"信息孤岛",也没有提供数据分析,对入驻的平台也未区分是垂直工业平台、通用平台还是提供安全服务的平台,还有很大的发展空间。

金砖国家都有一定的科研能力,俄罗斯和印度在工业应用程序、软件开发上还有一定优势。结合厦门的"5G+工业互联网"基础和福建的产业基础,我们认为,厦门可以通过原有的厦门市工业互联网公共服务平台为依托,整合中俄数字机械工程中心、工信部国合中心厦门分中心、中国信息通信研究院(东南)创新发展研究中心及厦门大学、华侨大学等在厦研究机构和科研院所的力量,通过金砖国家大数据流通管道,集合金砖国家的研究基础和产业升级需要,打造一个共同的"金砖智造"工业互联网服务平台,提供金砖国家的工业互联网平台和工业应用程序入驻,并提供给金砖国家企业公有云服务。此"金砖智造"工业互联网公共服务平台无须选择大而全的发展方向,在初创阶段,应选择小而精、面向金砖国家亟须的产业发展方向,应侧重为无力定制大型数字化方案的中小企业服务,如此更符合当前金砖国家的制造业发展水平和需求。此外,中国制造业的长处是实际应用场景特别多,比起单纯从工业应用程序开发者的角度进行平台建设,参考开源软件的做法,对工厂的一线使用者开放一定修改权限,或许有益于工业互联网公共服务平台的自我完善。总体上,我们有以下三点政策思考:

第一,扩充升级厦门市工业互联网公共服务平台,引入金砖国家和国内顶尖工业互联网平台商。目前的厦门工业互联网公共服务平台主要业务在提供企业上云和一些定制服务,接入的工业互联网平台企业不够多,分类不清晰,企业要迅速对接到想要的工业互联网服务还有难度,因此还需要升级。将来在引进工业互联网平台企业上,首先要把金砖国家自己开发的代表性工业互联网平台引入,让金砖国家感受到"金砖智造"的集群效应,扩大金砖国家工业互联网平台在国际上的影响;其次需要注意那些跟金砖国家已经有工业互联网合作的平台商,比如承接了巴西淡水河谷无人化作业的徐工汉云工业互联网平台和已进入欧洲市场的根云平台(海外版)。

第二,多方利用省内外资源,化国内竞争为产业集群优势。早在2013年秋,"丝绸之路经济带"和"21世纪海上丝绸之路"重大倡议被提出后,先有福建省加快"数字丝路"建设,意欲到2022年建成"数字丝路"核心区,其中包括要建设海丝工业互联网(泉州)创新中心。2020年,泉州市政府与思爱普(中国)有限公司达成战略合作,旨在结合泉州当地产业链优势,打造实现产业数字化、智能化的行业解决方案和工业互联网示范平台应用。此外,华为在晋江市也有工业互联网云孵化中心,作为福建省最大工业城市,泉州在工业互联网的应用上是领先厦门的。其次,上合示范区以"上合+区域全面经济伙伴关系协定+工业互联网+'一带一路'"为主攻方向,全力打造工业互联网国际化创新示范区。2021年12月,上合组织秘书发起成立"丝路工业互联网促进中心",总部设立在中国陕西省西咸新区,愿景是成为推动上合区域国家工业互联网产业持续发展的重要力量,并推出"上合之芯"计划。今年,丝路工业互联网促进中心已经打造了"俄语系国家招投标服务平台""中俄互译人工智能翻译引擎",为上合区域国家构建及时可靠的信息供应链。厦门工业互联网公共服务平台实际上比上合西安起步更早,应发挥金砖优势,利用市工业互联网公共服务平台的"海纳百川"特性,作为桥梁,把兄弟省市在工业互联网上的进展桥接到厦门基地,发育成覆盖面广、解决方案多的"金砖智造"平台。

第三,发展安全服务,针对工业互联网安全痛点提供解决方案。目前我国工业互联网平台的应用与美、德相比总体发展水平仍然比较低,已有的工业互联网平台应用主要集中于设备管理服务、生产过程管控与企业运营管理三大类场景,在平台安全服务上还有很大发展空间。当前工业互联网的安全痛点主要有四:拒绝访问、缓冲区溢出、信息泄露、访问控制。对公有云,企业也往往有保密的顾虑,企业本身已有的SCADA/SCM/ERP等工业系统一般都不允许链接上外部网。有鉴于此,通用电气公司在2018年就推出了私有云版本的Predix。在国家安全层面,对工业数据的安全要求也非常高,这对金砖国家之间的合作是个客观上的阻碍。因此,厦门要打造"金砖智造"工业互联网公共服务平台,除了公有云服务外,还需搭建一些金砖国家企业各自的"边缘云",①以提高设备上云率、降低远距离产生的时延并保障各自的数据安全。同时,大力鼓励提供安全解决方案的工业互联网企业入驻平台,甚至可以此作为厦门数字产业新的发展方向。厦门自身的边缘云最好应设置在火炬园和软件园,各高校、科研院所也可以加入边缘云。

一般来说一个工业互联网平台的起步建设资金是1000万元,后续投入需要看其商业成效,但是公共服务平台不需要过高的研发费用,主要在于需要发挥政府公共服务平台的指引、汇集、宣传、推广作用。

**(三)集中力量设计完善一套应用型工业互联网人才培养体系**

新工业革命对发展中国家的影响,从不利的方面来看,是现有的劳动密集型行业,未来很有可能成为资本密集型行业,依靠低人力成本取得劳动密集型行业比较优势的路径不再可行,欠发达国家可能会丧失发展的机会。以信息技术为代表的新技术也大大降低了劳动力的重要性,自20世纪50年代以来的全球产业转移体系可能被颠覆。30年代产生的"雁行理

---

①边缘云计算简称边缘云,是基于云计算技术的核心,构建在边缘基础设施之上的云计算平台,形成边缘位置的计算、网络、存储、安全等能力全面的弹性云平台,并与中心云形成"云边协同"的技术构架,通过把网络转发、存储、计算,智能化数据分析等工作放在边缘处理,降低响应时延,减轻云端压力、降低带宽成本,并能提供全网调度,算力分发等云服务。

论"、60年代的产品生命周期理论,以及后来的全球价值链理论等,都从经济学理论的角度描述了发达国家向发展中国家转移部分劳动密集型产业或生产流程的过程,包括中国在内的很多发展中国家都受惠于这种模式,通过发展劳动密集型产业进入国际分工体系。新技术降低了对劳动力的需求,将部分劳动密集型产业转为资本密集型产业,未来很多劳动力丰富的欠发达国家难以通过低劳动力成本加入国际分工体系,面临陷入"低水平均衡陷阱"的可能。而对于劳动力成本上升、饱受人口老龄化困扰的国家,新技术则为其提供了再次发展一些产业的好机会。日本的自动化产业就在疫情中逆势发展,过去十年,全球工业机器人保有量增加了两倍,新增的机器人中有45%来自日本,日本四家高端设备制造商——基恩士、发那科、SMC和Lasertec的总市值是五年前的2.5倍。

与此同时,金砖国家普遍存在着失业问题或结构性失业问题。俄罗斯和巴西的失业率在10%,南非的失业率更高达30%以上;中国和印度的失业率较低,为3%和5%左右,但是中国和印度都存在大学毕业生找工作难的结构性失业问题。2020年中国高校毕业生人数达874万人,再创历史新高,2020年7月,城镇20~24岁大专及以上受教育程度人员(主要是高校毕业生)失业率同比升高3.3个百分点,就业压力十分突出。2016年,印度共有799所综合性大学,18~23岁年龄组高等教育毛入学率已经达到24.5%,但是根据(阿齐姆·普雷姆吉 Azim Premji)大学可持续就业中心的报告,受过良好教育的人的失业率是印度全国平均水平的三倍,且失业率的增加与教育水平成正比。

科技创新需要人才,新型工业化的目的不是加剧失业而是为了扩大就业。我们看到市金砖办已经围绕"进入中国市场的实用策略""科技园区管理""中国金融科技发展治理与趋势""金砖国家投资中国的相关法律问题""金砖国家企业知识产权提升"等金砖及"金砖+"国家关注的议题开展了五期线上人才培训,参训学员超2万人次,覆盖金砖五国及德国、荷兰、乌克兰、巴基斯坦、哈萨克斯坦、智利等10余个国家。金砖办也制定了金砖人才培养五年规划,未来要形成10~20个金砖示范性培训项目、50~100门精品课程,要打造特色鲜明、品牌优势突出的个性化培训体系。在金砖创新基地《三年行动方案》里,还有"到2024年,基本建成金砖国家工业能力提升培训基地,引领金砖国家职业教育联盟建设取得明显成效"的目标。

因此,在以"5G+工业互联网"为创新基地建设切入口的前提下,我们提出,"厦门金砖新工业能力提升培训基地联盟"的形成,可优先建成一套完善的应用型工业互联网人才培养体系为初始路径。

近些年,全球推动工业互联网发展的主体,主要包含制造业企业、信息通信企业、工业软件企业、解决方案提供商、高校和科研院所等单位,这些单位在已有工业互联网探索应用的基础上,对工业互联网人才的需求极为迫切。工业互联网人才,是指具有新一代信息通信技术和工业领域专业知识或专门技能,从事工业互联网相关工作并做出贡献的人。工业互联网人才是我国发展工业互联网,实现实体经济数字化、网络化、智能化转型的重要资源;主要包含工业互联网学术型人才和工业互联网应用型人才两大类。

工业互联网学术型人才,指的是具备理学、工学等相关学科的专业知识和理论基础,主要从事工业互联网学术研究和理论研究等工作。这类人才虽然也很缺乏,但是培养周期更长、难度更大,厦门的产业基础和科研能力尚无法支撑培养这类人才的体系,目前需要做的是引进这类人才。

工业互联网应用型人才,指的是主要以业务发展为驱动,与工业互联网体系架构业务视图对应,包含规划研究、技术技能、运营管理三个方面的人才。工业互联网规划研究人才主要对应企业高级管理者,应具备较高的工业互联网相关领域专业知识和技能,具有丰富的从业经验,主要从事工业互联网顶层战略规划、架构设计等工作;工业互联网技术技能人才主要对应技术领域的各级工程师,应具备一定工业互联网相关领域技术、技能,主要围绕工业互联网网络、平台、安全、应用等,从事技术研发、标准研制、应用实践、系统集成、产业实践等工作,一般工作在生产和服务等领域,是负责实际操作的人员。工业互联网运营管理人才主要对应市场营销服务等领域的工作人员或管理者,具备工业互联网运营管理知识和技能,主要从事工业互联网产品、服务及企业的运营管理和生态建设等工作。[①]

总体来说,工业互联网人才面临严重短缺。工业互联网从业人员数量占全单位人员数量不足1%,相关技术人员不足5%,个别企业甚至不到1%。人社部、国家统计局在2020年3月将工业互联网工程技术人员纳入新职业,2021年9月人社部、工业和信息化部联合发布了《工业互联网工程技术人员国家职业技术技能标准》。教育部在2021年3月印发《职业教育专业目录(2021年)》,在高等职业教育专科专业中,新设"工业互联网应用"专业,将原有的"工业网络技术"专业调整为"工业互联网技术"专业。在高等职业教育本科专业中,新设"工业互联网工程""工业互联网技术"等专业,同时在高等职业教育专科、高等职业教育本科专业中,装备制造专业大类的自动化类、电子信息专业大类中的计算机类均分别设置了工业互联网相关专业,正式启动了工业互联网相关专业建设工作,但向产业界输送工业互联网人才仍需要时间,第一批学生尚未能毕业投入工作。

在高等院校现有设置的专业中,有一些专业与工业互联网相关,如2018年开设的新试点专业智能制造工程,还有物联网工程、工业网络技术、工业智能,以及云计算、数据科学与大数据技术、人工智能、网络安全、控制科学与工程、机械设计制造及其自动化、信息安全等。2020年高校毕业生为874万人,工业互联网相关专业毕业生仅占总人数的7.49%,毕业生规模仅有65.5万人。一般约60%的毕业生会进入工业互联网相关行业,与2020年3月中国信息通信研究院测算的新增就业岗位255万个相比,远远不能满足需求。另一方面,传统行业的工业互联网人才供给也严重不足,工业互联网平台的人才供需严重失衡。石化、纺织、机械、冶金等传统制造

---

① 工业互联网产业联盟:《工业互联网产业人才发展报告2020—2021》,http://www.aii-alliance.org/index/c315/n3144.html。

业的工业互联网平台人才比例均不足15%。复合型人才短缺已成为限制我国工业互联网平台普及应用推广的重要因素。[1]

厦门有一定数量的重点高校和职业高校,且均设置有工业互联网相关专业,在课程设置、师资提供上没有大的困难。创新基地可联合金砖国家高校与厦门,乃至福建的高校共建一套工业互联网人才培养体系。第一,上课的地点主要应放在厦门,不但有助于增加项目"引进来、走出去"的机会,也有助于培养金砖国家共识和加强厦门的主导地位。第二,可以分成本科教育和职业培训两个层次。本科教育仍以职业应用教育为主,以学术教育为辅,主要采取在厦门大学、华侨大学、集美大学设立专门的"金砖班"的形式。职业培训则可由厦门市金砖创新基地建设领导小组办公室的培训中心负责,可招收金砖国家中面临结构性失业的受过一定层次高等教育的学生,帮助他们转型为新型工业化亟需的人才。第三,还应当利用中国在线教育迅猛发展的优势,搭配在线教育(比如慕课已经成为全球规模最大的在线教育平台),让厦门成为国际上工业互联网首屈一指的人才培养基地。

**(四)打造一条宽口径的"金砖智造"绿色产业链**

金砖办在《创新基地发展规划2022—2035》中提出,"增强产业链供应链互嵌程度……合作开拓第三方市场"。共享数字化、共促智能化、共谋数字化、共建供应链,是金砖合作的重点和增长点。《发展规划》的重点任务里强调的是"打造形成一批绿色产品、绿色工厂、绿色工业园和绿色供应链试点",金砖国家都面临碳达峰和碳中和的压力,"新基建"中的重点内容"特高压"和"新能源汽车"本身也属于绿色经济,故而正宜选择普适性较强、口径较宽,各国都有基础和需求的绿色经济作为共建示范产业链的突破口。

2022年4月福建省印发了《福建省新能源汽车产业发展规划(2022—

---

[1] 何小龙:《工业互联网平台应用现状及发展对策》,《科技管理研究》2021年第10期。

2025年）》，规划打造世界级新能源汽车动力电池及材料先进制造业中心、万亿级产业集群。《规划》明确提出福建将打造"三基地、两集群、一中心"，"厦漳"新能源客车是三个基地之一，还要壮大宁德、厦门、漳州、南平、福州、龙岩等新能源电池产业规模，打造世界级新能源汽车动力电池及材料先进制造业中心、万亿级产业集群。巴西、印度也有新能源汽车产业：2022年1月长城汽车发布巴西核心市场战略，未来10年将投资超100亿雷亚尔（约合115亿元人民币）用于深化本地产业链布局；印度于2021年投入2600亿卢比发展新能源汽车。对区域全面经济伙伴关系协定国家、"一带一路"共建国家，新能源产业也广受关注，因此从绿色新能源入手，或能收到最大叠加优势。

鉴于全球产业链在价值增殖上存在"微笑曲线"的U型分布，半成品、成品制造一直认为是附加值最低的部分，发展中国家由于自身技术和资本要素的限制长期处于全球产业链中低端环节。而且在当前世界变局之下，正面临全球第四次产业链重构，一些国家为了使产业链能够完整运转，开始呼吁"产业回流"，希望产业链自主可控。[①]所以要打造跨国金砖产业链，在解决内部附加值分配和重复竞争上还有很多问题要解决。但是金砖国家内部市场极其庞大，而通过新基建和产业升级，也能提升生产效率，改变生产过程被划归劳动密集产业的现状，实现生产要素更高效地分配，从而解决生产过程附加值过低的问题。

习近平总书记在2019年8月中央财经委员会第五次会议上提出要打好产业链现代化攻坚战，第十九届五中全会、六中全会都对推进产业链供应链现代化做出了战略部署和具体安排，显示了产业链供应链现代化在中国式社会主义现代化建设中的关键和基础地位。东亚与东南亚的工业化路线是一个典型的"雁行模式"，近几十年来，中国与东南亚地区形成了紧

---

① 石建勋、卢丹宁、徐玲：《第四次全球产业链重构与中国产业链升级研究》，《财经问题研究》2022年第4期。

密联系的供应链。一些研究结果表明,随着中国价值链位置的上移,东南亚地区开始承担中国"世界工厂"的部分功能,从事全球价值链的加工组装环节。[①]在当前复杂的国际形势下,作为发展中国家和新兴市场发展的风向标,金砖国家之间的合作能促进发展中国家的合作,一条金砖智造产业链的形成,对中国与东盟之间国际产业链的升级,乃至对"金砖+"产业链的升级,都会起到良好的示范和促进作用。

总而言之,现代化是人类历史上史无前例的巨大变革。虽然现代化不能等同于工业化,但是毋庸置疑,工业化是现代化的基石。过去数十年,中国的社会主义现代化已经取得了举世瞩目的伟大成就,形成了中国式现代化的全新道路和全新理论。在新工业革命的浪潮下,金砖国家在新工业革命领域所取得的成就也将成为未来金砖式现代化的基石。为了这块决定未来方向的基石的稳固,首先要打好新型基础设施建设的地基,以厦门金砖创新基地为先导,把金砖国家在工业互联网的合作发展作为彼此紧密联系的围栏,让"金砖智造"工业互联网公共服务平台成为瞭望未来的灯塔。

---

① 马盈盈、倪月菊:《RCEP框架下中国与东南亚地区的价值链关联及变动趋势》,《南洋问题研究》2022年第1期。

# 第四章　金砖峰会与金砖创新基地建设

　　金砖国家合作机制是高效的多边性、多元化和多层次的综合性机制，以平等、协商为基础，具有高度的包容性，致力于实现新兴国家和新兴市场在资源、科技等领域的互补以及全球在经济、政治等主要议题上的协作。2022年是金砖国家合作机制成立16周年。自成立以来，中国始终是金砖国家合作机制的积极建设者、推动者和创新者。2009年6月金砖国家领导人在俄罗斯叶卡捷琳堡举行首次会晤至今，金砖峰会已连续召开十三届，2022年接任金砖国家合作机制轮值主席国的中国于6月23日至24日以在线方式召集了第十四次金砖国家会晤。为更好发挥金砖国家新工业革命合作伙伴创新基地对金砖合作机制发展的推动作用，支持2022年金砖峰会和厦门金砖创新基地的建设，以下围绕战略规划、经济金融合作、科技创新以及人文交流等方面评估2017年以来的金砖峰会成果，在此基础上，从巩固现有成果，开拓新合作空间和应对国际危机三个层面审视2022年金砖峰会和金砖中国年。最后，就厦门金砖创新基地如何抓住金砖中国年的重大机遇，在政策协调、项目开发和人才培养方面取得更多成果进行阐释，并就金砖创新基地建设面临的相关挑战作一分析。

## 一、近五届金砖峰会成果评估

　　2017年厦门金砖峰会开启了金砖合作第二个"黄金十年"。五年来，金砖五国围绕政治安全、经济贸易、人文交流等方面鼎力合作，在众多领域取得了显著成果。2018年,习近平主席在南非约翰内斯堡举行的金砖国家工商论坛上提到,未来十年将是世界经济新旧动能转换的关键十年,是国际格局和力量对比加速演变的十年,是全球治理体系深刻重塑的十年。然而随着全球经济局势剧烈波动,金砖国家也遭遇了经济动荡和发展降速。2022年进入"关键十年"的第五年,以下从战略决策、经贸合作、财政金融、科技创新及人文交流等维度对近五届金砖国家峰会所取得的成果进行总结与评估。

**(一)金砖峰会为金砖合作提供了战略规划**

随着金砖合作机制的持续发展以及金砖国家合作与交流的深入,2017年以来金砖峰会不断探索和提出新的战略决策,规划金砖国家在政治、经济、金融等领域的发展方向,进一步扩大和完善金砖合作机制,提升金砖合作战略高度。

第一,金砖峰会夯实金砖合作机制,规划金砖合作短中长期目标,定调金砖合作发展方向。自首届金砖峰会召开以来,历届金砖峰会始终强调团结合作、共同发展,为金砖合作奠定发展基调。金砖国家遵循开放透明、团结互助、深化合作、共谋发展原则和"开放、包容、合作、共赢"的金砖国家精神,致力于构建更紧密、更全面、更牢固的伙伴关系。历届金砖峰会所提出的"创新""数字经济""绿色经济"等金砖合作发展方向已经或正在得到落实和实践。例如,第十一届巴西峰会第一次将主要议题聚焦在"创新"一词上,打造了以创新驱动发展的金砖共同理念,引领金砖国家在创新领域的合作走深走实。

第二,金砖峰会团结金砖国家,强化金砖凝聚力,打造"金砖共识"。金砖五国国情不同,相互之间有合作有竞争甚至在一些领域存在摩擦和冲突。2017年以来,由于全球经济增长放缓、各国经济结构性问题、地缘政治摩擦等多重因素影响,除中国以外的金砖四国均遭遇了不同程度的发展瓶颈,经济表现出现分化,金砖合作的凝聚力也遭到削弱。一年一度的金砖峰会不仅能够在一定程度上弥合金砖国家在政治、经济和文化等领域的分歧,也能够在很大程度上增强金砖国家凝聚力,强化"金砖共识",为金砖国家的持续团结与合作保驾护航。就金砖峰会团结金砖国家而言,厦门金砖峰会缓和中印局势在其中具有代表性。2017年中印爆发边界冲突,为两国关系蒙上了阴影。随后,厦门金砖峰会召开,为中印两国外交破冰、沟通协商提供了良好的契机。在厦门金砖峰会召开期间,中印搁置边界问题,与其他金砖国家共同探讨多边合作并共谋金砖机制的未来发展,体现了金砖峰会在强化金砖凝聚力方面所发挥的重要作用。

第三,金砖峰会探索新合作模式,提出"金砖+"概念,构建"新工业革命伙伴关系"。金砖峰会的重要成果也体现在为金砖国家探索新的合作模式方面。2017年厦门金砖峰会和2018年约翰内斯堡金砖峰会先后提出"金砖+"和"新工业革命伙伴关系"两种新合作模式,一方面拓宽了金砖合作的广度,为南南合作赋予了新内涵,同时开掘了金砖合作的深度,引领金砖国家深耕新工业革命领域,提升了金砖合作机制的高度。

首先是"金砖+"。"金砖+"指金砖国家进一步加强与其他发展中国家和新兴经济体的联络、互动、对话及合作,通过金砖国家合作更好地体现发展中国家的共同立场和集体意愿。2017金砖厦门峰会提出"金砖+"概念,是近五年金砖峰会最为突出的成果之一。"金砖+"能够扩大金砖国家合作的辐射和受益范围,让更多新兴市场国家和发展中国家利用"金砖"红利获取更大的发展机遇。"+"不仅是成员的增加,更是合作模式的深化,合作前景的开拓,合作水平的升级;"+"也是一种道路,凝聚着创新、协调、绿色、开放、共享的可持续发展理念;"+"更是一种格局,立足金砖,惠及世界。①随着"金砖+"概念不断具体化和落到实处,金砖国家同其他新兴市场国家和发展中国家的合作领域与发展空间被不断拓宽,取得了显著成果,进一步凸

---

① 国纪平:《让合作的蛋糕越做越大 让进步的力量越聚越强——写在习近平主席将主持金砖国家领导人第十四次会晤、全球发展高层对话会并出席金砖国家工商论坛开幕式之际》,《人民日报》,2022年6月18日。

显了扩大金砖朋友圈的重要性。

其次是"新工业革命伙伴关系"。经过前期筹划与酝酿,2018年南非金砖峰会发表《约翰内斯堡宣言》,当中提出建设"金砖国家新工业革命伙伴关系"。新工业革命伙伴关系主要着眼于抓住新一轮科技革命与产业变革发展的时代机遇并应对相关挑战,秉承"开放、包容、合作、共赢"的金砖精神,共同致力于维护发展中国家和新兴经济体发展权益,以建设金砖创新基地为契机,务实推动金砖国家"新工业革命"领域合作,维护以世界贸易组织为基石的多边贸易体制,推动开放创新增长,促进共同实现技术进步、产业转型和经济发展,为世界经济复苏和增长以及全球治理体系改革注入更多来自金砖国家的力量。尤其是2020年和2021年近两届金砖国家新工业合作伙伴关系论坛在厦门举行以及创新基地创建以来,金砖国家新工业合作伙伴关系的构建正在从理论探讨层面进入落地实践层面,有力地推动了金砖国家在以数字经济领衔的新工业革命诸领域的深度合作。

第四,金砖峰会推动建构和完善金砖合作多层级机制。金砖国家合作机制成立以来,合作基础日益夯实,领域逐渐拓展,已经形成以领导人会晤为引领,以安全事务高级代表会议、外长会晤等会议为支撑,在经贸、财金、科技、农业、文化、教育、卫生、智库、友城等数十个领域开展务实合作的多层次架构。依托历届金砖峰会,金砖合作机制进一步完善,分化出不同层级的合作机制,逐步建构出一个更为立体、更为庞大以及更为成熟的金砖合作多层级机制。第一层级包括金砖国家工业部长会议机制、金砖国家通信部长会议机制以及金砖国家财长和行长会议机制等长效机制,该层级具有以政府为主导、高规格、长效性等特征。金砖国家创新基地、金砖国家城市间合作机制等构成了金砖合作机制的第二层级,具有涵盖领域广泛、合作模式多样化等特征。第三层级更为务实,以规模各异的贸易博览会、各类金砖论坛,以及金砖创新大赛等为主要代表。此外,集中于非政府性、非国家层面的交流与合作可被视为金砖合作机制的第四层级,以金砖国家之间的校际合作与交流、民营企业合作与交流以及民间人文交流等为主。

### (二)金砖峰会提升了金砖国家经贸合作水平

经贸合作是金砖国家合作的"压舱石"和"推进器"。近五年金砖峰会在经贸合作等领域先后达成了《金砖国家经贸合作行动纲领》《金砖国家投资便利化合作纲要》等诸多成果。尤其是2020年俄罗斯金砖峰会期间达成的《金砖国家经济伙伴战略2025》,为5年内金砖国家在经贸领域的合作作出了翔实的规划。近五年金砖峰会及其引领下的金砖合作在经济领域成果突出,其中,中国表现突出,凸显了中国对于金砖国家合作机制及金砖国家发展的重要推动作用。

首先,金砖峰会发挥驱动力作用,为金砖国家经济发展指明新方向,规划新路径,并注入新动力。

金砖峰会期间出台的相关经济政策能够在长远意义上促进金砖国家的经济发展。尤其是近五年金砖峰会所提出的以创新驱动发展、构建新工业革命合作伙伴关系等理念和机制在很大程度上为金砖国家提供了经济发展机遇,并在整体上提升了金砖五国在全球范围内的经济实力。这一点可以通过对比金砖国家和七国集团的经济数据来观察。从金砖国家与七国集团占全球生产总值总量变化趋势对比来看,2009—2023年,金砖国家的全球生产总值份额将从16%持续增长至27%,相比而言,七国集团的全球生产总值占比呈持续下降趋势,将从52%降到41%。[①]七国集团的2023年购买力平价国内生产总值全球份额或将降至27%,比金砖国家低8%。[②]

其次,为金砖国家经贸合作创造机遇,促进金砖国家贸易往来。

在金砖峰会的引领下,金砖合作机制有力地提升了金砖国家双边和多边贸易水平。2017—2020年,尽管受到内外部多方面因素影响,金砖国家内部的贸易往来保持在较高水平。以中印贸易为例,2020年中印贸易总额从2019年的928亿美元降至770亿美元,但中国仍超过美国再次成为印

---

① 数据来源:国际货币基金组织、联合国。

② 数据来源:国际货币基金组织、联合国。

度第一大贸易伙伴。与此同时,2020年,印度从中国的进口商品总额达587亿美元,超过其第二和第三大贸易伙伴——美国与阿联酋的进口商品价值总和。

　　2021年随着以中国为代表的国家经济复苏,国际物流逐渐畅通,双边贸易和多边贸易回暖,金砖国家的进出口贸易出现了不同程度的增长。从2021年的相关数据看,金砖国家货物进出口总值为85498.08亿美元,同比增长33.4%,两年平均增长13.2%。[①]其中,中国大陆货物进出口总值为60514.89亿美元,同比增长30.0%,两年平均增长15.0%;印度货物进出口总值为9679.27亿美元,同比增长49.0%,两年平均增长9.3%;巴西货物进出口总值为5155.05亿美元,同比增长37.3%,两年平均增长12.2%;俄罗斯货物进出口总值为7979.52亿美元,同比增长39.3%,两年平均增长8.8%;南非货物进出口总值为2169.35亿美元,同比增长40.2%。[②]

　　再次,开拓金砖国家新贸易渠道,提高金砖国家贸易便利化水平。

　　提高贸易便利化水平能够降低金砖国家贸易成本,提升贸易效率,增加贸易量,发挥贸易潜力,加快双边和多边货物和服务流通。近几年金砖峰会之所以强调贸易便利化问题,原因之一在于此前金砖国家的贸易便利化水平不高。根据达沃斯世界经济论坛公布的贸易促进指数(Enabling Trade Index,ETI)显示,2017年之前,金砖国家的贸易便利化水平整体表现一般,截取2016年数据,仅南非排名相对靠前:全球第55位,其他国家排名相对靠后。2017—2021年,金砖国家的贸易便利化水平由于新冠疫情的爆发和相关的防控措施一度出现下降趋势,但随着贸易自由化等政策的改革,金砖国家的贸易便利化形势正在向好。尤其是在金砖国家领导人第十二次会晤期间,经贸领域取得了一系列丰硕成果,其中就包括开拓金砖国家新贸易渠道,进一步提升贸易便利化水平,促进中小微企业参与国际贸

---

① 数据来源:世界贸易组织。
② 数据来源:世界贸易组织。

易等,并为未来5年金砖国家经贸合作勾勒了路线图。峰会期间,五国代表一致达成共识,要求进一步提升贸易便利化水平,确保关键物资流通,并承诺维护多边贸易体制,就世贸组织必要改革、保持市场开放、维护发展中国家权益等发出金砖声音。

从贸易自由化指数来看,根据《2022年经济自由指数》显示,金砖国家的贸易自由化指数(Trade Freedom Index,TFI)在新兴经济体当中总体表现较好。尽管由于受到疫情影响,2020年后金砖五国的贸易自由化指数均曾波动下降,巴西和俄罗斯的下降趋势较为明显,且持续至今,但中国、印度和南非正在从2021年的低谷阶段反弹,前景向好。

最后,提升金砖国家对外直接投资水平,加强金砖国家吸引外资能力。

由于具有年轻劳动力、自然资源和广大市场等优势,金砖国家对外国投资者而言具有很强的吸引力,而外国直接投资及金砖国家对外直接投资也对金砖国家发展产生了积极影响。2017年以来,历届金砖峰会和金砖合作相关机制致力于提升金砖国家对外投资和吸引外资的能力。第九次金砖国家会晤期间,与会成员达成了《金砖国家投资便利化纲要》;第十二次金砖国家领导人会晤期间达成《金砖国家投资便利化谅解》。根据《金砖国家投资便利化谅解》,各成员将从促进投资合作、提升投资政策透明度、提高投资效率三方面着手,进一步改善营商环境,并加强政策协调,增进监管信息交流与分享。

金砖国家提高投资便利化水平的措施主要有:通过简化和协调国际直接投资的相关程序,降低投资的程序成本,创造协调、透明的投资环境,提高金融服务便利性等。相关措施有力地推动了外国直接投资在金砖国家的增长,且研究显示,外国直接投资对金砖国家的经济增长具有显著的积极影响。①

**（三）金砖峰会推动了金砖国家构建财政金融新体系**

金砖国家合作机制要取得长远发展，离不开金砖国家金融体系的持续改革和创新，以及金砖国家内部金融体系的整合与规范。2017年厦门金砖峰会召开前，金砖国家首次召开了金砖财长和央行行长会议，建立了一项新的长效机制——金砖国家财长和行长会议机制。在该机制引导下，金砖国家正在逐步探索金融机构和金融服务的网格化布局、货币互换与本币结算体系，以及金砖国家新开发银行的持续发展。

一是为金砖国家经济一体化提供金融支撑。金砖国家经济一体化需要新的货币基础设施来支撑。金砖国家面临着建立国际结算机制、扩大和便利本国货币使用的任务，开发多元央行数字货币也是金砖国家一体化进程的必经之路。

央行货币的数字化有助于优化央行货币支付功能，提高央行货币地位和货币政策有效性。2014年，中国开始展开对数字货币（数字人民币）的研究，技术路线和解决方案逐渐成熟，目前全国已有40多个城市对数字人民币进行了多场景的试点，成果显著。2018年以来，包括土耳其、泰国和印度在内的新兴经济体也开始探索数字货币并取得进展。印度提出在2023年推出央行数字货币（CBDC）。从全球范围看，目前已有超过110家中央银行在探索央行数字货币，虽然处于不同的阶段，但各方对央行数字货币在金融主权、金融安全、金融系统稳定等方面的战略意义有高度共识。随着各国对央行数字货币的研究和开发取得进展，金砖国家央行数字货币的开发也进入探索阶段。2022年4月，金砖国家央行数字货币会议召开，着重探讨了金砖国家央行数字货币的建设路径。

① Bashir Ahmad Joo and Sana Shawl, "Examining the FDI‑Growth Nexus in BRICS: Panel Data Evidence," *The Indian Economic Journal*, Volume 68, Issue 4, August 3, 2021, p.1.

二是转变金砖国家单打独斗模式,推进金砖国家金融机构和金融服务网络化布局。金砖国家经济发展需要资金融通、需要金融基础设施互联互通、需要发展普惠金融。2017年厦门金砖峰会期间,金砖国家代表就宏观经济形势和政策、二十国集团财金议程协调,以及务实财金合作等议题进行了讨论,并达成共识,认为应继续在二十国集团框架下加强合作,特别是在国际金融架构、普惠金融和绿色金融领域,并探讨推动金融机构和金融服务网络化布局。

相比传统中心化金融,"去中心化金融"不需要强大的中心化机构作为信任背书,也不需要为这些应用提供资源或技术支撑的松散组织,因此去中心化金融具备极强的市场灵活性,去中心化金融衍生品和相关的交易活动和交易方式也具备很强的创新性和创新能力。近五年的金砖峰会期间,推动金融改革和创新是金砖国家的共识,在诸多金融改革措施中,"去中心化金融"转型是重中之重。

三是加快建设金砖国家货币互换与本币结算体系。2017年厦门金砖峰会就提到,促进金砖国家本币债券市场发展,致力于共同设立金砖国家本币债券基金,作为维护金砖国家融资资本可持续性的一种手段,通过吸引更多外国私人部门参与,促进各国国内和区域债券市场发展并加强金砖国家财政韧性。2018年,印度开始研究同中国在双边贸易中采用人民币与卢比结算的计划,涉及允许部分来自中国的进口货物以人民币结算。近年来,俄罗斯也在加紧寻求通过卢布直接结算实现能源出口的目的。

建立由本币主导的国际支付系统,利用本币进行进出口贸易结算,是当前金砖国家的普遍共识。它要求加快金砖国家银行卡系统一体化建设,并构建金砖国家金融信息交换系统,进而打造金砖国家金融新体系,规避欧美金融体系给金砖国家带来的系统性和结构性风险。

四是金砖国家新开发银行稳定金砖国家币值,构筑金融安全网。2013年第五次金砖国家峰会决定建立金砖国家新开发银行,以简化金砖国家间的相互结算与贷款业务,从而减少对美元和欧元的依赖。经第六次金砖国家峰会发布的《福塔莱萨宣言》，金砖国家新开发银行正式宣布成立，并于2015年开业。相比于传统多边银行，尤其是发达国家主导的多边银行，金砖国家新开发银行的股东国和借款国之间关系平等，股东国尊重借款国的主权，是全球金融治理的新典范，也是世界多边和区域金融机构的重要补充。作为多边开发银行，自建立以来，金砖国家新开发银行总投资额已超过310亿美元，为金砖国家发展提供了有力的信贷支持。2017年以来，金砖国家新开发银行一直致力于制度创新，在股权结构方面，五个创始国家平分股权；在本币投融资方面，探索采用成员国的本币进行融资和投资。不仅如此，金砖国家新开发银行也在积极扩员，力图在考虑地域代表性的基础上吸纳更多来自不同地区的新兴经济体。

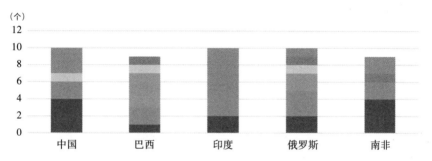

**图4-1　截至2020年新开发银行批准金砖成员国项目类型和数量①**

五是鼓励政府与社会资本合作，助力金砖国家基础设施建设。

政府与社会资本合作模式鼓励金砖国家私营企业、民营资本与政府进行合作，参与公共基础设施的建设。2017年金砖中国年期间，金砖国家财长和央行行长会议通过了《金砖国家政府和社会资本合作良好实践》，并且就政府和社会资本合作达成两项共识：分享合作经验，开展金砖国家政府和社会资本合作框架良好实践；金砖国家成立临时工作组，就通过多种途

---

① 数据来源：金砖国家新开发银行、中诚信国际。

径开展政府和社会资本合作进行技术性讨论,包括如何根据各国经验利用多边开发银行现有资源、探讨成立一个新的政府和社会资本合作项目准备基金的可能性等。随着金砖合作机制的持续发展,《金砖国家政府和社会资本合作良好实践》正在助力并加强金砖各国政府和社会资本合作联动。

### (四)金砖峰会深化了金砖国家科技创新合作

科技创新对经济发展起着至关重要的作用。历届金砖峰会尤其是金砖国家科技创新部长级会议致力于探索金砖国家科技创新合作的长效机制。2019年金砖巴西年期间,曾召开第七届金砖国家科技创新部长级会议,发布《坎皮纳斯宣言》和《金砖国家科技创新工作计划(2019—2022年)》,是金砖峰会在探索科技创新合作领域的代表性成果。

#### 1.推动金砖国家产业转型和升级

随着数字经济时代的到来以及非金砖国家新兴经济体的快速发展,金砖国家传统优势产业既面临着内部的转型压力,也面临来自其他新兴经济体的强势竞争。在此背景下,如何推动金砖国家的产业转型和升级成为近五年金砖峰会的重要议题之一。2021年,第五届金砖国家工业部长会议召开,其间达成的《第五届金砖国家工业部长会议联合宣言》中提到,中国政府出台了一系列政策措施,加快提升产业创新能力,着力提升产业链、供应链现代化水平,大力推进产业数字化、数字产业化,产业结构持续优化升级。金砖国家应坚持互利共赢,共同维护全球供应链安全稳定,通畅产业链、供应链、创新链、人才链的国际循环,构筑互利共赢的金砖国家产业链、供应链利益共同体。坚持共建共享,携手构建有利发展环境,发挥金砖各国协同效应和互补优势,推动技术、标准、产品在金砖国家广泛顺畅流通,共同营造良好的发展生态。

#### 2.加强金砖国家科技创新合作

金砖国家的总体科技水平落后于发达国家。提升科技水平,通过科技创新引领经济发展,将创新变为现实是金砖国家的重要诉求。以巴西和印度为例,早在2004年,巴西全国工业联盟即发起"产业创新号召",并于

2008年设立创新创业动员中心。同时，巴西政府制定了包括为公司研究项目提供补助金在内的众多财政税收激励措施，鼓励科技创新。同样，印度政府也推出多项推动创新的重要举措，如"启动印度"倡议、"加速新印度创新的增长"、Atal Tinkering实验室、"智慧城市使命"、"更高发明计划"等。

借助数字革命的兴起，在金砖合作机制的推动下，金砖国家在积极探讨应用数字化和新兴技术在用电、用水、交通、供暖和住房等科技领域合作发展，让科技合作更好惠及金砖五国以及其他新兴经济体。2021年11月26日，第九届金砖国家科技与创新部长级会议召开，并通过《金砖国家创新合作行动计划（2021—2024年）》。金砖五国共同表示，希望通过一系列侧重于技术转让、技术园区网络和培育创新环境的行动，扩大金砖国家之间的合作。

3.提升金砖国家综合创新竞争力

金砖峰会对科技创新的强调以及相关会议达成的共识在政策层面有力地引导了金砖五国对科技创新的投入。金砖五国在创新投入和产出方面存在差异，在金砖合作机制推动下，中国、俄罗斯、印度、南非和巴西在不同程度上加大了对创新的投入，取得明显成效，金砖五国的创新指数全部高于全球中位数。不仅如此，在全球排名以及不同等级的收入排名中，金砖五国的排名也有所提升。

表4-1　2020年金砖国家创新指数排名[①]

| 国家/经济体 | 得分(1~100) | 全球排名 | 收入水平 | 排名 |
| --- | --- | --- | --- | --- |
| 中国 | 53.28 | 14 | 中等偏上 | 1 |
| 俄罗斯 | 35.63 | 47 | 中等偏上 | 6 |
| 印度 | 35.59 | 48 | 中等偏下 | 3 |
| 南非 | 32.67 | 60 | 中等偏上 | 14 |
| 巴西 | 31.94 | 62 | 中等偏上 | 16 |

注：创新指数得分全球中位数为30.94。

① 数据来源：根据《2020年全球创新指数》整理。

在金砖五国创新指数评估对比中,中国表现最为亮眼。2020年,中国和俄罗斯进入全球创新指数排名中等偏上收入经济体的前十位,印度进入全球创新指数排名中等偏下收入经济体的前十位。巴西表现相对一般,其经济多样化但发展不平衡,面临很多教育、卫生等社会问题,科技创新往往被认为是次要问题,存在明显的短板。

表4-2　2020年金砖国家创新指数主要支柱的全球排名

| 国家/经济体 | 全球创新指数<br>(GII)总排名 | 制度 | 基础设施 | 市场成熟度 | 商业成熟度 | 知识和技术产出 | 创意产出 |
|---|---|---|---|---|---|---|---|
| 中国 | 14 | 62 | 36 | 19 | 15 | 7 | 12 |
| 俄罗斯 | 47 | 71 | 60 | 55 | 42 | 50 | 60 |
| 印度 | 48 | 61 | 75 | 31 | 55 | 27 | 64 |
| 南非 | 60 | 55 | 79 | 15 | 50 | 62 | 70 |
| 巴西 | 62 | 82 | 61 | 91 | 35 | 56 | 77 |

资料来源:根据《2020年全球创新指数》整理。

从综合创新竞争力来看,从2001年到2018年,中国的创新指数从0.28提高到0.44。在创新投入竞争力方面,中国的研发人员规模在金砖国家中排名第一,研发支出总额较高,企业研发投资比例较大,印度、俄罗斯、南非在此方面仍有提升空间;在创新产出方面,中国在专利数量、发表科技论文方面表现突出,俄罗斯在科学论文数量和高科技产品出口方面排名靠前;在创新持续竞争力方面,中国在教育支出、公共教育支出及科技人员数量增长方面表现较好。从历年创新竞争力的变化来看,尽管金砖五国创新竞争力参差不齐,但都在不同程度上有所增长,平均增长11.3%。

**(五)金砖峰会促进了金砖国家人文交流**

金砖国家合作机制创立以来,合作领域逐渐拓展,形成了政治安全、经贸财金、人文交流等多向度的合作架构。尽管金砖国家地理相隔遥远,文化缤纷多样,但随着多边人文交流的广泛开展,金砖国家人文交流和包容互鉴为金砖合作机制发挥着越来越突出的建设性作用。习近平主席在金砖国家领导人第九次会晤大范围会议上曾提到:"国之交在于民相亲,只有深耕厚植,友谊和合作之树才能枝繁叶茂。加强我们五国人文交流,让伙伴关系理念扎根人民心中,是一项值得长期投入的工作。这项工作做好了,将使金砖合作永葆活力。"2017年金砖中国年期间,中国首次召开金砖国家运动会,金砖五国首次联合拍摄电影,并首次举办金砖国家文化节。此后,历届金砖峰会都在探索金砖国家人文交流的新发展,为金砖国家人文交流增添色彩。

### 二、2022年金砖峰会与金砖中国年:守成与开新

伴随着中国经济结构性放缓、美国金融紧缩、粮食和能源危机等诸多问题,金砖国家合作机制迎来金砖中国年。2022年6月23—24日,金砖国家领导人以"云会晤"的方式举行了第十四次峰会,携手构建更加全面、紧密、务实和包容的高质量伙伴关系,共同开启金砖合作新征程。习近平主席在会晤中提到,坚持和衷共济,维护世界和平与安宁;坚持合作发展,共同应对风险和挑战;坚持开拓创新,激发合作潜能和活力;坚持开放包容,凝聚集体智慧和力量。2022年金砖峰会期间,金砖五国围绕政治安全、经贸、金融、疫情、全球治理、可持续发展等众多议题展开探讨。在金砖峰会引领下,金砖合作机制继往开来,推动金砖国家继续落实并深化前期合作成果,开拓新合作空间,挖掘新合作增长点,并在金砖机制框架下就相关国际性风险和危机商讨应对之策。

（一）落实与深化前期合作成果

2022年金砖峰会主题为"构建高质量伙伴关系,共创全球发展新时代",出发点和落脚点是发展。发展是解决一切问题的总钥匙。2021年习近平主席在金砖国家第十三次会晤上提出全球发展倡议,指出无论是消除疫情影响、重回生活正轨,还是平息冲突动乱,根本上都要靠发展。在2022年金砖会晤期间举行的全球发展高层对话会上,习近平主席进一步强调,要凝聚促进发展的国际共识,共同构建全球发展伙伴关系。2022年金砖峰会达成的相关成果不仅能够促进金砖合作机制的转型和完善,实现

由经济领域合作向政治安全领域外溢,由经济投资概念向全方位协调机制转变,也将推动金砖国家在经济贸易、科技创新等领域的持续发展。

1.落实国际政治安全合作,抵御单边主义、霸权主义和强权政治

在安全领域,金砖国家不是一个寻求与西方发达国家对抗的国际机制,而是一个充分代表发展中国家利益,寻求与发达国家实现更有效合作的机制,①目标是为维护世界和平、促进共同发展做出更大贡献。自2009年首届金砖国家峰会以来,历届金砖峰会都在不同程度上强调加强政治安全合作的重要性,并指出,营造和平稳定的安全环境,应以维护世界和平、促进共同发展为目标,以维护公平正义、推动互利共赢为宗旨,以国际法和公认的国际关系基本准则为基础,倡导并践行多边主义;要维护联合国宪章宗旨和原则,维护以联合国为核心的国际体系,反对霸权主义和强权政治,建设性参与地缘政治热点问题解决进程;密切战略沟通和协作,发出金砖共同声音,推动国际秩序朝着更加公正合理的方向发展。

全球公共卫生秩序被破坏的同时,国际形势中不确定不稳定因素持续上升,保护主义、单边主义抬头,对各国主权、安全构成威胁。落实国际政治安全合作要求金砖国家继续本着战略伙伴关系精神,加强沟通协作,维护联合国宪章宗旨和原则,维护以国际法为基础的国际秩序,维护公平、透明、开放的多边贸易体制,捍卫新兴市场国家和发展中国家共同利益。与此同时,应支持各国自主选择发展道路,相互尊重主权,反对外来干涉,维护各自国家的主权、安全、发展利益,致力于通过对话解决争端,寻求普遍安全的公约数,为维护国际战略安全稳定发挥更大作用。

2022年4月,习近平主席在博鳌亚洲论坛年会开幕式上发表题为"携手迎接挑战,合作开创未来"的主旨演讲,首次提出全球安全倡议。2022年金砖峰会期间,中方提出愿同金砖伙伴一道,推动全球安全倡议落地见

---

① 王帆:《金砖国家机制将推动全球变革》,中国社会科学网,http://whis.cssn.cn/jjx/xk/jjx_lljjx/sjjjygjjjx/201610/t20161017_3237993.shtml。

效,坚持共同、综合、合作、可持续的安全观,走出一条对话而不对抗、结伴而不结盟、共赢而非零和的新型安全之路,为世界注入稳定性和正能量。全球安全倡议是自"一带一路"倡议和全球发展倡议后中国向世界提供的又一重要全球公共产品。全球安全倡议是人类命运共同体理念在安全领域的生动实践,为推进全球安全治理、应对国际安全挑战贡献了中国智慧,对维护世界和平与发展具有极其重要的现实意义。[①]

2.深化经贸合作,应对全球经济增长放缓

金砖合作机制创建以来,金砖国家间经贸合作不断扩大规模,走深走实,取得丰硕成果。从中国数据上看,仅2022年前5个月,中国与俄罗斯、巴西、印度、南非四个金砖国家双边进出口就同比增长12.1%。金砖国家经贸合作潜力值得继续开发。截至2022年底,金砖国家贸易额占全球约20%,但相互之间的贸易只占各自对外贸易总和的6%,尚有较大提升空间。2022年6月10日,金砖国家第十二次经贸部长会议召开,就加强数字经济、贸易投资与可持续发展、供应链以及多边贸易体制等领域合作达成了共识。会议还达成《金砖国家贸易投资与可持续发展倡议》,聚焦营造良好贸易投资环境、提升能力建设等提出十余项合作举措,明确反对以应对气候变化等为理由设置贸易壁垒,规划了绿色、可持续发展路径。

2020年以来,全球经济遭到冲击。国际社会普遍认为,在得不到有效缓和的情况下,各种负面影响或将持续到2023年至2024年。同时,全球经济复苏面临着巨大的地缘政治压力。全球经济增长速度放缓,使得全球不同规模的经济体由于诸多不确定性因素而变得更加脆弱,尤其是新兴经济体。根据国际货币基金组织预测,2022年世界经济将萎缩4.4%,新兴市场国家和发展中国家将经历60年来首次负增长。金砖五国经济发展前景总

---

① 徐步、陈文兵:《全球安全倡议为维护世界和平安宁指明方向》,新时代中国外交思想库,https://weibo.com/ttarticle/p/show?id=2309404772408874894810&sudaref=www.baidu.com。

体上同样不容乐观。根据IMF的最新预期,金砖五国未来两年的经济增速将进一步趋缓,在绝对增速上,仅印度和中国保有一定优势,而俄罗斯经济增速将因地区发展问题持续呈负增长趋势。

表4-3　国际货币基金组织对金砖国家经济增长预测(单位:%)

| 国家 | 2021年(估算) | 2022年(预测) | 2023年(预测) |
|---|---|---|---|
| 中国 | 8.1 | 4.4 | 5.1 |
| 俄罗斯 | 4.7 | −8.5 | −2.3 |
| 印度 | 8.9 | 8.2 | 6.9 |
| 巴西 | 4.6 | 0.8 | 1.4 |
| 南非 | 4.9 | 1.9 | 1.4 |

面对经济增长放缓,金砖国家努力采取更多便利化措施,扩大双边和多边贸易和投资,在科技创新、数字经济、能源、金融、互联互通、生物多样性保护等领域加强交流与合作,加快经济复苏。与此同时,金砖国家也在通过财政措施进一步提高社会保障力度,促进经济向消费和服务业再平衡,以期实现经济模式向高质量增长转型,构建金砖国家高质量伙伴关系。

**3.巩固金融合作,降低金砖国家金融体系脆弱性,构筑金砖国家金融安全网**

当前国际融资环境有所收紧,全球经济风险持续上升。大宗商品价格飙升使得众多国家央行面临艰难的权衡取舍。很多新兴市场和前沿市场的处境尤其艰难,由于金融脆弱性保持高位,金砖国家央行都意识到需要果断行动,防止高通胀长期持续,解决金融脆弱性问题,同时避免损害复苏。为寻求解决相关财金问题,2022年4月8日,首次金砖国家财长和央行行长会议通过线上方式举行,会议主题为"构建高质量伙伴关系,共创全球发展新时代"。会议期间,金砖五国就宏观经济形势和政策协调、新开发银行、基础设施投资、金砖财金智库网络等议题进行了讨论,为金砖国家未来一年在财金领域合作指明了方向。

为降低跨境支付成本,提高跨境支付效率,金砖国家致力于整合银行支付体系,打造更为便捷、高效和安全的支付平台。欧美国家对俄的制裁措施,使其与全球金融体系的联系几乎被切断。国际银行支付卡维萨(Visa)和万事达(Master)于2022年3月初暂停了在俄罗斯的业务,俄罗斯大型银行也无法访问环球银行间金融通信协会(SWIFT)系统。欧美国家对俄制裁不仅恶化了俄罗斯的金融环境,也正在破坏以美元为基础的国际货币金融系统的根基,这要求金砖国家进一步加快推进以下方面的工作:利用本币进行进出口贸易结算;支付系统和银行卡体系一体化;打造自己的金融信息交换系统;建立金砖国家所属的独立评级机构。然而金砖国家在打造一体化银行支付体系方面仍处在起步和摸索阶段,尤其是当前金砖国家的金融脆弱性较高,建立可靠的金融信息交换系统并打造金砖国家所属的独立评级机构仍然任重而道远。

**(二) 拓展金砖国家新合作领域,开发金砖合作新"增长点"**

在金砖合作机制框架下,金砖国家不断加强传统合作,巩固现有成果,也在调整和完善以数据和科技行业为重点的政策结构,推动传统经济结构向数字和科技经济转型,并加强在农业农村、生物医药、数字经济和绿色经济等领域的合作力度,拓展合作广度,寻找新"增长点",构建"高质量伙伴关系"。

**1.深耕科技创新合作,提升核心竞争力**

科技创新是金砖合作机制的关注重点,拓宽科技创新领域,寻找新增长点,创新科技合作模式,能够为金砖合作机制注入更多活力。面对全球经济增速放缓、国际政治动荡和不确定性的增加,坚持以科技创新推动发展也是应对和解决诸多经济社会问题的必要路径。通过科技创新合作项目、科技创新合作基地和科技人文交流,金砖国家不断拓展双边与多边科技创新合作,成效显著。2017—2020年,中国政府支持与金砖国家其他四国双边科技创新合作项目近300项,投入经费超过15亿元,项目数量和经费额度呈逐年上升趋势。金砖国家双边科技创新合作主要集中在材料、工程、信息、生命科学等领域。截至2021年,中国与金砖国家共建相关科技合作基地数量超过200个,涉及生命科学、先进制造、信息技术、材料科学、地球科学、能源环境等众多领域。在现有科技合作基础上,金砖国家继续探索新合作领域,提升核心科技实力,加快跻身全球价值链上游的步伐。

**2. 把握数字经济发展机遇,推动大数据和人工智能的开发与应用**

数字革命领衔新工业革命,引领信息时代的经济社会发展。2022年金砖会晤期间,习近平主席提到:"谁能把握大数据、人工智能等新经济发展机遇,谁就把准了时代脉搏。"为把握数字经济发展机遇,金砖国家不断加大投资力度,推动本国大数据和人工智能的开发与应用,并在金砖合作机制下围绕数字科技、数字人才等方面展开务实合作。数据显示,2017—2021年,中国数字经济规模从27万亿增长到超45万亿,居世界第二,年复合增长率达13.6%。数字经济在国内生产总值中所占的比重从33%升到39.8%,中国成为世界第二大数字经济体和潜力巨大的数字贸易体。[1]与此同时,中国也开始全面推进加入《数字经济伙伴关系协定》(DEPA)谈判。

为发挥数字经济推动全球经济复苏的重要作用,中国鼓励金砖国家数字化创新,推动构建数字经济共同体。2022年金砖国家第十二次经贸部长会议达成了《金砖国家数字经济伙伴关系框架》,提出了提高港口数字化水平、鼓励数字基础设施投资、提升中小微企业能力等诸多合作举措,为深化和拓展金砖国家数字经济伙伴关系规划了合作方向,开启了金砖国家数字经济合作的新进程。2022年9月7日,2022金砖国家新工业革命伙伴关系论坛在厦门举行,成立了金砖创新基地产业创新联盟,为金砖国家继续深入开展第五代移动通信技术、工业互联网、大数据、人工智能等领域的合作提供了更为优质的平台。与此同时,北京大学中俄数学中心厦门基地、清华大学俄罗斯研究院厦门中心、Kraftway(俄罗斯IT企业卡夫威)中俄合作项目、埃航"中国—巴西"货运航线项目、象屿股份及工商银行钢材出口巴西合作项目等29个项目顺利签约,涵盖金砖能力建设、产业合作、基金

---

① 《深化合作,共建数字经济共同体》,东南网,https://baijiahao.baidu.com/s?id=1743631660506334513&wfr=spider&for=pc。

等众多领域。[1]

**3.开拓农业农村发展合作领域,促进金砖国家农业农村可持续发展**

农业农村工作是2022年金砖中国年的重要议题之一。伴随着全球范围内粮食危机愈演愈烈,大宗商品通货膨胀居高不下,中方今年将减贫和粮食安全作为办会重点之一,探讨成立金砖国家农村发展工作组,促进金砖五国农业农村可持续发展。2022年6月8日,第十二届金砖国家农业部长会议召开。会议以"深化金砖合作,促进农业农村协同发展"为主题,重点围绕全球粮食安全、减贫等领域,就进一步深化农业农村领域务实合作进行深入交流。会议成立了金砖国家农业农村发展论坛,并通过了《第十二届金砖国家农业部长共同宣言》。针对全球粮食安全问题,中国倡议,聚焦粮食安全和减贫,在农业生产、技术创新、小农户发展、农村建设等方面加强知识分享、技术交流,深化农业务实合作,为全球粮食安全做出"金砖贡献";坚决维护以世贸组织规则为基础的多边贸易体制,增强农业贸易政策协同,在金砖国家内部探索构建长期稳定的供需对接机制,推进农产品、农业投入品等大宗商品顺畅流通,为后疫情时代经济复苏提供"金砖动能";广泛拓展伙伴关系,在金砖机制下加强与发展中国家和有关国际组织的多双边农业合作,为全球粮农治理提供"金砖方案"。[2]

2022年金砖峰会对农业农村发展合作的强调为金砖国家深入开展农业农村合作指明了方向。但由于农业农村合作领域广泛,涉及现代种养业、农产品加工流通业、农业农村绿色发展、农业科技创新、农业农村基础设施建设、数字乡村和智慧农业建设、农业对外合作等众多产业和领域,如何有的放矢,高效调动资源提升合作成效,还需要金砖国家继续加强沟通和协调,共同推进金砖国家农业农村可持续发展。

---

① 《金砖国家新工业革命合作再上新台阶》,《中国电子报》,https://baijiahao.baidu.com/s?id=1743449620417767427&wfr=spider&for=pc。

② 侯雪静、于文静:《金砖国家携手促进农业农村协同发展》,中华人民共和国农业农村部,http://www.moa.gov.cn/ztzl/ymksn/xhsbd/202206/t20220610_6402103.htm。

**4.开展消除贫困合作,降低金砖国家贫困率**

绝对贫困和相对贫困问题长期困扰金砖国家,在贫困人口比例较高的印度和巴西问题尤其突出。2017年以来,巴西、印度和南非在消除贫困方面取得了有目共睹的成就,更引人瞩目的是,在中国特色减贫道路和中国特色反贫困理论的支撑下,中国脱贫攻坚战取得胜利,完成了消除绝对贫困的艰巨任务。中国的脱贫攻坚战不仅对金砖国家产生了示范效应,中国坚持以人民为中心、坚持精准扶贫方略、坚持调动广大贫困群众积极性主动性创造性等消除贫困的相关经验也影响到其他国家,助力发展中国家和不发达国家实现消除贫困和零饥饿的目标。

然而近年来,包括金砖国家在内的不少国家出现非贫困人口陷入贫困、已脱贫人口再度返贫等现象。以巴西为例,数据显示,该国贫困率在2018年后持续下降,但这一趋势在2021年被逆转,上升到15.7%左右。[①]围绕消除贫困开展合作,通过探讨就业和社会保障措施,加快减贫步伐,缩小收入差距,不仅可以帮助金砖国家解决"因疫致贫、因疫返贫"的问题,也能够更好地维护金砖合作机制的稳定性。

**5.推动绿色经济转型,实现绿色、低碳、包容的高质量增长**

全球经济增速趋缓,推动经济转型势在必行。2022年金砖峰会期间,金砖国家围绕可持续发展问题展开深入探讨,并表示将努力落实全球发展倡议,加强应对气候变化合作,开展清洁能源、低碳技术、可持续及适应气候变化等领域的信息交流与合作。会议期间,中方发起并推动了《金砖国家贸易投资与可持续发展倡议》的出台,同时举办绿色投资专题论坛等活动,发布"金砖国家可持续发展数据产品",并计划围绕科技创新领域开展一批旗舰型联合研究项目,旨在切实推动金砖国家向绿色经济转型,实现可持续发展目标。

向绿色、低碳和包容的高质量增长转型需要从绿色生产领域入手,中

---

① 数据来源:世界银行,https://www.worldbank.org/en/country/brazil/overview。

国《能源技术创新"十三五"规划》(2017)提到,绿色生产领域应重点关注核能、氢能、天然气、可燃冰等清洁高效能源和太阳能、风能、生物能等绿色可再生能源。向绿色经济转型需要金砖国家紧密合作,坚定落实联合国2030年可持续发展议程,实现经济、社会、环境各领域协同发展。

6.筑牢金砖国家数字经济安全基础,为数字金砖保驾护航

建设数字经济和打造"数字金砖"被越来越多地纳入议事日程是近年来金砖峰会的总体趋势之一,金砖五国都希望能够在这一新兴议题上拥有话语权和优先议程设置权。打造数字金砖要求筑牢数字经济安全基础,然而据迈克菲(McAfee)安全公司的研究显示,最严重的网络犯罪多发生在金砖国家,该公司甚至认为金砖国家是网络犯罪最大的受害者。[1]这种情况的主要原因在于金砖国家的网络渗透率较高,但网络安全措施和相关意识尚不到位。

数字经济要行稳致远,须解决网络安全问题,打牢数字经济安全基础。在2022年金砖峰会的相关议题中,数字经济安全问题得到了应有的重视,金砖国家强调筑牢数字经济安全基础,强化数字经济安全体系,保障数字金砖平稳有序发展。2022年9月金砖国家数字经济对话会提到,金砖国家数字经济发展放大了网络安全威胁的影响,"零事故"应该成为数字化经济保障安全体系建设新标准。金砖国家可持续发展高层论坛也指出,没有数据安全的保障,就没有数字文明的未来,就没有数字经济的健康发展。金砖国家应建立数据安全的合作框架,开展深度交流,确定数字安全的规则,探讨建立互信机制,携手应对数据安全威胁。[2]

(三)商讨国际变局和危机,应对风险与挑战

在百年未有之大变局下,世界格局中不确定、不可控因素增多,单边主义、经济脱钩、"逆全球化"等问题和趋势威胁着全球合作和金砖机制的发

---

[1] 蔡翠红:《"数字金砖"的机遇与挑战》,《国际观察》2017年第1期。

[2] http://static.nfapp.southcn.com/content/202207/06/c6658925.html。

展。应对外部环境变化是金砖成员国面临的共同挑战,2022年金砖峰会期间,金砖五国就粮食安全、能源危机、供应链重构、后疫情时代的经济复苏以及防范经济脱钩等重要问题展开了探讨,共同协商应对风险和挑战,危中寻机、困中破局。

**1. 应对粮食危机,维护全球粮食安全**

金砖国家是新兴市场和发展中大国,粮食总产量占全球总产量近40%。[①]2020年以来,国际物流因疫情受阻,大宗商品遭遇出口难问题,粮食价格高企,恐慌情绪使得一些国家出现囤油、囤粮行为,进一步加剧粮食和大宗农产品全球流通不畅,导致通胀持续走高。近年来,全球粮食危机愈演愈烈。面对这一重大危机,2022年6月17日,世界贸易组织时隔4年半再度召开部长级会议,就"应对令人担忧的粮食危机达成共识",以期通过加强以世界贸易组织为中心的多边贸易体制缓解全球粮食危机。

针对全球粮食安全这一紧迫性问题,第十二届金砖国家农业部长会议审议通过了《金砖国家粮食安全合作战略》,提议金砖国家在数字农业、农业科技、农业机械装备、农业贸易与投资、农业研究等13个领域开展合作,努力保障农业生产的可持续性,农业投入品(种子、化肥和植保产品)与农产品顺畅供应和流通,以及价值链、物流链平稳运行,并加强互利合作交流,[②]旨在为全球粮食安全贡献金砖力量。

**2. 应对能源危机,推动能源结构优化**

能源是重要战略资源,深刻影响社会经济的发展。金砖国家能源生产和消费占世界三分之一以上。能源储量、产业优势的差异为金砖国家能源合作提供了广泛的空间,加强金砖国家能源科技合作,推动金砖国家能源优势互补,深化金砖国家间能源合作机制是保障金砖国家能源安全的重要

---

① 《金砖国家粮食安全合作战略》,http://brics2022.mfa.gov.cn/chn/hywj/gzybzhycg-wj/202207/t20220707_10716695.html。

② 《金砖国家粮食安全合作战略》,http://brics2022.mfa.gov.cn/chn/hywj/gzybzhycg-wj/202207/t20220707_10716695.html。

途径。

一段时间以来，金砖国家作为新兴经济体，始终面临着能源需求增长和绿色经济转型的双重压力，优化能源结构、开发可再生能源势在必行。天然气断供、能源价格高企等问题不断出现。在全球面临能源危机的背景下，2022年6月21日，第一届金砖国家能源合作论坛在北京召开，论坛以"深化金砖能源合作，助力绿色转型发展"为主题，并发布了《后疫情时代为金砖国家可持续发展贡献能源力量》倡议书，从"维护能源市场稳定、消除能源贫困、能源产业链合作和自主减排"四个方面提出十项共同行动，为金砖国家在能源危机背景下开展能源领域合作提供了新思路和新方法。

### 3.保障国际物流通畅，重构供应链

近年来国际物流的不稳定性增强，粮食危机又放大了国际物流不畅问题，包括大宗商品在内的国际贸易受阻。面对供应链的不确定性和断裂风险，金砖国家加强对话和沟通，积极探索政策方法，重构供应商、制造商、分销商和用户之间的连接，缓解供应链危机，保障双边和多边贸易，巩固金砖国家经贸合作成果。2022年金砖峰会核准了《金砖国家加强供应链合作倡议》，强调不能人为干扰产业链和供应链稳定，金砖国家要共同努力维护产业链和供应链安全畅通，该倡议为金砖国家在供应链合作方面指明了新的方向。

海关在保障国际物流通畅和供应链完整方面扮演着重要角色。2013年，金砖五国共同缔造了金砖国家海关合作机制。这一机制加强了金砖国家海关能力建设和海关执法等领域的合作，强化了金砖国家海关执法合作网络，在给金砖国家间经贸合作提供便利的同时也筑起了打击走私的金砖海关防线。2022年6月7日，金砖国家海关署长会议举行，五国海关署长或授权代表表示将携手深化智能化合作，促进构建金砖国家海关高质量伙伴关系。会议通过了《金砖国家海关署长会议成果文件》，同时各方同意全力推动在2022年完成《金砖国家政府间关于海关事务的合作与行政互助协定》的签署，为金砖国家物流畅通、供应链稳定提供更多制度保障。

### 4.防范经济脱钩,抵御地缘经济分裂风险

近年来,供应链受阻、物流成本上涨、经济增速放缓等催生了激进的贸易保护主义,国家间中断经济联系的现象屡有发生,加剧了世界范围内的经济恐慌。面对一系列国际危机问题,不少西方国家唱衰经济全球化,甚至预言全球化将终结,部分国家之间在外交和经济领域加速脱钩。地缘经济分裂的风险日益提高,经济一体化进程受阻,危害经济基础相对薄弱的发展中国家和不发达国家。

金砖国家是经济全球化和一体化进程中的活跃经济体,地缘经济分裂不仅冲击金砖国家外循环,也会加剧金砖国家内部的产能过剩、通货膨胀、失业等社会问题,恶化低收入人口、贫困人口和其他弱势群体的生存环境。抵御地缘经济分裂风险,防范新兴经济体与发达经济体,以及新兴经济体之间的经济脱钩,要求金砖国家共商共计,协同应对,凝聚全球发展共识,共同维护多边贸易体系、经济一体化和经济全球化。

## 三、金砖中国年金砖创新基地建设:机遇和前景

2020年11月金砖国家新工业革命合作伙伴创新基地在厦门落地,基地致力于深入推进金砖国家新工业革命伙伴关系,在贸易和投资、数字经济、互联互通等领域深化合作,助力金砖国家实现高质量发展。金砖峰会发挥着指引金砖合作未来发展的"风向标"作用,金砖中国年也为厦门金砖国家新工业革命合作伙伴创新基地建设带来良好机遇。2022年金砖峰会聚焦推动实现后疫情时代经济复苏与落实2030年可持续发展目标等重大议题。在此背景下,金砖创新基地围绕数字经济、绿色经济等经济新业态以及能源安全、粮食安全等安全关切开展政策协调、项目开发与人才培养工作,能够进一步提升创新基地建设水平,助力构建金砖国家高质量伙伴关系。

（一）政策协调

1.协调不同主体间关系,推动政策制定精细化、差别化与多样化

围绕金砖国家新工业革命领域合作,协调各级政府、高校、企业、非政府组织等多方主体之间关系,有效转变和发挥金砖创新基地职能,加强横向协调,改善不同主体间关系互动的碎片化状态。在考虑不同主体之间差异和特点基础上,将各项政策精细化、差别化、多样化,以期各方在最佳配合方案下实现政策目标,推进金砖创新基地和金砖国家合作机制的发展。

2022金砖中国年共举办160多场会议和活动,其中多项涉及金砖国家新工业革命伙伴关系的活动由厦门金砖创新基地承办或协办,包括:金砖国家工业互联网与数字制造发展论坛、第六届金砖国家工业部长会议、第八届金砖国家通信部长会议、数字金砖论坛、金砖国家未来网络创新论坛、金砖国家新工业革命伙伴关系论坛、金砖国家工业创新大赛,等等。相关活动既是金砖创新基地建设的重要舞台,也是金砖创新基地促进政府、市场和社会之间在金砖合作领域协调发展的重要平台。

2.立足厦门,发挥厦门创新基地建设主体作用,深度挖掘和协调厦门市政府资源

近年来,厦门产业竞争优势不断增强,并正在加快构建"4个支柱产业集群+4个战略性新兴产业+6个未来产业"的现代产业体系,推进产业转型升级,不断打造发展竞争新优势。在厦门市发展规划的框架下,协同相关部门建设一批对新工业革命相关产业有重大支撑作用的新型基础设施和公共服务平台,助力传统产业向数字经济和绿色经济转型与发展。同时,在立足厦门的前提下,加强与周边城市之间的互动,促进资源优势互补,实现城市间共享共建共进的同时助力金砖创新基地建设。

当前,世界经济增长动能仍呈减弱趋势,国际形势持续复杂严峻,全球发展面临众多阻碍,保障国际物流畅通显得尤为重要。厦门作为传统优良港,海陆空交通便利,跨境贸易具有相当规模。当前国际物流受阻,效率下降等问题对搭建新物联平台,构建新物联网,恢复国际物流水平提出了更

高要求。一方面,金砖创新基地可依托厦门供应链和跨境物流龙头企业,围绕金砖国家跨境贸易开展政企合作,共建面向金砖国家的跨境贸易公共服务网络平台,解决跨境物流信息不对称、服务不到位问题,提升金砖国家双边和多边贸易水平。另一方面,协调推动厦门航空、中欧班列与金砖国家企业建立合作关系,保障后疫情时代厦门与金砖国家间海陆空线路畅通,将厦门打造成为"金砖交通枢纽",有利于促进金砖国家间的贸易和人员更为频繁的往来,进一步提升贸易便利化水平,助力厦门与金砖国家间的贸易发展。

2022年金砖国家海关署长会议提到,将携手深化智能化合作,促进构建金砖国家海关高质量伙伴关系。会议还通过了《金砖国家海关署长会议成果文件》,决定于2022年10月在金砖国家海关培训中心(厦门)召开海关能力建设战略研讨会。金砖创新基地通过协调资源,依托中国海关厦门教育培训基地、俄罗斯海关学院、印度海关间接税和毒品学院等金砖国家海关培训中心,深入开展海关能力建设合作,并与厦门海关和相关部门协同打造智能化海关和"数字海关",降低跨境物流成本,提升跨境物流效率,不仅有利于厦门与金砖国家之间跨境电商的发展,也能够推进金砖国家在经贸领域的合作。

**3.背靠福建,争取更多上级政策资源和支持,形成金砖创新基地建设合力**

福建省与金砖国家在经贸、金融等领域有着十分密切的合作,一段时间以来,双边投资额保持高速增长,合作项目不断增多。据统计,截至2021年底,巴西在福建省投资项目共25个,福建省在巴西投资项目13个。俄罗斯在福建省投资项目67个,福建省在俄罗斯投资项目22个。印度是福建省在南亚区域的第一大贸易伙伴。截至2021年底,印度在福建省共投资72个项目。南非是福建在非洲的第一大贸易伙伴、第二大出口市场和第一大进口来源国。截至2021年底,南非在福建共投资38个项目。①福建与金砖国家诸多合作项目是福建省积极参与金砖合作机制所取得的丰硕成果,也能够为厦门金砖创新基地建设创造更多合作机会。

在促进文明互学互鉴和共建"一带一路"的背景下,福建省的对外开放力度不断扩大,友城交流不断拓展,已与46个国家建立了120对省市友好城市关系。福建在进一步扩大"朋友圈"的同时也在深化项目合作、完善机制保障,持续推进厦门金砖创新基地智库合作联盟、金砖新工业能力提升培训基地联盟建设,为金砖合作提供有力的机制支持。

4.面向金砖,让自身优势资源"走出去",把金砖优势资源"请进来",借助金砖间政策协调实现资源优势互补

金砖国家所拥有的资源和所具有的优势不尽相同,巴西的农业技术、印度的软件产业、南非和俄罗斯的矿业和能源技术、中国在数字经济上的优势地位彰显了金砖国家存在利益交集和长期合作共赢的空间。中国与其他金砖国家双边贸易互补性较强,从2022年1—5月金砖国家进出口数据看,机电产品和劳动密集型产品约占中国对其他金砖国家出口总值的69.7%,能源产品、农产品、金属矿及矿砂约占中国自其他金砖国家进口总值的76.3%。②

2017年厦门金砖峰会召开以来,厦门与金砖国家间的贸易往来不绝,合作不断深化,尤其是从事跨境电商的中小微企业有力地推动了厦门与金砖国家间的经贸合作,优质的中国制造、中国智造走出国门,走进金砖,走向世界。为促进金砖国家优质产品对华出口,2022年,厦门跨境电商产业

---

① 厦门自贸区商会,https://mp.weixin.qq.com/s?__biz=MzIwOTE3NzEwOQ==&mid=2651548858&idx=2&sn=567c03fb5c507beb2c98369ebbc7d746&chksm=8c8813c0bbff9ad60990c921f69af892349098011ba9bd26787c0eb22d3ff0897f0088b271de&scene=27。

② 数据来源:中华人民共和国海关总署,http://www.customs.gov.cn//customs/xwfb34/mtjj35/4413749/index.html。

园专门设立金砖国家商品服务中心，进一步推动厦门与金砖国家跨境电商与经贸合作有机结合。

5. 放眼全球，扩大"朋友圈"，以合作促发展

"金砖+"是一种具有创新性、灵活性和包容性的国际合作形式，在扩大金砖机制影响力的同时能够让更多新兴市场国家分享金砖合作带来的发展机遇。2022年金砖会晤期间，习近平主席提到，在新形势下，金砖国家更要敞开大门谋发展、张开怀抱促合作。应该推进金砖扩员进程，让志同道合的伙伴们早日加入金砖大家庭，为金砖合作带来新活力。①"金砖+"所构建的是一个多领域、多层级和多元化的合作模式，在这种模式下，新的资源不断涌现、新的机遇层出叠见、合作领域不断扩大，能够有力地拓展金砖合作外循环，为金砖创新基地带来更多政策资源与合作机会。

（二）项目开发

项目开发是一项复杂工程。如何规划长期、中期、短期以及紧迫性项目，如何合理划分重点领域、次重点领域以及非重点领域，考验着金砖创新基地。不仅如此，基于不同政策内容和目标，项目开发或具有单一性——单独面向某一主体，或具有综合性——需要不同层级的不同主体共同参与，同样考验金砖创新基地的规划、组织和协调能力。根据《金砖国家经济伙伴战略2025》，金砖国家在2020—2025年的时间内，应当重点关注贸易投资和金融、数字经济、可持续发展等合作领域，涵盖供应链互联互通、创新与技术、中小微企业等领域的具体合作目标。2022年金砖中国年已举办或将举办的相关会议与活动主要涉及重点合作领域，并鼓励成员国各级各部门发挥优势，深耕重点领域，防范过度泛化和碎片化，集中力量深入开展研究、开发项目，切实提升在重点领域的核心科技实力，并在此基础上形

---

① 《谱写人类发展进步新篇章——习近平主席主持金砖国家领导人第十四次会晤、全球发展高层对话会并出席金砖国家工商论坛开幕式回答世界之问、历史之问、时代之问》，《人民日报》，2022年6月25日。

成示范效应,扩大重点领域范围。在此背景下,金砖创新基地在完善启动、规划、执行、监管等项目开发全过程管理机制,夯实项目开发制度基础的同时,可聚焦2022年金砖峰会经济复苏、落实2030年可持续发展议程、保护粮食和能源安全等重大关切,推动具体项目的开发和落实。

1.锚定数字经济新业态,围绕数字经济开发项目,建设共治共享的金砖数字社会

近年来中国发挥着世界经济增长的稳定器作用。推动传统经济向数字经济转型,激发金砖国家经济活力是恢复世界经济增长,应对全球经济风险挑战等紧迫性问题的重要路径。随着信息时代传统行业面临转型,发展数字经济成为金砖国家一项长期政策,推动产业数字化、数字产业化也成为金砖国家的经济政策导向。

金砖国家在不断探索和发展数字经济。截至2021年,中国数字经济规模达到45.5万亿元,占国内生产总值比重为39.8%,数字经济规模连续多年位居全球第二。[①]2015年,莫迪政府提出"数字印度"倡议,聚焦于发展电子政务、发展远程医疗和移动医疗服务、加强网络基础设施建设、让印度广大农村人口也能接入互联网等。2017年,俄罗斯推出了"俄罗斯联邦数字经济"国家发展计划,提出了规范管理、人才和教育、形成研究成果和技术储备、信息基础设施,以及信息安全五大方向。2018年,巴西推出了"数字化转型战略",提出优先考虑卫生、农业、工业和智慧城市4个领域的数字化政策支持,同年南非也发布了《科学技术与创新》白皮书草案,明确指出要促进数字经济领域技术的发展。中国与其他金砖国家在数字经济发展战略上的高度契合性为推进数字经济领域国际合作、共建创新基地奠定了良好政策基础。

2022年3月18日,商务部电子商务和信息化司和福建省商务厅联合主办金砖国家数字经济对话会,展示了金砖国家在数字经济、数字技术、数字

---

①《携手构建网络空间命运共同体》,国务院新闻办公室,2022年11月7日。

应用等领域的最新进展，为金砖创新基地开发相关项目提供新思路和新启发。5月23日，在厦门举办的金砖国家工业互联网与数字制造发展论坛发布了《金砖国家制造业数字化转型合作倡议》，提到加快制造业数字化转型，助力中小微企业包容增长，培育数字化新模式新业态等，旨在进一步推进金砖国家在制造业数字化领域的务实合作。2022年金砖国家第十二次经贸部长会议上通过《金砖国家数字经济伙伴关系框架》，纳入了数字认证、电子支付、电子交易单据、数据隐私和安全、网上争端解决等当前数字经济前沿领域，并同意就人工智能等新兴技术开展合作。该框架为金砖国家在数字经济领域的合作指明了方向，开启了金砖国家数字经济合作新进程。

厦门高新区、软件园以及数字经济孵化机构的优势是开发数字科技项目，打造数字金砖的良好基础。厦门市"十四五"数字厦门专项规划也提到，在2021—2025年规划期，要加速推进数字产业化转型，广泛开展数字经济开放合作，建设共治共享的数字社会。金砖创新基地在项目开发上可以协调政策资源，加大对数字基础设施建设的投资，发挥厦门高新区、软件园及数字经济孵化机构优势，打造"厦门芯"，构建"数智厦门"；继续组织开展和参与金砖国家数字经济对话会、数字经济论坛、金砖国家大数据论坛、金砖国家青年数字对话会等活动，搭建数字经济研究和应用的信息平台，网罗金砖国家在数字领域的智力资源，提升金砖创新基地建设水平；加快推动数字产业化和产业数字化转型，鼓励大数据和人工智能开发和应用，支持"厦门芯"走出去，加速推广金砖国家的数字化应用。此外，还可以依托金砖国家大数据中心建造"数字安全护盾"，围绕数字认证、数据隐私和安全、网上争端解决等当前数字安全的前沿领域与金砖国家协商共建数字安全机制；加强数字经济领域人才培养和储备工作，完善在线培训、学徒制实习等人才培养模式，支持金砖国家高校和企业开展数字经济领域的人才联合培养项目。

**2.围绕绿色经济开发项目,发展绿色经济新业态,实现低碳、包容、可持续的高质量增长**

受新冠疫情影响,全球在消除贫困、农业农村发展、环保等方面所取得的进展出现倒退,2030年可持续发展议程面临难落实的困境。发挥绿色经济、清洁能源对经济、社会、环境可持续发展的推动作用势在必行。根据英国能源与气候智库统计,截至2021年12月,全球已有136个国家和地区承诺在不同期限内实施碳中和政策。"二氧化碳排放力争于2030年前达到峰值,争取在2060年前实现碳中和"是中国统筹国内国际大局做出的重要战略选择。碳中和经济政策为厦门金砖创新基地建设指引了新的发展方向。

2022年5月20日,第八次金砖国家环境部长会议召开,以"携手共促绿色低碳发展"为主题。中方在会议上表示,金砖国家生态环境合作已成为推进全球生态文明建设不可或缺的重要组成部分。尽管在国际变局下,落实2030年可持续发展议程面临新的风险挑战,但这无法阻碍金砖国家追求可持续发展的总目标。金砖国家生态环境合作潜力巨大,应进一步加强对话交流、协同配合,共商实现人与自然和谐共生的新路径,推动构建高质量伙伴关系,共创全球发展美好未来。

会议达成的《第八次金砖国家环境部长会议联合声明》强调加速实施2030年可持续发展议程的重要性,表达金砖国家在推动绿色低碳和可持续发展方面的共识和愿景,提出金砖国家要加强政策对话,开展联合研究。开发绿色经济项目,鼓励企业、高校和非政府组织在应对气候变化、生物多样性保护、海洋环境保护等领域充分发挥厦门金砖创新基地的作用。

围绕绿色经济开展项目开发,金砖创新基地可以调研金砖国家绿色经济发展状况,定期发布金砖国家可持续发展数据产品,为金砖国家绿色企业提供权威信息服务;围绕生态农业、生态工业、环保产业、绿色服务业等绿色经济业态,建设金砖国家生态农业示范点、金砖国家生态工业示范区;发挥厦门旅游服务业优势,推动传统旅游向绿色旅游转型,通过短视频平台开展"游在金砖""食在金砖"等主题活动,推进后疫情时代金砖国家旅游业和服务业复苏。此外,还可借助"买在金砖"展销平台和金砖国家跨境电商平台,开展金砖国家绿色产业推介会、绿色商品展销会等"绿主题"特色活动,提高金砖国家绿色消费水平;鼓励金砖国家企业、高校和非政府组织在应对气候变化、生物多样性保护、海洋环境保护等领域展开合作,打造环保领域产学研一体化,推动金砖国家环保科技成果转化和转让;打造环保主题活动,举办金砖国家环保科技创新大赛,提升金砖国家在环境和气候领域的全球治理能力。

**3.聚焦新能源、新材料领域,加快构建新能源产业体系**

新能源、新材料产业是战略性、基础性产业,是高新技术竞争的关键领域,是金砖国家合作的重点领域,也应是厦门金砖创新基地重点开发领域。当前国际社会面临的能源危机暴露了现有能源体系的弊端,但能源领域危、机并存,问题背后蕴含新的发展机遇。如何推动能源改革,加快能源体系的多元化调整,是金砖国家面临的紧迫性问题。从长远看,随着新能源不断得到开发,能源市场也将会迎来更多拥有新能源开发和产能优势的经济体,世界能源格局或将迎来深远变革。2022年金砖峰会《北京宣言》提及《金砖国家能源报告2022》,支持在金砖国家能源研究合作平台机制下开展联合研究、技术合作等。金砖国家携手应对风险挑战,推动建立可靠、稳定、可负担的能源供应系统,共同维护开放、透明、高效的国际能源市场,对全球经济具有十分重要的意义。①

应对当前能源安全面临的冲击,金砖创新基地可在金砖合作机制框架下协同守护传统能源供应链,保障能源战略安全,强化传统能源与新能源协同互补;在金砖国家能源研究合作平台机制下开展联合研究和技术合作,推动能源科技创新,打造可持续发展的"绿色引擎";发挥"双碳目标"的推手作用加快可再生能源的研发进程,推进太阳能、风能等清洁能源在金

---

① 水利水电规划设计总院,http://www.creei.cn/portal/article/index/id/27187/cid/6.html。

砖国家高比例、市场化发展。还可以通过加强与新能源、新材料、碳中和经济等领域的重点企业之间的联系与合作，围绕科技研发、人才培训、开发政企合作项目，加快建设新能源领域的人才生态。

**4.开发农业农村合作项目，助力粮食安全保障机制建设与农业农村可持续发展**

近年来，金砖国家农业生产总值占世界农业生产总值比重的一半左右。2021年，金砖国家与其他国家农产品贸易总额达到5883亿美元。[①]中国与金砖国家在农业可持续发展领域有着广泛的合作空间。中国是金砖国家主要的大豆进口来源国。2019年，中国与俄罗斯之间围绕大豆种植、加工、销售、研发等全产业链合作达成重要共识，开启了中俄农业合作的新篇章，也成为中国与金砖国家农业合作的缩影。

在农业农村合作方面，金砖创新基地可对接金砖国家农村发展工作组，协调政策资源，支持金砖国家农业高校协同开展农业农村可持续发展研究，打造金砖国家农业农村信息共享平台，定期发布农业农村数据产品；提供数字农业服务，扶持农业科技型企业应用数据和人工智能改变粮食的种植方式，实现自主作物管理，鼓励涉农企业对生产过程的数据进行采集分析，完善数字农业信息系统。此外，还可以借鉴科技农业强国的智慧农业经验，支持农业经济生产主体与农业强国的农业科技公司合作，引进和学习农业强国先进的农业AI技术和精准生产管理技术；联合高校、企业培养农业人才，支持青年从事农业创新创业，打造"新农人"；参与并支持金砖国家探讨就业和社会保障措施，围绕消除贫困开展合作，加快减贫步伐，缩小收入差距，解决"因疫致贫、因疫返贫"等问题。

**（三）人才培养**

人才资源是最重要的战略资源之一。激发人才创新活力是国家层面人才发展制度改革的主方向和突破点，也是金砖国家强化创新合作的必由

---

① 《金砖农业合作之路越走越宽》，《人民日报》，2022年6月17日。

之路。2022年金砖峰会《北京宣言》提到,鼓励通过金砖国家工业能力中心、金砖国家新工业革命伙伴关系创新基地、金砖国家初创企业活动以及与其他相关金砖机制的协作,在人力资源开发方面进行合作,开展培训项目,应对新工业革命面临的挑战。

1.搭建多样化、国际化人才交流平台,促进金砖国家人才交流和互动

中国历来重视与世界各国开展多层次、宽领域的科技交流合作,不断拓展民间科技合作新空间,共同推进基础研究,推动科技成果转化,培育经济发展新动能,加强知识产权保护,营造一流创新生态。[①]中国国际人才交流大会是面向国际科技创新和国际人才交流资源的国家级、国际化、综合性展洽活动。为推动金砖国家数字经济、先进制造领域的科技创新和人才交流,金砖创新基地可依托中国国际人才交流大会,着力搭建人才及智力项目集聚平台,激发人才创新和创造活力,助力金砖国家信息产业领域的智力发展与引进。

以赛促训、以赛代培是金砖创新基地在推动人才交流和互动方面的重要途径。自启动建设以来,厦门金砖创新基地已先后举办31期线上线下人才培训和交流活动,覆盖金砖五国及阿根廷、墨西哥、阿联酋等46个国家,参训学员超86.5万人次,成为金砖创新基地推动金砖国家人才培训和交流的典范。金砖创新基地可与金砖国家各级别人才交流和培养机构,共同打造多样化、国际化人才交流平台,在此基础上进一步建设金砖国家一体化人才交流中心,完善金砖国家人才交流长效机制,促进金砖国家人才交流和互动。

2.着力引育新工业革命领域人才,以人才引进带动人才培养

当前,金砖国家以信息、人工智能等为代表的新工业革命领域人才基

---

[①]《第二十届中国国际人才交流大会"海外人才中国行—湖北信息技术专场"在武汉成功举办》,中国国际人才交流中心,http://caiep. most. cn / portal / article / 47d957eaf39d11ecb03afa163e6d640d。

础相对薄弱,以人才引进带动人才培养是解决相关领域人才紧缺问题的有效途径。更为重要的是,通过引进人才来引进观念、引进技术、引进创新活力,为创新基地建设贡献更高水平的人力资源。2021年,中国人才总量达到1.75亿,位居世界第一,在全球人才竞争力排行榜上位列第37位,居金砖国家之首,人力资本对经济增长的贡献率达到36.8%,其中人才贡献率达到34.5%。

近年来,厦门围绕全市招商大局和产业转型升级,推进各级各类人才引育工作,2021年厦门市人才总量达到139万。与此同时,厦门着力推动人才链与项目链、创新链深度融合,引进人才项目覆盖新一代信息技术、生物医疗与健康、新材料和新能源、海洋高新等重点产业。借助厦门市人才引进相关政策资源,金砖创新基地能够更好地推动新工业革命领域的人才引进和培养工作。

3. 重点培育技能型和应用型人才,填补技能型人才缺口

技能型和应用型人才是促进实体经济发展的重要群体,也是迈向制造强国的重要基础。金砖国家技能型人才缺口较大,尤其是高技能人才十分紧缺,培养技能型和应用型人才能够为金砖国家新工业革命提供重要的技能优势。金砖创新基地可协同高校、企业和其他各层级人才培养机构,搭建技能型和应用型人才培养平台,与企业高校开展项目合作,建立技能型和应用型人才高地。同时,可制定和实施专业技术人才队伍建设计划,完善激励和保障机制,为技能型和应用型人才的发展营造良好的制度环境。

4. 发挥科研引领在人才培养中的主体作用,以产学研一体化工程推动人才培养和创新

产学研一体化能够推动科研、教育、生产等不同社会分工在功能与资源优势上达成协同与集成化,实现技术创新在上、中、下游的对接与耦合,驱动金砖合作机制发展。为推动产学研合作,金砖创新基地可支持高校科研院所与厦门本地企业开展联合技术攻关、技术成果转化等产学研活动;支持本地高校科研院所与国际及港澳台开展各项科技合作;支持科研人员在厦门

本地创办企业,并与所属高校科研院所持续开展技术成果转化活动等。

厦门现有本科和高职院校近二十所,调动厦门市高校乃至全国高校的优秀人才,尤其是从事人工智能、新能源、新材料等科技领域科研人员的参与热情,能够更好地推动金砖创新基地建设。2021年,厦门金砖创新基地组织成立"厦门金砖新工业能力提升培训基地联盟",2022年至今,又吸纳十余所高校和企业加入,旨在通过"以院校为先导,企业逐步加入"的运营模式推动人才培养和人力资源建设。2022年6月15日,厦门火炬集团与深圳北理莫斯科大学签署战略合作协议,旨在发挥各自优势,调动高校和企业资源,深化合作,为金砖创新基地发展提供更高效的动能。

5.培养金砖国家多语种复合型专业人才,加快科学技术和人才的流动

沟通是合作的基础,金砖国家语言多样化,全面深入推进金砖合作需要更多双语言和多语言复合型人才支撑。现阶段,金砖国家双语言和多语言复合型技术人才仍存在巨大缺口。金砖国家构建高质量伙伴关系,需填补人才缺口,加快科技和人才在金砖国家间的流动。2021年以来,厦门金砖创新基地通过构建人才服务机制、召集人才对接会、开展人才培训、实施职业提升计划、举办职业技能大赛等途径完善人才培养体系,为厦门和金砖合作机制开发了更多人才资源。未来,金砖创新基地可通过协调资源,促进厦门高职院校与金砖国家院校间交流与合作,共同培养更多具有竞争力的多语种复合型专业人才,助力金砖国家在新工业革命领域的高质量发展。

# 第五章　金砖国家新工业革命领域人才培养

## 一、新工业革命的发展和金砖创新基地人才培养工作的定位

2013年开始，"新工业革命"话题显见于各种场合。在经济全球化语境中，"新工业革命"已然发生且快速发展的事实渐成共识，但各界对"新工业革命"内涵的共识却十分有限。随着传统全球化进程的终结和旧式全球贸易秩序的解体，国际社会对"新工业革命"的技术内涵和外部风险管理的讨论将会发生转向。从经济管理和全球治理两个方面梳理国际社会对"新工业革命"的认知过程，说明新工业革命经历的发展阶段和推进路径，可为厦门金砖创新基地人才培养工作勾勒技术背景、提供定位参考。

（一）"新工业革命"的发展过程：制造业底层逻辑变迁、发达国家技术竞争、发展中国家合作实现跨越式发展

在经济全球化背景下，"新工业革命"话题的传播沿着技术突破，商业化应用、国际竞争三个层次展开。与此相随的通常是日益激烈的多层次竞争。具体过程大致分为三个阶段。

1.1990—2014年，制造业创新底层逻辑确立和商业化探索过程

一般认为，1980年美国未来学家阿尔文·托夫勒撰写的《第三次浪潮》一书，创造了一个向大众描述继"工业文明"后人类社会演变发展的新概念，即"信息社会"。他同时预言，信息技术的迅速发展会使经济全球化成为趋势，企业成长和人们的生活方式会随之发生深刻变化。这种思路深刻

影响了人们对技术进步与社会变迁之间联系的观察与思考。[①]

20世纪90年代早期,美、英、加、以色列等国的经管学家关注到技术创新与可持续经济增长之间的联系,1992年斯坦福大学和特拉维夫大学的两位教授布雷斯纳汉(Bresnahan)和特拉坦伯格(Trajtenberg)首先指出,长期的经济增长是由少数几种关键技术推动的,这些关键性技术可称为"通用目的技术"(general purpose technologies,简称GPTs)。[②]他们还发现通用目的技术进入制造端还需"使能技术"连接,"通用目的技术—使能技术—产品"将构成新工业革命产品创新链的底层逻辑。

卡萝塔·佩蕾丝(Carlota Perez)跟踪了技术革命核心国家发生的"技术—经济范式转变",她指出,历史上每轮工业革命浪潮持续六十年左右,均会经历"导入期—转折点—展开期"。

(1)导入期:前10年通常是新技术爆发阶段,新产品借助风险投资在商业领域展现潜力;随着投资持续和市场的开拓,导入期后半程将出现狂热阶段。一方面会释放新技术的市场潜力,另一方面会引起金融泡沫,增加社会动荡的风险。

(2)转折点:转折点将会针对投资过热和社会动荡采取调整措施,恢复各利益部门及整体结构之间的平衡。以便将生产推入下一阶段。

(3)展开期:转折点后可以进入一个约15—20年的协同生产阶段,技术革新范式向经济、政治、教育等渗透,拉动需求增长,技术创新成为经济增长的新驱动力。最后的10年称为成熟期,核心国国内市场饱和,利润下降,技术向边缘国家转移,新的工业革命因素开始酝酿。[③]

2010—2014年,各类有关工业革命的通俗读物和投资指南井喷式涌

---

① [美]阿尔文·托夫勒:《第三次浪潮》,黄明坚译,中信出版社,2006年。

② Bresnahan, Timothy F., Trajtenberg, M. "General purpose technologies 'Engines of growth'?". *Journal of Econometrics*, 1995, 65: 83-108.

③ [英]萝塔·佩蕾丝:《技术革命与金融资本:泡沫与黄金时代的动力学》,中国人民大学出版社,2007年,第11~18页。

现显示工业革命已经进入技术导入狂热期。美国趋势学家杰里米·里夫金（Jeremy Rifkin）《第三次工业革命》（2012年），英国商业记者彼得·马什（Peter Marsh）《新工业革命》（2012年），日本学企业家藤原洋《第四次工业革命》（2010年）描述了跨国金融投资者、各国政要和一般民众对新工业革命的普遍热情。标志着2010年前后新工业革命已经进入了导入期的后半段。中国社会科学院前院长谢伏瞻总结该阶段的主要特征：一是工业革命已经发生，先导性行业已经出现；二是此次工业革命的技术进展在时间上将会超越其他工业革命，技术溢出效应很快发生，它将在"新材料、新工艺、新基础设施和人力资源"领域同时发力，实现制造业的全面发展。

2. 2009—2016年，第四次工业革命开启发达国家间的技术竞争

技术、经济深度全球化使本次工业革命在导入期前半段便提前出现了跨国竞争因素。2009年，为了摆脱国际金融危机造成的经济低迷，发达经济体寄希望于推行"再工业化"战略，提振经济保障就业，抢占新兴国家市场份额，赢得国际竞争。各国（地区组织）从研究和控制使能技术开始逐步推动技术与制造业融合，目前看来这个过程已经历了两个阶段：第一阶段根据本国（地区）的基础和需求，确定重点发展的"技术清单"并加大研发支持。在2009—2012年有五个经济体出台了"使能技术发展战略"。

表5-1　各国（地区）对使能技术的需求领域、技术清单和发展目的一览表

| 国家/地区 | 使能技术需求领域 | 技术清单 | 目的 |
|---|---|---|---|
| 美国（2012）《先进制造国家战略计划》 | 使美国制造商更具有竞争力的所有制造业领域 | 先进的传感、测量和过程控制（包括信息物理系统）；先进材料设计、合成和加工；可视化、信息和数字化制造技术；可持续制造；纳米制造；柔性电子制造；生物制造和生物信息技术；添加制造（3D打印）；先进制造和检测设备；工业机器人；先进成形与焊接技术 | 在阶段性结束量化宽松政策后，希望"制造业回归"并促进产业升级 |

续表

| 国家/地区 | 使能技术需求领域 | 技术清单 | 目的 |
|---|---|---|---|
| 欧盟(2009)《为我们未来做准备：制定欧洲关键使能技术发展的共同战略》 | 知识密集、高研发投入、较短的创新周期、高风险、高技能的技术领域 | 纳米技术、微纳米电子与半导体技术、光电技术、先进制造技术和生物技术 | 促进各盟国的生产、产品、服务紧密相连；跨学科性，推动多种技术创新 |
| 德国(2010)《高技术战略2020》 | 气候与能源、健康与营养、物流、安全性和通信领域 | 生物与纳米技术、微纳米电子学、光学技术、微系统技术、材料与生产技术、航天技术、信息和通信技术以及服务研究 | 确保"机器制造"世界出口冠军的地位，促进众多经济领域的增长 |
| 英国(2012)《使能技术战略2012—2015》 | 可支持市场范围内跨部门创新的领域 | 先进材料、生物科学、光电子器件及传感器和信息通信技术 | 为英国产生更多财富，使国家可以面对来自国内外的挑战 |
| 澳大利亚(2010)《使能技术国家战略》 | 能产生新产品、新服务或提高生产效率的领域 | 生物技术、纳米技术和信息通信技术 | 推动澳大利亚的经济增长 |
| 苏格兰(2009)《向光明的未来：苏格兰使能技术战略》 | 能给一个部门或多个部门带来竞争优势的领域 | 先进制造技术、通信网络系统、装置系统和信息计算技术 | 增强本国企业的创新能力，创造高价值的就业岗位实现经济的快速增长，缩小其与英联邦成员及欧盟的差距 |

资料来源：根据2011—2020年间数篇科技情报论文整理。①

---

① 许端阳、徐峰：《典型国家(地区)使能技术发展战略的共性特征分析及对我国的启示》，《技术管理研究》2011年第4期；黄健：《关键使能技术——制造业崛起的基础》，《新材料产业》2015年第12期；陈大明、杨露、刘樱霞、马征远、江洪波：《国内外使能技术的发展布局与现状探究》，《竞争情报》2020年第6期。

技术发展清单体现出本次工业革命直接推动力已经由金融资本转变为发达工业国家，由此造成国家在技术领域展开激烈竞争。2013年以后，这种竞争开始扩大到制造业领域。

第二阶段，通过政策计划将技术成果推广到相关制造业。2013—2015年间德、美、法、西、意、日、韩等工业强国推出整体性的制造业战略部署。[①]

2013年德国出台《实施"工业4.0"战略建议书》是重要的转变标志。从国内政策上说，它是德国政府制定的面向2020年的国家战略；从外交战略来看，它是德国首次尝试将自己在高新技术领域的创新理念推向全球，并在"第四次工业革命"话题下介绍德国方案，以占得国际竞争的先机。借助德裔瑞士籍经济学家克劳斯·施瓦布（Klaus Schwab）的声望，"工业4.0"方案在世界经济论坛（又称"达沃斯论坛"）发布多个相关报告，迅速引发全球政产学研各界关注。德国"工业4.0"计划的政治意义在于提出了"物联网概念，并指出第四次工业革命的方向是信息通信技术（ICT）与制造业相融合产生智能工厂"，从而终结了各国对于核心技术的长期争论，统一了对未来制造业的基本看法。[②]

总而言之，发达国家对"新工业革命将带来巨大的市场红利"形成了统一的意见，国际的技术、人才和市场份额竞争在所难免。这些竞争不但在西方工业国家间展开，其中对技术人才的争夺也蔓延至有能力展开研发投入的国家。俄、中、巴西等国的人才流失引发了国际社会深刻的忧虑，发展中国家开始关切"新工业革命的成果如何惠及全人类"这一价值问题。制

---

① 各国的新工业战略名称：法国《未来工业计划》、欧盟的《欧洲工业数字化战略》、西班牙《工业连接4.0》、意大利《意大利制造业》，日本《机器人新战略》、韩国《制造业"创新3.0"》。美国自2012年公布《先进制造业国家战略计划》未推出新的工业计划，而是在产业升级上发力，但2015年时EG等制造业公司牵头承认工业重心要放在"工业互联网"上。

②《德国工业4.0实施建议（中文版）》，德国联邦教育研究部，2013年9月。

定"新工业革命"的国际治理方案,成为发展中国家在转折期积极参与新工业革命的重要原因。

3.2013年至今,发展"新工业革命伙伴关系"是金砖国家参与"新工业革命"的基本方式,体现了竞争与全球治理共存的新理念

发展中国家工业化程度普遍不足决定了其在"新工业革命"的竞争格局中也缺少话语权。金砖国家作为发展中国家的代表,较早具备布局"新工业革命"的能力。回顾金砖国家参与"新工业革命"议题的过程也有两个不同的阶段:

第一阶段大致从2013年至2017年,从尝试参与全球竞争到积极推动新工业革命南北合作。

根据经济学者权衡对金砖国家工业化的研究,新工业革命技术拓展期伊始(2009年),金砖五国均具备一定的工业基础和技术创新能力。其中中国的制造业门类齐全,技术积累较多;俄国的重工业研发能力雄厚,产业较齐全;印度虽然工业发展缓慢但是软件产业发达,是世界第二大软件出口国;巴西在石化、航空工业等领域实力较强;南非的去工业化趋势明显,导致其近年来高科技工业产品出口比例很低。[①]

中国较早关注到国际科学界对"使能技术"的讨论和西方的技术竞争。2011年《科技管理研究》杂志就发表了介绍"典型国家(地区)使能技术发展战略"的文章,此后经济管理专家一直追踪美、德等工业强国不断推出的新制造业政策,中国科学界则坚持讨论中国应当发展的使能技术,直到2015年经国务院总理李克强签批《中国制造2025》国家行动纲领,确定了中国制造业的三重智能化目标:一是对十余个行业进行智能化改造;二是确定需要进行智能化布局的新产业;三是建设可以适应未来的智能工厂。李克强还在当年世界经济论坛上发表特别致辞,表明中国积极迎接新科技革命。

----

① 权衡:《金砖国家经济崛起与新发展经济学》,格致出版社,2020年。

　　俄罗斯2011年也出台了《2020年俄罗斯联邦创新发展战略》,2014年普京总统提出《俄罗斯国家技术计划》,2016年写入《俄罗斯联邦科学技术发展战略》,确定了适合俄罗斯工业结构和产业升级的若干技术。印度总理莫迪上台不久就推出"印度制造"战略。2017年巴西也出台"工业4.0"政策。从这些政策来看,金砖国家面对"新工业革命"的态度是积极的,在这一阶段前期,发展中国家希望利用数字技术的发展红利,完成工业化或提升现有制造业水平。在此过程中发展中国家积极推动南北合作,解决新工业革命中人类面临的共同风险。①

　　经济学家克劳斯·施瓦布认为,这些风险主要有三:一是当前的国际分工条件下,所有国家的内部差距都有扩大的趋势,其后果是人类可能无法公平享受"新工业革命"带来的福利。二是技术发展本身带来的"负外部性":包括降低杀伤性武器制造的门槛、新材料对人体健康的负面影响,数据和网络安全问题等。三是国家间过度竞争,可能让技术发展的目标变为出现新的霸权,而不是向人类赋能。②

　　2016年在杭州举行的二十国集团峰会集中讨论了有关"新工业革命"的国际问题,发表了《二十国集团新工业革命行动计划》,南北国家首次联合倡议在"新工业革命"背景下开展七项合作。其中"就业与劳动力素质提升"合作首次讨论了新工业革命人才培养的国际合作问题。2018年南北合作遭遇贸易保护逆流,上述倡议未能落实,而发展中国家参与"新工业革命"的立场也从投身全球竞争、推动北南合作转向第二阶段。

　　第二阶段是2017至今,发展中国家推动"新工业革命伙伴关系"和工业革命全球治理。

　　金砖国家本着务实态度推动建立技术创新领域的南南合作。2017

---

①　谢伏瞻:《论新工业革命加速拓展与全球治理变革方向》,《经济研究》2019年第7期。

②　[瑞士]克劳斯·施瓦布:《第四次工业革命》,李菁译,中信出版社,2016年。

年,《金砖国家领导人厦门宣言》通过《金砖国家创新合作行动计划(2017—2020年)》提出"创新金砖"网络倡议。2018年,中国在南非约翰内斯堡举行的金砖国家工商论坛上倡议将建设金砖国家新工业革命伙伴关系写入《金砖国家领导人第十次会晤约翰内斯堡宣言》。习近平主席在发言中强调"新工业革命伙伴关系旨在深化金砖国家在数字化、工业化、创新、包容、投资等领域合作,最大程度把握第四次工业革命带来的机遇,应对相关挑战"。2021年,第九届金砖国家科技创新部长级会议制定了《金砖国家创新合作行动计划(2021—2024年)》,有效推进各国科技创新体系的对接。5年来,金砖国家在"新工业革命"领域的务实合作已经逐步建立了一种交流与治理兼顾的南南合作框架。

在金砖国家层面一系列合作创新机构已经建立,2015年金砖国家网络大学成立;2019年金砖国家未来网络研究院中国深圳分院成立,目的是更加深入推进金砖国家在信息通信技术领域的务实合作;2020年厦门新工业革命伙伴关系创新基地正式启用,目标是在金砖五国内部开展政策协调、人才培养、项目开发等领域合作,推动"新工业革命技术创新"合作全面走向实践。已开展覆盖28个国家超12万人次的人才培训。以创新原则为依据,农业、卫星和海关等务实合作已经取得实际进展,如2021年金砖国家陆续签订了《金砖国家农业合作行动计划(2021—2024)》《金砖国家遥感卫星星座合作协定》和《金砖国家海关事务合作与行政互助协定》等文件,这些成果必将促进"新工业革命"合作的基础设施建设,为工业革命的人才、技术和产能合作打开新局面。

在国际社会层面,金砖国家希望在联合国《2030年可持续发展议程》的共识下,借助已有的南南合作、三边合作框架增加合作伙伴,开拓合作领域,联合更多国际力量"推动共同发展"。最主要的做法:一是利用"金砖+"机制联合更多发展中国家参与"新工业革命"议题的讨论,2018年在金砖南非峰会上与21个非金砖国家领导人或代表共同讨论"金砖国家在非洲:在第四次工业革命中共谋包容增长和共同繁荣"问题。2022年5月

"金砖+"已经正式启动扩员,金融合作正在扩员框架下有序展开。二是希望与联合国工业发展组织展开合作,建设金砖国家工业能力中心。[①]联合国工业发展组织对全球制造业趋势进行长期跟踪预测,且一直致力于为发展中国家提供多边技术援助。2016—2018年该组织深度参与并推动建设金砖国家的跨境电子贸易网络,取得了一定成效。[②]

　　金砖国家参与"新工业革命"议程需要面对复杂的国际环境、时代变局和诸如新冠疫情这样的不确定因素,过程分外曲折。但是金砖国家始终坚持多边主义原则,推动"合作发展",既显示了发展中国家拥抱"新工业革命"的勇气,也为"新工业革命"的内涵提供了更深刻的内容,中国社会科学院前院长谢伏瞻对此的概括是,正是发展中国家坚持"合作、互惠、协商的多边主义",推进新工业革命伙伴关系,才能完成"新工业革命"风险的国际治理,确保其成果为人类共享。

### (二)新工业革命人才工作培养工作的发达国家模式

　　人力资源是新工业革命发展的根本保证。这是"新工业革命"相关利益方共同关心的基础性问题。发达国家在人才培养领域的经验通常优于发展中国家,德国和美国的"制造业创新"人才培养模式较为成功,可以作为发展中国家的参考。

　　德国在2013年提出"工业4.0"战略时,对新工业人才的培养进行了明确定位。在"工业4.0时代的人与工作"的议题中提出了两点:一是价值定位,以工厂员工为本,培养培训出适应新型生产组织的具备多元素质的人才。二是目标定位,以提升员工的技能为目标,建立适应人机交互生产方式的人才。

---

　　① 金砖与联合国工发组织从2016—2018年有定期的合作,因此形成了一定的互信基础。其合作过程可见,2016—2018年发表的7份专报:《联合国工发组织与金砖合作报告》(1~7)(UNIDO-BRICS Cooperation Report - Issue 1 to Issue 7)。
　　② 转引自黄健:《关键使能技术——制造业崛起的基础》,《新材料产业》2015年第12期。

在上述原则指导下"工业 4.0"人才培养模式可以概括为如下三个方面:

第一,扩大培养对象范围。"智能工厂"利用数字技术控制生产环节,提升研发、设计、销售、运输等服务环节的价值比重,从而催生新型生产企业。为了适应这种组织变化,人才培养的范围要扩大,企业管理者、互联网技术工程师、服务人员均成为培养对象;成年人和已经完成基本技能训练的员工也需要重新学习,才能转化为兼具知识结构广度、创造性、复合性技能的人才。

第二,人才培养模式采取"双元教育"形式。人才培养的总体目标是要兼顾技术理论和企业实践。高等教育院校与先进制造业技术研发挂钩;职业院校减少传统技能知识,增加数字技术和创新教育内容以及企业实践;在成人员工教育方面则需要设计终身学习和支持职业持续发展的培养计划。

第三,培养手段灵活、多元。院校与企业需要展开深度合作,紧扣市场需求培养人才。具体手段包括在职业院校设立实习工厂,院校与企业合作进行项目研发同时培养相关人才。

德国人才培养政策立足于本国或欧洲相关地区的人力资源情况,意图通过政策设计统筹解决问题。在这种条件下,国家将学院作为人才培养的核心,出台相应的学历证书、就业和职业发展政策,为职业教育招徕更多生源。通过产学研合作,推动课程计划调整,转变培养方向,得到相应领域的人才。

美国的工业人才培养是在市场化条件下开展,成功案例首推美国的"欧林工学院"教学模式,通过学院与企业的深度结合,把科技项目作为创新人才培养的具体内容,企业组织和院校既是教育的场所,也可能是未来人才的职业发展场所。根据市场需求培养的人才能更好地满足国家工业战略和个人职业发展。

以上两种模式虽然都有相当成效,但也存在一些结构性问题。首先这些培养模式以拥有高科技研发能力和技术商业化路径已经成熟为前提,因此,比较适合科技创新和制造业强国。其次,这些培养模式主要适用于面向本国国民或少量高素质留学生的职业教育。可以通过政策或区域市场协调教育与就业的关系。最后,这两种培养模式还包含一个结构性矛盾:具有综合能力的IT人才培养需要较长周期,而市场要求在短期内即可兑现供应,因此尽管国家一直提高研发投入比例,却难以在短期内解决人才问题。在世界尚未形成统一的人才流动标准时,非常容易造成国际人才的恶性竞争。发展中国家也因此而长期饱受人才流失之痛。

**(三)金砖创新基地新工业革命人才培养工作定位**

金砖创新基地人才培养工作既是金砖国家参与新一轮技术和产业竞争的动力保障,也是发展中国家在多边主义框架下参与新工业革命国际治理的新尝试。因此要从"新工业革命"拓展期发展中国家的奋斗目标、国际局势变化和"新工业革命"发展趋势三个层面来考虑人才培养工作的课程体系、培养模式、目标定位。

第一,金砖创新基地的课程体系定位于搭建一个新技术和商业模式快速结合的新通道,推动在新兴国家市场内部实现技术—市场连接的新途径,实现技术后发国家赶超策源国的总体目标。从历史经验看,技术追随者如果能在工业革命的展开阶段充分发挥市场优势和基础设施建设优势,有可能在市场竞争中超越技术主导者成为最后的赢家。[①]2021年金砖创新基地设计了面向金砖和其他新兴市场国家的新工业革命人才培养课程体系,包括6大板块,11个领域,共计320门课程。在中国制造的优势技术引领下,最大限度吸引金砖国家相关企业、技术和政府管理力量进入多边市场建设过程。2022年课程体系聚焦于金砖国家和其他新兴市场国家当

---

① [美]罗森伯格:《探索黑箱:技术经济学和历史》,王文勇、吕睿译,商务印书馆,2004年。

下的发展需求,优化为7个板块23个示范项目培训。①支持各国出现的新劳动者技能、新兴技术、新创企业和先导产业沟通、融合,并推动商业与政策领域的沟通协调,最终促进可容纳"数字经济、5G、智能制造"等新技术的多边市场发育。

从最新统计数据来看,人才培训课程已经开展30期,受到金砖五国及阿根廷、阿联酋、墨西哥等44个国家的关注,参训学员超84万人次。②其中2022年与2021年相比,利用课程受训的人数增长了6倍,说明课程围绕项目调整后基本符合金砖国家技术产业与市场对接的要求。课程结构的开放性和动态调整机制也较为灵活地适应了多边市场所需的开放性产业生态和创新生态。

第二,金砖创新基地的人才培养模式定位于在南南合作框架下,建设一个提供"新工业革命"教育国际公共产品的多元平台,开启发展中国家参与新工业革命全球治理的新局面。2017年二十国集团峰会便已经提出了新工业革命南北合作议题,但随着全球保护主义的兴起,合作被搁置,旧式治理机制已经失效,相应的教育国际公共产品必然缺位。世界经济论坛、联合国工业发展组织等相关智库和国际组织多次警告新工业革命背景下全球风险正在加剧,这些风险包括:南北分化差距加大,公平原则遭遇挑战,信息安全、科技伦理、气候问题带来的风险增长等。

当前新工业革命领域的国际公共产品非常有限,发达国家对于提供技术技能类教育公共产品缺乏政治意愿,现存的国际公共产品主要集中于贸易基础设施领域,如世贸组织框架下的贸易争端解决机制以及知识产权保护与技术扩散的规则等,但这些规则已经成为实现跨越发展的阻碍。因此

---

①《金砖国家新工业革命伙伴关系创新基地培训课程汇编》(2021)包括:进入中国市场的政策协调、跨文化交流融合、智慧城市管理、智慧产业领域、智能制造领域、通信与互联网。《2022金砖创新基地示范培训项目》包括:投资贸易、工业互联网、数字管理、智慧医疗、智慧警务、绿色轻型建筑、职业技能培训项目。

②《2022金砖创新基地示范培训项目》。

金砖创新基地基于人才培养的目标,首先要构筑新的教育公共产品平台弥补相关公共产品的缺位,大胆尝试南南合作框架下全球工业治理新方案。

目前已经形成了金砖主题论坛、投资交流会、线上培训课程直播、技能大赛等多环节联动的人才培养模式。这些培养模式兼顾了多领域利益相关者的知识范畴和获取方式。每年不定期的金砖主题论坛可供政府官员、企业高管讨论技能人才需求、重点技能与产业对接方案等紧迫问题;投资交流会为各类平台与创新创业人才沟通对接提供机会,为推广项目教育模式打下良好基础。技能大赛汇聚人才且秉持公平公正原则展开人才交流盛会,增进互信和了解,为推动适应新兴市场国家的人才认证标准落地积累经验。

第三,金砖创新基地的人才培养目标定位于打造一个面向未来的,可促进广大发展中国家技术人才和产业不断创新的教育和实践空间。着眼于未来,新基础设施建设成熟后,新技术将全面导入引致产业,形成各产业的稳定盈利,进而带动经济整体升级。[1]在这一阶段各传统产业将普遍的接受新技术,也将引发产业内劳动者对新技术、技能的持续性需求。人才培训的工作面和覆盖内容都将急速扩张,技术与各传统产业的衔接渠道也会变得多元,因此向各产业从业者提供终身学习机会,促进职业发展必将是重要的拓展方向。为了迎接未来挑战,目前的教育联盟也应该开展相关研究项目,并关注来自传统产业转型的需求。

## 二、新工业革命背景下金砖国家人才需求分析

### (一)新工业革命背景下金砖国家人力资源情况分析

世界经济论坛在2018年通过生产结构与生产驱动力的二元模型,系统评估了新工业革命背景下全球100个国家对未来生产的准备情况,并根

---

[1] 谢伏瞻:《论新工业革命加速拓展与全球治理变革方向》,《经济研究》2019年第7期。

据其不同表现分为引领型、潜能型、萌芽型和传统型四个集团(见表5-2)。①金砖国家表现并不尽如人意,仅有中国进入引领型集团,俄罗斯和印度处于传统型,巴西和南非处于萌芽型,亦即除中国外的金砖四国都尚未对新工业革命可能引发的未来变革做好充分准备,存在系统风险。

表5-2　依据新工业革命应对情况划分的类型

| 有利的生产驱动力 | | |
|---|---|---|
| 小型或单一的生产结构 | 潜能型<br>当前基础有限<br>已为未来做好准备 | 引领型<br>当前基础良好<br>已为未来做好准备 | 大型或复杂的生产结构 |
| | 萌芽型<br>当前基础有限<br>未来存在风险 | 传统型<br>当前基础良好<br>未来存在风险 | |
| 不利的生产驱动力 | | |

来源:世界经济论坛《未来生产准备报告2018》。

具体到人力资源领域,新工业革命对各国劳动力的技能水平提出了更高要求,作为新兴经济体的金砖国家均在不同程度上面临着技能短缺所带来的严峻挑战。从全球竞争力综合指标看,人力资源特别是其中的技能维度是金砖国家的明显短板,所有国家的技能维度全球排名均明显低于国家的综合竞争力排名,中国和印度的这一现象尤为突出,两国上述两项排名的名次差距分别为36名和39名(见表5-3)②。

技能短缺主要受制于金砖国家的整体教育水平。一方面,金砖国家的高等教育大众化和普及化进程要明显晚于发达国家,因此目前劳动力的平均受教育年限与发达国家间存在较大差距,其中中国、印度和巴西的平均受教育年限均不足10年,而世界排名第一的德国已达到14.1年。中国和

---

① The Readiness for the Future of Production Report 2018. Geneva: World Economic Forum.2018.

② Klaus Schwab. Global Competitiveness Report 2019. Geneva: World Economic Forum.2019.

印度近年来正通过持续、大规模的教育投入不断缩小这一差距。另一方面,金砖国家的现有教育与培训质量尚不尽如人意。特别是巴西和南非两国,由于政府缺乏在人力资源领域的长期规划和执行力度,不论是在职员工还是中学与高校毕业生的技能掌握情况均难以达到新工业革命的发展要求。

表5-3　金砖国家劳动力技能情况全球排名

| 项目 | 中国 | 俄罗斯 | 印度 | 巴西 | 南非 |
|---|---|---|---|---|---|
| 全球综合竞争力排名 | 28 | 43 | 68 | 71 | 60 |
| 技能维度全球排名 | 64 | 54 | 107 | 96 | 90 |
| 劳动力平均受教育年限/排名 | 7.8/95 | 10.7/48 | 6/117 | 7.6/101 | 10.1/60 |
| 员工培训程度 | 38 | 74 | 50 | 84 | 40 |
| 职业培训程度 | 41 | 76 | 67 | 127 | 119 |
| 毕业生技能掌握情况 | 35 | 77 | 93 | 131 | 102 |
| 活跃人口数字技能掌握情况 | 45 | 27 | 59 | 133 | 126 |
| 填补技术空缺岗位便利程度 | 41 | 47 | 71 | 129 | 98 |

来源:联合国教科文组织;世界经济论坛《全球竞争力报告2019》《全球高管意见调查》。

### (二)新工业革命背景下金砖国家人力资源应对情况分析

#### 1.政府层面

为更好顺应新工业革命发展潮流,补齐人力资源领域短板,金砖四国近年来出台了一系列支持政策与发展规划,主要集中在以下三个方面:

其一,推动职业教育发展。俄罗斯在新修订的《教育发展纲要》中,将2018—2025年的一大改革重点聚焦在完善职业教育体系上,力求提高各级各类职业教育机构的办学灵活性和专业设置多样性,根据社会需求对职业教育体系进行专业调整和教学改革,以此突破教育系统与社会产业界的人才供需困境。[①]印度在《国家教育政策2020》中提出,到2025年要有至少

---

[①] 周玉婧、张力跃:《俄罗斯职业教育改革新动向探析——基于对〈俄联邦2016—2020年教育发展目标纲要〉的解读》,《中国职业技术教育》2017年第36期。

50%的学生接受职业教育,而在其"十二五"(2013—2018年)规划期间,印度劳动力中接受正规职业教育的比例仅占5%。①联合国教科文组织与印度官方合作于2020年发布了名为《职业教育优先》的专题报告,提出了包括"把学习者以及他们的需求放在职业教育和培训项目的中心""为教师、培训者和评估者创建良好生态系统""关注技能培养、提升和终身学习""确保妇女、残障人士和其他弱势群体均可参与职业教育培训""在职业教育和培训中大规模开展数字化教学""支持当地社区利用印度的文化遗产创造生计""更好地与《联合国2030可持续发展议程》对接"等一揽子政策建议。②巴西早于2011年启动了《国家职业教育和就业方案》,旨在通过扩大基础设施、丰富课程供给等手段,为青壮年特别是低收入群体提供职业和技术教育,第一周期活动吸引了800多万学生参与。南非则通过建立助学金和贷款制度、设立国家技能基金、提供技能认可工具、推出关键技能签证等手段,促进职业教育和技能培训发展③。

其二,重视数字人才培养。俄罗斯于2017年推出"国家数字经济计划",将"数字经济人才"培养作为六大项目之一,力争到2024年底,实现1000万人接受数字扫盲培训,高等教育各机构扩大信息、通信和数字技术相关课程,所有州立大学引入"数字大学"模式等目标。④印度制定的"国家软件产品政策"则计划为100万名信息技术专业人员提供技能提升培训,并培养1万名具备领导能力的专业人员,以此打造雄厚的软件产品行业人

---

① 刘宝存、黄秦辉:《印度高等教育改革的动因、举措和争论——基于对〈国家教育政策2020〉的分析,《西南大学学报(社会科学版)》2022年第2期。

② 王静:《职业教育优先:联合国教科文组织〈印度2020年职业教育报告〉解读》,《中国职业技术教育》2021年第21期。

③ 郭栋、林娴岚:《巴西国家科技创新体系发展现状分析》,载程晶、缴洁、刘明主编《巴西黄皮书:巴西发展报告(2019)》,社会科学文献出版社,第2020年,第208~220页。

④ 杜岩岩、唐晓彤:《面向2030的俄罗斯高等教育数字化转型现实图景与战略规划》,《比较教育研究》2022年第3期。

才库。[①]巴西联邦政府于2018年推出数字转型战略,将"教育与专业培训"确定为九大主题之一,旨在通过数字人力资本的重点投入,提升巴西经济竞争力。为此目标,巴西设立了"工业4.0会议""农业4.0会议"等行业会议机制,由政府、企业及科研机构代表共同参与研讨和项目推进。[②]

其三,探索培养手段改革。2021年,俄罗斯出台《高等教育与科技产业的数字化转型战略》,首次明确提出"高等教育数字化转型"概念,规划到2030年实现俄罗斯高等教育从传统模式向数字一体化、大数据管理模式的转型目标和举措,其中数字大学与数字教育项目追求通过数字档案技术实现学生在高等教育阶段学习、成长与科研轨迹的全过程记录,并能够生成智能化建议,为学生个性化发展提供全方位支持。[③]印度于2018年发起"未来技能倡议",由政府联合行业与科研院校在"未来技能"平台上面向20多万名信息技术领域员工提供人工智能、网络安全、区块链等10种新兴技术的技能培训,涉及70种新岗位和155种新技能。[④]

2. 企业层面

面对新工业革命带来的行业变革,近85%的金砖国家企业有意愿对现有员工进行技能再培训,除南非外的四国企业均对现有员工在工作中习得所需技能抱有较高期待。但与此同时,受访企业中也有83%希望通过自动化实现更多岗位的人机更替,俄罗斯和南非有一半左右的受访企业表示将对缺乏新技能技能的员工进行战略性裁员(见表5-4)。

---

① 王雨洁、吴婧姗、朱凌:《数据赋能工程教育转型:"数字印度"战略及其人才培养实践》,《高等工程教育研究》2022年第1期。

② 郭栋、林娴岚:《新的突破:2019年巴西科技创新政策与发展评析》,载程晶、缴洁主编:《巴西黄皮书:巴西发展报告(2020)》,社会科学文献出版社,2020年,第148~160页。

③ 杜岩岩、唐晓彤:《面向2030的俄罗斯高等教育数字化转型现实图景与战略规划》,《比较教育研究》2022年第3期。

④ 王静:《职业教育优先:联合国教科文组织〈印度2020年职业教育报告〉解读》,《中国职业技术教育》2021年第21期。

表5-4　金砖国家企业提升员工技能的主要策略

| 策略 | 中国 | 俄罗斯 | 印度 | 巴西 | 南非 |
|---|---|---|---|---|---|
| 重新培训现有员工 | 89% | 77% | 92% | 93% | 73% |
| 希望实现工作自动化 | 85% | 69% | 82% | 97% | 82% |
| 雇用具有新技术相关技能的新永久员工 | 83% | 72% | 84% | 87% | 55% |
| 期望现有员工在工作中学习技能 | 90% | 83% | 95% | 84% | |
| 将一些业务职能外包给外部承包商 | 70% | 57% | 65% | 68% | 64% |
| 雇用具有新技术相关技能的新临时员工 | 68% | 57% | 67% | 61% | 64% |
| 雇用具有新技术相关技能的自由职业者 | 55% | | 56% | 55% | 64% |
| 对缺乏使用新技术技能的员工进行战略性裁员 | | 43% | | | 64% |

来源:世界经济论坛《未来工作报告2020》。

　　而国际突发公共卫生事件事实上助推了新工业革命的进程,给金砖国家企业发展战略带来深远影响,五国受访企业中平均有80%表示将会加快工作流程的数字化并提供更多远程办公的机会,60%表示将推进各项任务的自动化,接近一半的企业会更加注重技能培训的数字化(见表5-5)。这些发展趋势对各国劳动力的数字素养提出了更高要求。

表5-5　2020年国际突发公共卫生事件对金砖国家企业战略的影响

| 项目 | 中国 | 俄罗斯 | 印度 | 巴西 | 南非 |
|---|---|---|---|---|---|
| 加快工作流程的数字化（例如使用数字工具、视频会议等） | 92.30% | 80.60% | 87.10% | 92% | 62.50% |
| 提供更多远程工作机会 | 82.10% | 80.60% | 90.30% | 88% | 62.50% |
| 加快任务自动化 | 53.80% | 47.20% | 58.10% | 68% | 75% |
| 加速技能提升/再技能的数字化（例如教育技术提供商） | 53.80% | 33.30% | 51.60% | 52% | 37.50% |
| 临时将员工重新分配到不同的任务 | 41% | | | 40% | |
| 加速正在进行的组织变革（例如重组） | | 30.60% | | | 37.50% |
| 加快实施技能提升/技能再培训方案 | | | 48.40% | | |

来源:世界经济论坛《未来工作报告2020》。

　　从培训形式上看,外部在线培训已日渐普及,在所有金砖国家都是仅次于企业内部培训的培训形式,在中国、印度和巴西三国占比均已超过20%(见表5-6)。

表5-6　金砖国家企业提升员工技能的主要形式

| 形式 | 中国 | 俄罗斯 | 印度 | 巴西 | 南非 |
|---|---|---|---|---|---|
| 内部学习与发展 | 40.70% | 38.60% | 41.50% | 36.90% | 55.90% |
| 外部在线培训 | 20.40% | 18.30% | 21.10% | 22.60% | 15.80% |
| 私立培训机构 | 17.50% | 15.90% | 17.70% | 19.90% | 9.50% |
| 私立教育机构 | 7.20% | 7.80% | 5.40% | 8.60% | 4.20% |
| 公立教育机构 | 6.90% | 9.90% | 8.40% | 6.70% | 7.30% |
| 公立培训机构 | 7.20% | 9.60% | 5.90% | 5.30% | 7.30% |

来源:世界经济论坛《未来工作报告2020》。

### (三)新工业革命背景下金砖国家人力资源需求情况分析

#### 1. 金砖国家新兴技术需求情况分析

调查显示,人工智能,网络安全,物联网,大数据,文本、图像和语音处理,非人型机器人,分布式账本,增强和虚拟现实等新工业革命技术是金砖国家共同关注的前沿领域(见表5-7)。[1]其中,人工智能的受重视程度尤为突出,平均92.8%的金砖国家受访企业均将其视为到2025年公司增长战略的重要组成部分,在印度和巴西这一比率更是高达98%与97%。不同金砖国家间的技术需求存在一定差异。总体而言,俄罗斯在前沿技术的采用意愿上要明显低于其他金砖国家,仅有66.8%的受访企业将新工业革命主流技术融入公司的未来发展规划,而其他国家这一比率均在80%以上。在具体技术类别上,中国企业对电子商务与数字贸易、3D及4D打印建模技术有独特偏好,其余四国则在能源储存与生产、云计算方面存在较为普遍的兴趣。

---

① The Future of Jobs 2020. Geneva: World Economic Forum.2020.

表5-7　金砖国家新兴技术需求排行情况

| 技术 | 中国 | | 俄罗斯 | | 印度 | | 巴西 | | 南非 | |
|---|---|---|---|---|---|---|---|---|---|---|
| | 比率 | 排序 | 比率 | 排序 | 比率 | 排序 | 比率 | 排序 | 比率 | 排序 |
| 人工智能（如机器学习、神经网络、自然语言处理） | 96% | 1 | 80% | 1 | 98% | 1 | 97% | 1 | 93% | 1 |
| 加密和网络安全 | 94% | 2 | 76% | 2 | 88% | 4 | 94% | 3 | 93% | 1 |
| 物联网和互联设备 | 90% | 3 | 73% | 3 | 95% | 2 | 97% | 1 | 87% | 3 |
| 大数据分析 | 88% | 4 | 71% | 5 | 90% | 3 | 94% | 3 | 87% | 3 |
| 电子商务和数字贸易 | 86% | 5 | 65% | 8 | | | | | | |
| 非人型机器人（工业自动化、无人机等） | 84% | 6 | 72% | 4 | 81% | 6 | 84% | 6 | 87% | 3 |
| 文本、图像和语音处理 | 78% | 7 | 67% | 6 | 86% | 5 | 91% | 5 | 87% | 3 |
| 增强和虚拟现实 | 73% | 8 | 50% | 9 | 77% | 7 | 84% | 7 | 79% | 9 |
| 分布式账本技术（如区块链） | 69% | 9 | 66% | 7 | 73% | 9 | 74% | 9 | 86% | 7 |
| 3D和4D打印建模 | 66% | 10 | | | | | | | | |
| 能源储存与生产 | | | 48% | 10 | 75% | 8 | 78% | 8 | 80% | 8 |
| 云计算 | | | | | 64% | 10 | 71% | 10 | 71% | 10 |

来源：世界经济论坛《未来工作报告2020》。

全球拥有7.74亿用户的职业社交网站领英（LinkedIn）基于过去5年对20个主要经济体的大数据分析指出，在金砖国家最为重视的人工智能和数据领域，最为旺盛的需求集中在需要颠覆型技术的数据科学、开发工具和人工智能方向，以及以基准型技术为依托的数据存储、软件开发生命周期、网页开发等方向（见表5-8）。[1]

---

[1] Jobs of Tomorrow. Geneva: World Economic Forum.2020.

表5-8　人工智能和数据领域技术需求

| 排序 | 技术方向 | 技术类型 |
|---|---|---|
| 1 | 数据科学 | 颠覆型技术 |
| 2 | 数据存储 | 基准型技术 |
| 3 | 开发工具 | 颠覆型技术 |
| 4 | 人工智能 | 颠覆型技术 |
| 5 | 软件开发生命周期（SDLC） | 基准型技术 |
| 6 | 管理咨询 | 商业型 |
| 7 | 网页开发 | 基准型技术 |
| 8 | 数字人文 | 基准型技术 |
| 9 | 科学计算 | 基准型技术 |
| 10 | 计算机网络 | 基准型技术 |

来源：领英（LinkedIn）。

### 2.金砖国家新增岗位需求情况分析

新工业革命催生了新的岗位需求。世界经济论坛对26个经济体15个行业的调查显示,到2025年,新兴岗位占受访公司员工总数的比例将从2020年的7.8%增长至13.5%,预计人与机器间的分工转移将取代8500万个现有岗位,但同时也可能出现9700万个更适应人类、机器和算法分工平衡的新岗位。[1]金砖国家同样处于这一趋势中,数据分析师、人工智能与机器学习专家、大数据专家是五国共同亟需、缺口庞大的新增工作岗位类型（见表5-9）。

与此同时,金砖国家在新工业革命发展进程上处于不同阶段,已存在明显差距,这在2020—2025年的各国新增岗位需求上有鲜明反映。中国、印度和巴西三国的主要新增岗位类型大都源自新工业革命催生的行业领域,如信息安全分析师、数字化转型专家、物联网专家、金融科技工程师等。而俄罗斯和南非的主要新增岗位类型中还有相当比例来自传统行业领域,如管理人员、销售代表、法务专员、化剂师等。

---

[1] The Future of Jobs 2020. Geneva: World Economic Forum.2020.

表5-9 金砖国家新增岗位需求排行情况

| 岗位 | 中国 | 俄罗斯 | 印度 | 巴西 | 南非 |
|---|---|---|---|---|---|
| 数据分析师 | 1 | 2 | 2 | 2 | 2 |
| 人工智能和机器学习专家 | 2 | 1 | 1 | 1 | 10 |
| 大数据专家 | 3 | 3 | 5 | 5 | 6 |
| 信息安全分析师 | 4 | | 3 | | |
| 数字化转型专家 | 5 | | | 4 | |
| 物联网专家 | 6 | | 4 | 3 | |
| 数字营销和战略专家 | 7 | 8 | 8 | 7 | |
| 供应链和物流专家 | 8 | | | | |
| 金融科技工程师 | 9 | | 7 | | |
| 装配工和工厂工人 | 10 | | | | 7 |
| 管理和组织分析员 | | 7 | | 6 | 4 |
| 项目经理 | | | 6 | 8 | |
| 过程自动化专家 | | 6 | | 9 | 1 |
| 企业服务和行政经理 | | 10 | | 10 | |
| 软件和应用程序开发人员 | | 4 | 9 | | |
| 销售代表、批发和制造商 | | 5 | | | |
| 数据库和网络专业人员 | | 9 | | | |
| 商业发展专员 | | | 10 | | 5 |
| 社会心理学家 | | | | | 3 |
| 合规法务专员 | | | | | 8 |
| 化学师和化学实验员 | | | | | 9 |

来源：世界经济论坛《未来工作报告2020》。

### 3.金砖国家新兴技能需求情况分析

在金砖国家受访企业所提供的未来四年越来越重要的技能列表中，[1] 分析思维和创新能力，复杂问题解决能力，主动学习和学习策略，批判性思维和分析能力，创造力、原创性和主动性，情绪智力，领导力和社会影响力等名列前茅，是所有金砖国家共同重视的能力要素（见表5-10）。当前金砖国家的技能培训重点与上述需求基本契合，主要集中在分析思维和创新

---

① The Future of Jobs 2020. Geneva: World Economic Forum.2020.

能力,领导力和社会影响力,主动学习和学习策略,批判性思维和分析能力,创造力、原创性和主动性等方面(见表5-11)。

值得关注的是,情绪智力是金砖国家当前培训较少涉及却又普遍看重的技能领域。情绪智力包括关心他人、协作精神、社会导向与社会感知力等维度,它要求工作者能够敏锐感受他人需求、具有共情理解能力并乐于提供帮助,在工作团队中能够与他人建立广泛联系,相处融洽,表现出积极的合作态度。这一能力素质对新工业革命背景下劳动者处理人文与数字的和谐共生关系具有重要价值,未来应通过有针对性的课程研发予以重点加强。

表5-10　金砖国家未来5年技能需求排行

| 技能 | 中国 | 俄罗斯 | 印度 | 巴西 | 南非 |
|---|---|---|---|---|---|
| 分析思维和创新 | 1 | 2 | 1 | 2 | 1 |
| 解决复杂问题的能力 | 3 | 1 | 2 | 7 | 5 |
| 主动学习和学习策略 | 2 | 3 | 3 | 1 | 15 |
| 批判性思维和分析能力 | 7 | 6 | 4 | 6 | 2 |
| 创造力、原创性和主动性 | 5 | 8 | 8 | 3 | 7 |
| 情绪智力 | 8 | 4 | 7 | 5 | 11 |
| 领导力和社会影响力 | 11 | 13 | 9 | 4 | 4 |
| 技术使用、监控和控制 | 9 | 7 | 11 | 13 | 8 |
| 故障排除和用户体验 | 12 | 9 | 13 | 12 | 3 |
| 推理、解决问题和思考 | 10 | 12 | 10 | 11 | 14 |
| 技术设计和编程 | 4 | 10 | 6 | 9 | |
| 韧性、压力容忍度和灵活性 | 6 | 5 | 5 | | 13 |
| 服务导向 | 13 | 11 | 12 | 10 | |
| 系统分析和评估 | 14 | | 14 | 14 | 6 |
| 质量控制和安全意识 | 15 | | | | 9 |
| 适应力和灵活性 | | | | 8 | |
| 说服和谈判 | | 14 | 15 | 15 | 10 |
| 注重细节,值得信赖 | | 15 | | | |
| 技术安装与维护 | | | | | 12 |

来源:世界经济论坛《未来工作报告2020》。

表5-11　金砖国家当前技能培训重点领域

| 技能 | 中国 | 俄罗斯 | 印度 | 巴西 | 南非 |
|---|---|---|---|---|---|
| 分析思维和创新 | 1 | 3 | 1 | 2 | 1 |
| 领导力和社会影响力 | 2 | 7 | 3 | 1 | 5 |
| 主动学习和学习策略 | 3 | 5 | 2 | 3 | 10 |
| 批判性思维和分析 | 5 | 8 | 4 | 4 | 6 |
| 创造力、原创性和主动性 | 8 | 1 | 6 | 9 | 8 |
| 技术设计和编程 | 4 | | 5 | 5 | 3 |
| 解决复杂问题 | 6 | 2 | 7 | | 2 |
| 推理、解决问题和思考 | 7 | 10 | | 7 | 7 |
| 适应力、承受压力和灵活性 | | 9 | 9 | 10 | 9 |
| 服务导向 | 9 | | | 6 | |
| 技术使用、监测和控制 | 10 | | 8 | | |
| 人事管理 | | 4 | | 8 | |
| 情绪智力 | | 6 | | | |
| 质量控制和安全意识 | | | 10 | | 4 |

来源：世界经济论坛《未来工作报告2020》。

### 三、金砖国家新工业革命领域人才培养未来发展与政策思考

教育合作是金砖合作走深走实的表现与保障,也是金砖国家新工业革命领域人才培养的重要路径与策略。教育合作与人才培养,作为人文交流的重要支柱,对于促进金砖国家民心相通具有非常重要的意义。下文就如何加强金砖国家教育合作与人才培养具体提出六点建议。

#### (一)人才培养多方主体联动

金砖国家教育合作通常是由金砖国家领导人会晤提出合作倡议,金砖国家教育部长会议提出合作目标,金砖国家教育合作机制、地方政府部门等制定合作方案并整合合作资源,金砖国家相关校企负责落实合作。

#### 1.国家

金砖国家政府在金砖合作中是重要的政策制定者和协调者。金砖国家教育部长会议自2013年首次召开以来,一直致力于推动高等教育研究

合作、建设金砖大学联盟、创建金砖教育网络、提升教育技能等,陆续通过《巴西利亚教育宣言》《莫斯科教育宣言》《新德里教育宣言》和《北京教育宣言》等文件。历届会议及宣言可以看出,金砖国家高等教育合作的目标是:"建立金砖国家网络大学和金砖国家大学联盟;开发金砖国家高等教育学历学位互认框架;开发共同的资格认证和质量保障原则;建立研究和教育卓越中心网络,优先在金砖国家一流大学中发展主要合作领域;支持联合研究项目,在研究生和博士后研究阶段开展更多的合作项目,推出金砖国家大学的联合学术成果;推动金砖国家大学成员之间的结构性对话和经验交流;在现任主席国所在国举办金砖国家网络大学年会;推动学生流动,扩大奖学金名额;鼓励教职人员特别是金砖国家网络大学确定的六个优先合作领域的教职人员交换;与其他金砖国家倡议(如金砖国家智库理事会)合作建立促进金砖国家研究合作和知识转移的框架;整合金砖国家大学联盟和金砖国家网络大学,使二者形成合力;支持金砖国家网络大学数字化活动,包括开发和实施在线研究生课程、数字化教育技术、数字化学习—教学—测试工具和资源以及行政法规框架;组织暑期/冬季学校,为年轻一代搭建交流合作平台。"①

金砖国家教育合作机制。金砖国家大学联盟于2015年在中国北京正式成立。联盟是金砖国家大学间进行双边和多边往来的平台,是推进金砖国家教育合作和人文交流的重要机制,是服务金砖国家政策研究的国际智库。联盟遵循开放包容合作共赢的金砖精神,致力于联合金砖国家教育界开展共同研究及培养国际化高端人才,同时对国际社会开放,积极寻求与其他国家大学、研究机构和知名国际智库等开展多种形式的合作,以发挥教育和智库在金砖国家和世界主要新兴经济体战略决策和可持续发展中的重要作用。联盟由来自金砖国家的近50所知名大学组成,永久秘书处

---

① 孙进:《金砖国家高等教育多边合作的意义、机制与进展》,《高等教育研究》2021年第9期。

设在中国北京师范大学。

金砖国家网络大学是金砖国家高等教育多边合作的一大机制,由俄罗斯主导,秘书处设在俄罗斯乌拉尔联邦大学。金砖国家网络大学56所成员高校(中国11所、俄罗斯12所、印度12所、巴西9所、南非12所),在能源、计算机科学和信息安全、金砖国家研究、生态学和气候变化、水资源和污染治理、经济学6个优先合作的知识领域,根据共同认可的质量标准,开发双边或多边的短期培训项目,硕士、博士研究生培养项目及科研合作项目。

金砖国家职业教育联盟在金砖五国职业教育主管部门支持和指导下,由各国行业组织、职业院校、研究机构和企业等组成,五国发起成员单位共68家,于2022年4月成立。成立大会上,中国教育部副部长田学军发表视频致辞,他指出,在五国的共同努力下,金砖国家职业教育联盟正式成立,这对于促进五国职业教育改革发展、打造对话和信息平台、推动职业教育合作走深走实具有重要意义。田学军对联盟未来发展提出三点建议:一是五国共同参与,确保取得实效,联盟建设应秉持开放合作理念,充分发挥每个国家、每个成员的积极性。二是深化产教融合,不断增强职业教育适应性,培养更多适应经济社会发展需求的高素质人才。三是创新发展途径,利用现代技术加快技能人才培养模式改革,加大绿色技术和数字化赋能推广力度。①

## 2. 地方政府

地方政府在制定合作方案与整合合作资源中发挥着重要作用。2020年11月17日,习近平主席在金砖国家领导人第十二次会晤上宣布,中方将在福建省厦门市建立金砖国家新工业革命伙伴关系创新基地,开展政策协调、人才培养、项目开发等领域合作,欢迎金砖国家积极参与。这为厦门市

---

① 《金砖国家领导人第十四次会晤》,http://brics2022.mfa.gov.cn/dtxw/202204/t20220429_10680521.html?msclkid=37e9fddbc87111ec80b3396b5bb6e948。

打造金砖品牌提供了前所未有的发展机遇。

广西壮族自治区政府是中国-东盟职业教育合作的关键性推动力量,其经验对厦门市开展金砖教育合作具有一定借鉴意义。第一,中国与东盟国家联合签署了教育交流合作协议及学历互认协议,从而为双方职业教育的合作提供政策扶持和制度保障。第二,双方的政府为参与职业教育学习活动的学生设立了专门的奖学金,调动了学生在专业学习层面的积极性与主动性。第三,在政府的联合推动下,中国广西的南宁职业技术学院、广西华侨学校等职业院校与越南、泰国和马来西亚等东盟国家开展教育合作,主要通过互派师生、短期走访和夏令营等交流活动来开展职业教育合作,从而在国际化交流与合作中全面提升职业教育合作质量。[①]

厦门市可通过金砖国家部长级会议、职业教育联盟等,争取国家和合作机构等的政策倾斜和资源支持;建立更加健全完善的机制,吸引更多校企参与;激活已有校企的参与度;深入了解高校、企业在参与金砖合作中的困难和问题;为参与金砖人才培养的高校和企业提供政策与经费支持。例如,根据《中华人民共和国职业教育法》第二十七条规定:"对深度参与产教融合、校企合作,在提升技术技能人才培养质量、促进就业中发挥重要主体作用的企业,按照规定给予奖励;对符合条件认定为产教融合型企业的,按照规定给予金融、财政、土地等支持,落实教育费附加、地方教育附加减免及其他税费优惠。"[②]

3.高校

金砖国家相关校企是教育合作的具体落实者。高等院校包括普通院

---

① 马金娟:《"一带一路"背景下中国广西与东盟国家职业教育合作机制研究》,《东南亚纵横》2021年第3期。

② 《中华人民共和国职业教育法》,1996年5月15日第八届全国人民代表大会常务委员会第十九次会议通过,2022年4月20日第十三届全国人民代表大会常务委员会第三十四次会议修订,新华网,http://www.news.cn/politics/2022-04/21/c_1128579359.htm。下文所引用其规定,简称《职业教育法》,均来源于此,不再一一注释。

校和职业院校都可以更加积极地参与金砖教育合作与人才培养。

中国–东盟职业教育合作成果具有一定借鉴意义。在教育部国际合作与交流司的支持和指导下,中国教育国际交流协会于2018年起实施"中国–东盟双百职校强强合作旗舰计划",旨在建立职教领域长期、稳固的机制化合作平台,鼓励深层次、多形式、实质性合作,推广一批有特色有成果的合作项目。截至2021年,"双百计划"已遴选出4批共80个与东盟成员国开展的特色职教合作项目,主动服务外交大局和各国经济与社会发展,聚焦高铁、通信、智能制造、航空航海、农业技术等特色专业,开展来华留学、境外办学、师资培训、联合培养等合作,成为中国–东盟职教合作品牌项目,是构建中国–东盟职教共同体的重要组成部分。①

2021年,金砖创新基地举行"厦门金砖新工业能力提升培训基地联盟"授牌仪式。首批共有厦门大学、华侨大学、厦门技师学院、厦门海洋职业技术学院、厦门城市职业学院等五所高校获授牌。首批获授牌的五所高校将发挥各自擅长的专业领域,开发针对金砖国家发展需求的多语种线上线下职业教育培训课程,开展多层次、多领域人才培养工作。②

未来,高校可以充分利用自身的整体优势或学科优势,加大宣传力度,吸引更多来自金砖国家的师生,开展更多的科研合作和人文交流项目;此外,我们要更好地研究金砖国家的著名大学和优势学科,在此基础上更有针对性地开展合作与交流,满足我国高校的发展需要。③

### 4. 企业

企业在校企合作共同培育金砖国家职业技能人才方面扮演着重要角

---

① 中国教育国际交流协会,http://www.ceaie.edu.cn/article/2312.html?msclkid= ba0eab06c87011ec8c1ed542f050d398。

② 李晓平:《厦大等五所院校成为"厦门金砖新工业能力提升培训基地联盟"首批成员单位》,《厦门日报》2021年10月21日。

③ 孙进:《金砖国家高等教育多边合作的意义、机制与进展》,《高等教育研究》2021年第9期。

色。在金砖国家新工业革命伙伴关系框架下,数字信息服务技术高度发展的厦门已有一批企业先行先试、走出国门,在金砖国家间深入开展产业合作。例如,厦门科华数据公司在俄罗斯、印度等金砖国家建设数据中心;厦门美亚柏科为俄罗斯、南非等金砖国家提供电子数据取证技术和产品服务;星纵智能公司第五代移动通信技术工业路由器成功应用于俄罗斯智慧城市、南非跨国食品厂安保、印度学校监控等项目。[1]

企业不仅为商业利益追求开拓海外市场,还肩负着人才培训、培养方面的社会责任。倍视传媒是一家影视动画产业公司,公司在聚集国内影视人才的同时,也吸引了一批来自印度等金砖国家的外籍人才。倍视传媒副总裁谢宁表示,希望借由金砖创新基地的建设,与金砖国家在人才培训、技术研发、项目孵化和制作等方面展开合作。[2]《职业教育法》第九条规定:"推动企业深度参与职业教育,鼓励企业举办高质量职业教育。"第二十四条规定:"企业开展职业教育的情况应当纳入企业社会责任报告。"

建议从已经参与金砖合作的厦门企业入手,充分发挥这些企业在金砖人才培养中的作用。一方面,鼓励企业开展在职员工培训;另一方面,鼓励开展校企合作,培养未来金砖国家技能人才。此外,行业协会对各自行业领域的人才培养也具有重要功能。

**(二)人才培养多种类型齐放**

高等教育是指建立在普通教育基础上的专业性教育,以培养各种专门人才为目标。我国高等教育的培养层次包括专科教育、本科教育和研究生教育。职业教育是指为了培养高素质技术技能人才,使受教育者具备从事某种职业或者实现职业发展所需要的职业道德、科学文化与专业知识、技

---

①厦门市金砖国家新工业革命伙伴关系创新基地建设领导小组办公室:《金砖创新基地走向科技创新与合作务实阶段》,2021年10月18日,https://jzb.xm.gov.cn/Pages/Home/NewsDetail.aspx?rowId=196。

②陈璐:《火炬金砖创新合作研讨会举办:抢抓金砖机遇 分享投资经验》,《厦门日报》,2022年4月16日。

术技能等职业综合素质和行动能力而实施的教育,包括职业学校教育和职业培训。高等教育、职业教育、企业在职员工培训虽然内容与目标各异,但又非泾渭分明。高等院校设置职业教育专业,培养职业教育师资;无论普通高等院校还是职业院校,都与企业进行校企合作、产教融合,只是职业院校此方面的更加突出;企业在职员工也可以通过普通高等院校和职业教育院校,开展在职员工再学习、培训。

### 1.高等教育

国际化是世界各国大学的重要发展目标之一,也为金砖国家高等教育合作提供了原动力。华北水利水电大学乌拉尔学院是中俄人才培养深度合作的典范。2015年,教育部批准华北水利水电大学依托其学科优势,重点在水资源和污染治理、能源两个学科领域开展与乌拉尔联邦大学的合作;2016年,华北水利水电大学与乌拉尔联邦大学牵头组织筹建"水工程与能源研究中心",同年该研究机构的俄罗斯分部揭牌。"水工程与能源研究中心"是"金砖国家网络大学"框架下成立的第一个国际研究实体机构,为合作双方师生进行实践科研项目提供了良好的平台。学生在学习过程中直接参与教师的科研课题,在参与科研的过程中进一步明确研究方向,加深专业学习深度,提高专业能力。2016年,中、俄双方为加强教育合作,开始合作办学,成立了中俄工程学院,目前已有两百多名在校生。2018年,华北水利水电大学与乌拉尔联邦大学联合创办了华北水利水电大学乌拉尔学院,成为金砖国家大学组织框架下第一个合作办学实体,是"金砖国家网络大学"人才培养深度合作的典范。学生在中方完成所有课程的学习、考核,即可同时获得两个国家的本科学位。[①]

高等教育合作是金砖国家新工业革命领域人才培养的重要平台。建议拓宽中国高校与金砖国家高校的合作方式和内容,充分发挥各学校国际

---

① 高长征、田伟丽、刘嘉琪:《金砖国家网络大学人才培养模式探讨》,《高等建筑教育》2020年第6期。

教育交流部门的职能,积极开展国际教育交流,并将之纳入金砖合作框架之下。

### 2.职业教育

前文分析指出,金砖国家为更好顺应新工业革命发展潮流,补齐人力资源领域短板,近年来出台了一系列支持政策与发展规划,促进职业教育和技能培训发展。这与我国近年大力支持职业教育的政策方针遥相呼应。《职业教育法》第二十九条规定:"企业等根据区域或者行业职业教育的需要建设高水平、专业化、开放共享的产教融合实习实训基地,为职业学校、职业培训机构开展实习实训和企业开展培训提供条件和支持。"第三十条规定:"鼓励和支持有技术技能人才培养能力的企业特别是产教融合型企业与职业学校、职业培训机构开展合作,对新招用职工、在岗职工和转岗职工进行学徒培训,或者与职业学校联合招收学生,以工学结合的方式进行学徒培养。有关企业可以按照规定享受补贴。企业与职业学校联合招收学生,以工学结合的方式进行学徒培养的,应当签订学徒培养协议。"

如何发挥职业院校的作用是职业教育发展面临的重要问题。"柳工-柳职院泰国国际工匠学院"的创办提供了以就业为导向、企业深度参与、服务中泰两国机械产业发展的国际合作新模式。2021年12月23日,柳州职业技术学院(下称"柳职")、广西柳工机械股份有限公司(下称"柳工")、泰国正大管理学院三方合作办学正式签约,启动在泰国共建"柳工-柳职院全球客户体验中心泰国分中心""柳工-柳职院泰国国际工匠学院"。根据协议,"本次三方合作中由柳工负责投入培训教学设备,提供技术支持;柳职负责职业教育标准输出,做好教师培训及学生认证;泰国正大管理学院负责场地建设,通用设备投入及教学组织与实施。三方共同开展泰国学生柳工订单培养,开展柳工海外员工、经销商体系及终端客户员工培训。合作实行"中文+职业技能"模式,三方优势互补,实现职业教育为中国企业海外发展持续提供人才供给和员工终身培训支持的目标,构建以就业为导向,企业深度参与的中国职业教育国际合作经典模式。其中,柳职输出的课程中包括汉语课程,泰国订单班学生通过专业技能与语言考核后,成绩优秀的学生将获得柳职和柳工共同设立的奖学金,作为种子技术骨干到柳州培训和实习。"①这是产教融合、校企协同、国际合作方面的"柳州方案"和"柳职-柳工样本",是柳州职业教育伴随中国企业"走出去"的又一次重要探索。

厦门也有区域、领域优势的企业和职业院校,尽管已有数所厦门职业院校参与到金砖合作之中,但可以进一步激活校企的主体作用,以企业和职业院校为主,在政府的政策支持协调之下,开展校企协同与国际合作,实现校企共赢。只有校企从金砖合作中真正获益,才能真正激发校企在金砖人才培养中的主人翁意识,提升校企的参与度和贡献力。初期可以树立标杆典型进行试验,后期可以在不断完善中扩大规模。

3.员工培训

前文分析指出,面对新工业革命带来的行业变革,近85%的金砖国家企业有意愿对现有员工进行技能再培训;培训形式上依次是,企业内部培训、外部在线培训、培训机构和教育机构。《职业教育法》对企业员工培训也有规定。例如,第五十八条规定:"企业应当根据国务院规定的标准,按照职工工资总额一定比例提取和使用职工教育经费。职工教育经费可以用于举办职业教育机构、对本单位的职工和准备招用人员进行职业教育等合理用途,其中用于企业一线职工职业教育的经费应当达到国家规定的比例。用人单位安排职工到职业学校或者职业培训机构接受职业教育的,应当在其接受职业教育期间依法支付工资,保障相关待遇。"

在中国-东盟自由贸易区的建设过程中,企业员工培训也是中国企业走出去需要面对的主要问题之一。中国企业在入驻东盟时需要招纳大量的当地员工,对于这类员工的培养,周期较长的学历教育并不适合,但可以采用短期培训、企业委托培养等方式,针对性地培训企业现实所需的技术

---

① 《柳职与柳工走出国门办国际工匠学院》,《中国日报》,https://gx.chinadaily.com.cn/a/202112/24/WS61c55f2fa3107be4979fecd5.html。

和技能。①

在我国企业向金砖国家走出去的过程中,也会出现本地员工、外派员工不掌握金砖国家语言,外国籍员工来华工作面临环境不适应、海外招聘当地员工出现文化和制度差异等问题。为此,建议相关企业通过内部培训、外部教育培训机构等多种方式和资源,为金砖经贸合作和人员往来做好培训储备。

（三）人才培养重点领域突破

前文指出,新工业革命背景下,人工智能、加密和网络安全、物联网和互联设备、大数据分析等新工业革命技术是金砖国家共同关注的前沿领域,数据分析师、人工智能与机器学习专家、大数据专家等是金砖国家共同亟需、缺口庞大的新增工作岗位类型。厦门市拥有电子信息、装备制造、旅游文化、现代物流、金融服务五大产业集群,以及平板显示、计算机与通信设备等十三条千亿产业链。厦门市发改委于2021年9月发布《厦门市重点发展产业指导目录（2021年本）》。产业目录共有平板显示、计算机与通信设备、半导体与集成电路、软件和信息服务、机械装备、新材料、生物医药与健康、旅游会展、现代物流、金融服务、文化创意、都市现代农业、海洋经济13个一级目录。金砖基地将重点发展人工智能、新一代信息技术、半导体和集成电路、智能硬件和智能制造、物联网技术、生物医药与医疗器械、新能源、新材料等领域。在相关领域中可以积极探索"领域+语言"培养模式。

1.中国本土"领域+语言"人才

在语言人才方面:第一,我国高校,特别是职业院校,重视商务英语、专业英语课程教学,结合金砖合作特点和需要,加强金砖国家政治、经济、法律、文化相关的英语教学内容,使学生的学习内容与未来的工作紧密相连。第二,除英语外,加强葡萄牙语、俄语、印地语、南非语等小语种的课程设

① 石超、张荐华:《"一带一路"背景下中国-东盟自由贸易区人才需求预测》,《广西社会科学》2018年第3期。

置,加强国别区域研究人才培养,增进相关人才对金砖四国的认知。加快国内金砖国家语言人才、国际组织人才、国别和区域研究人才培养。

在领域人才方面:第一,针对金砖合作情况,以实际岗位需求设定培养目标。第二,通过校企合作等方式,为国内有志于从事金砖合作的人才提供海外交流、实习、就业等机会。第三,加强人才考核体系的建设,从学校到企业,再到行业协会资质认证,提升人才培养质量。第四,建立健全人才服务体系,增强对专业人才的吸引力度。

此外,国内普通高校和职业院校,可以探索"领域+语言"复合型人才培养模式,即除专门语言翻译类人才之外,为人工智能、生物医药等领域人才提供一定语言选修、培训的机会,提升专业人才同金砖四国的语言交际能力。

### 2.金砖四国"领域+语言"人才

通过交流项目、奖学金等,鼓励金砖四国青年积极学习汉语,增进他们对中国的认知。例如,2016年南非罗德斯大学孔院与南非北汽集团曼德拉湾分公司达成合作,在孔院学习的高年级学生可以进入南非北汽集团实习,现在已经有一位孔院学生正式在北汽集团入职。这一直接措施为学生指明了学习汉语的直接价值,南非就业率低,为学生提供就业机会是直接增强学习动机的重要方法。大多数学生不了解当代中国,当地一些课本上的中国形象已经远远落后于现在的中国,因此有部分学生依然认为中国落后,除了每年的夏令营活动让学生直接接触当代中国之外,教师也需要在课堂上为学生介绍现在发展迅猛的中国,更新学生的观念,从而增强学生的汉语学习动机。[1]

此外,对于金砖四国,也同样采用"领域+语言"复合型人才培养,即除专门语言翻译类人才之外,为人工智能、生物医药等领域的金砖国家人才

---

[1] 陈虹娇:《南非中文专业大学生汉语学习动机与文化认同研究》,暨南大学硕士学位论文,2018年。

提供一定语言选修、培训的机会,提升专业人才同我国的语言文化交际
能力。

### (四)人才培养双向流动共赢

金砖国家人才培养需要实现引进来和走出去双向流动,二者缺一
不可。

### 1.引进来

随着中国综合国力的不断提升、教育对外开放步伐的不断加快以及高
等教育竞争力的不断提升,近年来来华留学生总人数显著增长,其中金砖
国家来华留学生人数在2010—2018年间增长了一倍,从2010年时的
22641人增长到2018年的46881人,增速比来华留学生总人数较快。此
外,金砖国家来华留学生获得中国政府奖学金的人数也不断增长,从2010
年的1184人增长到2018年的4509人;在金砖国家来华留学生中,获得中
国政府奖学金的比例也从2020年的5.3%增至2018年的9.6%。[①]

地方政府也积极完善引才政策,吸引海外人才,例如广西的"东盟杰出
青年科学家来华入桂工作计划"。其管理架构由主管部门、执行管理机构
和接收单位组成。主管部门为广西壮族自治区科学技术厅,具体由外国专
家服务与引进智力处组织实施;执行管理机构为广西东盟技术转移中心;
接收单位为依法在广西壮族自治区内设立的法人科研机构、高校或企业。
项目经费分为自治区科技厅资助经费和接收单位配套经费两部分。由科
技厅资助的经费实行"包干制",接收单位配套经费由各单位根据实际情况
及需要设立。涉及在科技创新领域有突出贡献、有利于推动广西与东盟国
家科技创新、有利于构建双向合作关系、有利于促进产业高质量发展的以
下三类人才:目前任职于自治区外的高校、科研院所或企业的东盟籍青年

---

① Cheng Jing, "BRICS Students Education in China from 2010 to 2018: Develop-
ment, Problems and Recommendations." *Conjuntura Austral: Journal of the Global South*,
2020,11(53):67-91. 孙进:《金砖国家高等教育多边合作的意义、机制与进展》,《高等教育
研究》2021年9月。

科学家；就读于中国境内外高校的东盟籍博士研究生应届毕业生；区域全面经济伙伴关系协定成员国、"一带一路"相关国家以及其他国际机构的东盟籍青年人才。①

目前，厦门已开展吸引金砖国家人才来厦工作的相关活动，如2021厦门金砖创新基地人才赛道暨留学人才创新创业大赛启幕，吸引留学人才回国创新创业合作项目签约。但根据笔者前期调查，厦门市俄罗斯、巴西、南非、印度籍外专人才，四国回国留学生、华侨华人人才等，仍相对紧缺。建议在当前开展线上教学培训的同时，启动规划后疫情时代的线下人才交流项目。形成更为系统的多边人才交流方案，提供更多金砖国家人才来厦、来闽交流学习与工作机会。具体可考虑：为金砖国家留学归国人才、金砖国家籍外国人才提供特别引进补贴；依托海外院校合作平台，提供金砖专项奖学金项目，吸引海外学生来厦留学；为金砖国家与中国有金砖经贸往来的企业员工，提供来中国参加培训的机会和补助等。

2. 走出去

在"引进来"的同时，推动资助本土人才赴金砖国家学习交流，进一步加强金砖国家间的人才交流。中国先后与46个国家和地区签订了学历学位互认协议，并且正在积极实施中国《留学行动计划》，2016年共选拔226名国别区域研究人才赴34个国家，选派908名涉及37门非通用语种人才出国培训进修。截至2016年底，中外合作办学共有2539个，中外合作办学得到稳步发展。高校已在境外举办了4个机构和98个办学项目，分布在14个国家和地区，大部分在"一带一路"沿线地区。另外，在中国"一带一路"倡议下，沿线许多国家和地区邀请中国一些高校出境合作办学，这将为中国与"一带一路"沿线国家教育发展创造新的机遇。②

---

① 广西壮族自治区科学技术厅：《2021年"东盟杰出青年科学家 来华入桂工作计划"项目指南》，http://talents.kjt.gxzf.gov.cn/c/dmjq/article/1353866099196325888。

② 陈万灵：《引领"一带一路"人文交流合作的"金砖路径"》，《亚太经济》2017年第3期。

据此,一方面,可以积极发挥已经走出去的平台的桥梁纽带作用,推动金砖合作;另一方面,可鼓励国内校企与金砖国家校企建立新的金砖合作平台。

**(五)人才培养平台机制保障**

**1.平台保障**

校企培训中心、创新中心、实验室等机构平台的不断完善是金砖合作走深走实的表现与保障。广西在与东盟的发展合作中,相继联合科研院所与东盟国家成立了中国-东盟传统药物研究国际合作联合实验室等20个联合实验室或创新中心,建设了中越边境农业科技走廊、中国-老挝合作农业科技示范基地等12个农业科技园区。广西中医药大学与东盟国家长期开展国际合作,在广西壮族自治区科技厅的大力支持下,于2017年开始建设"中国-东盟传统药物研究联合实验室",2020年挂牌。特邀请刘昌孝院士担任联合实验室主任。联合实验室创建以来,中国与东盟10国的专家们开展了一系列的科学研究和学术交流。实验室成员单位包括:广西中医药大学、天津药物研究院药释药技术与药代动力学国家重点实验室、南开大学药物化学生物学国家重点实验室、中国科学院长春应用化学研究所国家电化学和光谱研究分析中心、科技部国家(长春)质谱中心、广东药科大学国家中医药管理局中药数字化质量评价重点研究室、新加坡国立大学杨璐龄医学院、泰国孔敬大学人类高效能与健康促进研究所、马来西亚拉曼大学学院、柬埔寨卫生科技大学、老挝卫生部传统药物研究所、科鼎国际(马来西亚)有限公司集团、广西大海阳光药业有限公司等。实验室入选《"科创中国"2021全球百佳技术转移案例最佳中外产业创新技术合作榜单》。①

2018年,教育部国际合作与交流司下发《关于2018年度教育援外项目立项的通知》,同意对北京大学申报的"北京大学-开罗大学'中非高

①《广西中药药效研究重点实验室》,https://www.gxtcmu.edu.cn/Item/31907.aspx。

校 20+20'合作项目"等 56 个项目进行立项资助,其中有 12 个项目针对"一带一路"东盟国家,承担这些项目的高校分别是:贵州建设职业技术学院(与印尼、柬埔寨、菲律宾合作)、海南医学院(与柬埔寨合作)、广西医科大学(老挝合作)、海南大学(与柬埔寨合作)、广西大学(与老挝合作)、云南农业大学(与缅甸合作)、云南大学(与缅甸合作)、福建农林大学(与俄罗斯、新西兰、马来西亚合作)、福建师范大学(与印尼合作)等。这些学校利用自身优势,争相开展对外合作交流与办学。

厦门市人民政府、厦门大学和莫斯科罗蒙诺索夫国立大学三方共同发起成立的中俄数字经济研究中心,是厦门务实推动金砖国家国际合作,促进高校科研成果落地转化的良好开端。未来我方可筹划进一步扩大参与国家和院校,拓展合作领域,加大方向一致、资源共享、优势互补、水平先进的合作平台建设。

**2.经费保障**

人才交流项目需要经费保障。我国已有一些资助项目。2016 年,教育部印发的《推进共建"一带一路"教育行动》提出,未来 3 年,中国每年面向"一带一路"沿线国家公派留学生 2500 人;未来 5 年,建成 10 个海外科教基地,每年资助 1 万名沿线国家新生来华学习或研修。中国政府奖学金丝绸之路项目是中国教育部资助的全额奖学金项目,用于部分中国高校自主招收来自"一带一路"共建国家的优秀国际研究生来华学习。《中华人民共和国职业教育法》也有规定:"国家支持企业、事业单位、社会组织及公民个人按照国家有关规定设立职业教育奖学金、助学金,奖励优秀学生,资助经济困难的学生。"为了促进金砖人才培养,也可以设立专门的金砖人才培养基金,资助金砖人才交流培养。

**(六)人才交流多元群体参与**

**1.高校师生**

可适时开展合作办学,人才交流项目,推进教师、学生、管理人员互访和培训等。

印度阿米提大学与中国多所大学的合作是中印人才培养合作的典型案例。2009 年,阿米提大学与北京理工大学签订协议,开展学位(双学位)项目合作,共建海外生源基地,联合培养阿米提大学的本科生。在该项目中,阿米提大学学生在印度学习两年,之后来北京理工大学学习两年。毕业时,参与该项目的学生可同时获得北京理工大学和阿米提大学颁发的学位文凭。2017 年,中国政法大学也受邀前往阿米提大学讨论教师互派、暑期学校、实习项目及博士联合培养等合作事宜。2018 年,北京理工大学继续教育学院受邀前往阿米提大学迪拜分校参观,讨论未来的交换项目。除了以上两所高校,阿米提大学还与南京航空航天大学和北京大学开展项目合作。值得注意的是,阿米提大学与中国高校合作时,一般选择合作院校的强势学科和优势专业,如北京理工大学信息与电子学院的信息与通信工程和中国政法大学的法学等。[①]

国际联合教学团队是金砖国家网络大学人才培养的优势,比如华北水利水电大学乌拉尔学院建筑学国际联合教学团队重视教师学缘结构的国际化建设,选派多名教师到乌拉尔联邦大学交流或到国外培训,引进高层次人才特别是具有海外留学经历,或俄籍的高层次人才,通过"送出去""引进来"等方式打造具有访问学者、出国留学经历的师资队伍。

2.企业人才

中国与金砖四国企业经贸往来频繁,企业有赴外举办会展、商务洽谈、员工培训等需要,为此,需要推动企业人才的交流活动,解决企业人才参与国际性活动面临的难题。

3.政府官员

作为政策的制定和协调者,金砖国家政府官员的密切交流和联系对于金砖合作具有重要意义。地方政府可以充分发挥地方的作用:通过建设友

---

① 曾晓洁:《印度阿米提大学海外办学模式及特色研究》,《比较教育研究》2020 年第 4 期。

好城市,发挥城市外交功能;积极参与校企国际合作相关问题,提供政策解读和支持;通过相关活动邀请金砖四国政府要员访厦;访问金砖四国相关机构,推广金砖合作。

# 第六章　金砖国家华侨华人与金砖合作

## 一、俄罗斯华商与中俄金砖合作研究

### (一)俄罗斯华侨华人发展概况

地理接壤是中俄两国人口迁徙的天然基础。从帝俄时代就有中国人到俄罗斯经商和生活。在俄国革命和国内战争时期,华侨华人在苏维埃政权建立的史册上写下了浓重的一笔。20世纪60年代中苏关系冷却时期,两国人口流动有所停滞。90年代初,中俄人口流动开始逐渐升温。据俄罗斯移民局统计,入境中国人口数量在近些年逐渐增加。

入境俄罗斯的中国公民及企业在三个时期呈现不同的特点。20世纪90年代,个体华商数量有较大幅度的增长;21世纪初,中国公民以留学生和游客的身份入境俄罗斯的数量开始快速增长;2011年后,中资企业在俄罗斯发展迅猛。1998年抵达和离开俄罗斯的中国公民数量,均为20世纪90年代末的高峰。2000—2006年在俄罗斯的中国公民数量处于低谷阶段,抵离人数均不超过俄罗斯外国移民总数的0.5%。虽然在此阶段,在俄罗斯境内的中国公民总数不断增长,但登记注册或注销长期居住地的中国公民数量却极其有限。2009年,在俄罗斯的中国公民数量出现了锐减,减幅近10万人。一个重要的原因是2009年6月位于莫斯科东北部的切尔基佐夫市场关闭,使大批华商失去了在俄经商的"大本营"。一部分华商由于损失惨重,被迫回国;另一部分华商被迫分散到其他市场或地区,艰难经营。还有一个重要原因是2009年在俄罗斯境内发生了多起民粹分子故意伤害亚洲人的事件,这使亚洲移民感到万分惊恐与不安,一些移民选择了回国避险。另外,受一系列恐怖事件的影响,以出游为目的的旅游者数量也有所减少。因此,2009年往返于中俄之间的中国公民数量处于低谷状态。2009年6月,中俄两国元首签署了《中俄元首莫斯科会晤联合声明》,批准了《中俄投资合作规划纲要》;2009年9月,两国共同批准了《中国东北地区与俄罗斯远东及东西伯利亚地区合作规划纲要(2009—2018年)》,确定了两国相互投资和地方合作的优先方向和重点项目,确定了两国未来一段时间的合作前景。因此,从2010年开始,中国赴俄人数呈逐步上升趋势。

2011年是入境俄罗斯中国公民数量增长的转折点,自2011年开始,赴俄的中国公民人数呈快速上涨趋势,2013年突破100万人,达到107.15万人,并且此后连续三年超过100万人。2014年中国公民赴俄人数为112.5万人,其中,游客37.2万人、商务出行约30万人、留学生1.8万人。[①]2016年后,由于移民事务管理部门的变更,统计数据和统计方法也出现了一些变化,俄联邦内务部移民总局不再以"出"和"入"的方式统计人口数量,而是以抵达后在居住地或临时居所登记注册或注销的人口数量进行统计。根据两国领导人签署的合作协议,2016年、2017年是"中俄媒体交流年",国家活动的举办,带动和促进了两国人民交流的热情。2018年,中俄两国贸易额突破1000亿美元,两国各层面交往又呈现一个高潮。2019年是中华人民共和国成立70周年、中俄两国建交70周年,也是中俄全面战略协作伙伴关系进入新时代的一年,在国家层面密切交往的大背景下,中国公民赴俄人数也首次突破230万大关。然而突如其来的疫情,导致2020年赴俄中国公民数量呈断崖式下降,降幅达90.58%,2020年,仅有21.83万中国公民

---

① 中国驻俄大使馆:《中国驻俄大使馆举行第二期旅俄中国公民普法讲座》,http://ru.china-embassy.org/chn/sghd/t1258271.htm。

入境。2021年更是延续了2020年的下降趋势，仅有15.23万人入境俄罗斯，但由于很多华商的生意已经被疫情耽搁年余，俄罗斯也已经放开严格的防疫控制，所以很多华商返回俄罗斯继续开展商贸经营。因此，2021年工作签人数增长了159.83%，2021年，俄罗斯国家内务部移民管理局也将商务签类型增加在统计列表中，是年商务签人数为1.74万人，这也呈现出商贸和人员往来逐渐开始恢复的趋势。

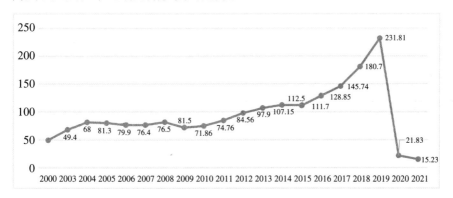

**图6-1 2000—2021年赴俄中国公民数量变化趋势(单位：万人)**①

在俄罗斯联邦统计局数据指标解释中，因公包括政府人员、军官、代表团、随行家属及人员等；因私包括个体经营、务工、留学、探亲人员等；永久居留指获得居住证，但未取得俄罗斯国籍人士；商务包括企业代表处、商务代表团等人员。2016年以后，俄罗斯联邦内务部移民总局对移民的统计方法是按照实际在居住地或临时居所登记注册或注销情况进行移民人数统计。外国公民按入境目的划分，分为旅游、学习、工作、因私和其他。2021年在统计列表中又增加了商务和公务两类数据。

① 2000—2015年数据为俄罗斯国家旅游局官网统计资料，http://www.russiatourism. ru/contents/statistika/statisticheskie-pokazateli-vzaimnykh-poezdok-grazhdan-rossiyskoy-federatsii-i-grazhdan-inostrannykh-gosudarstv/kolichestvo-pribyvshikh-grazhdan-inostran-nykh-gosudarstv-na-territoriyu-rossiyskoy-federatsii。2016—2021年数据为俄罗斯联邦内务部联邦移民管理局官网统计资料，https://xn--b1aew.xn--p1ai/dejatelnost/statistics/mi-gracionnaya/item/28104344/。

表6-1 2016—2021年俄罗斯联邦移民状况指标：中国公民①

| 年份 | | 发出邀请的数量 | 签发的签证数量 | 实际登记人数 | 迁移统计 | | | | | | | | 实际注销人数 |
|---|---|---|---|---|---|---|---|---|---|---|---|---|---|
| | | | | | 居住地登记 | 临时居所登记 | 其中 | | | | | | |
| | | | | | | | 小计 | 按照出行目的划分 | | | | | |
| | | | | | | | | 旅游 | 学习 | 工作 | 因私 | 其他 | |
| 2016 | 全部 | 465,657 | 293,910 | 14,337,084 | 622,750 | 13,714,334 | 9,677,910 | 2,245,217 | 406,052 | 4,284,181 | 1,907,378 | 835,082 | 9,353,554 |
| | 中国 | 84,294 | 75,412 | 1,288,519 | 3,274 | 1,285,245 | 1,227,034 | 916,363 | 47,895 | 104,045 | 14,076 | 144,655 | 995,204 |
| | 占比 | 18.10% | 25.66% | 8.99% | 0.53% | 9.37% | 12.68% | 40.81% | 11.80% | 2.43% | 0.74% | 17.32% | 10.64% |
| 2017 | 全部 | 483,803 | 314,910 | 15,710,227 | 606,279 | 15,103,948 | 10,630,541 | 2,496,250 | 449,021 | 4,854,004 | 2,030,508 | 800,758 | 10,588,289 |
| | 中国 | 81,120 | 81,282 | 1,457,385 | 4,025 | 1,453,360 | 1,386,558 | 1,051,224 | 58,352 | 108,513 | 21,758 | 146,711 | 1,312,394 |
| | 占比 | 16.77% | 25.81% | 9.28% | 0.66% | 9.62% | 13.04% | 42.11% | 13.00% | 2.24% | 1.07% | 18.32% | 12.39% |
| 2018 | 全部 | 508,273 | 327,402 | 17,764,489 | 592,745 | 17,171,744 | 12,307,948 | 3,069,551 | 536,518 | 5,047,788 | 2,662,425 | 991,666 | 13,258,449 |
| | 中国 | 90,103 | 86,217 | 1,807,001 | 3,738 | 1,803,263 | 1,733,593 | 1,295,355 | 76,470 | 123,385 | 62,097 | 176,286 | 1,706,028 |
| | 占比 | 17.73% | 26.33% | 10.17% | 0.63% | 10.50% | 14.09% | 42.20% | 14.25% | 2.44% | 2.33% | 17.78% | 12.87% |
| 2019 | 全部 | 506,451 | 348,458 | 19,518,304 | 567,300 | 18,951,004 | 13,863,521 | 4,187,536 | 681,832 | 5,478,249 | 2,524,118 | 991,786 | 16,547,999 |
| | 中国 | 92,059 | 92,737 | 2,318,094 | 3,730 | 2,314,364 | 2,235,884 | 1,780,980 | 95,784 | 140,084 | 29,292 | 189,744 | 2,225,847 |
| | 占比 | 18.18% | 26.61% | 11.88% | 0.66% | 12.21% | 16.13% | 42.53% | 14.05% | 2.56% | 1.16% | 19.13% | 13.45% |
| 2020 | 全部 | 138,279 | 224,666 | 9,802,448 | 461,650 | 9,340,798 | 4,181,479 | 384,438 | 265,056 | 2,358,827 | 869,833 | 303,325 | 8,973,262 |
| | 中国 | 14,601 | 39,079 | 218,268 | 3,629 | 214,639 | 164,613 | 74,761 | 26,350 | 33,582 | 7,245 | 22,675 | 236,942 |
| | 占比 | 10.56% | 17.39% | 2.23% | 0.79% | 2.30% | 3.94% | 19.45% | 9.94% | 1.42% | 0.83% | 7.48% | 2.64% |
| | 同比增减 | -84.14% | -57.86% | -90.58% | -2.71% | -90.73% | -92.64% | -95.80% | -72.49% | -76.03% | -75.27% | -88.05% | -89.35% |
| 2021 | 全部 | 263,368 | 216,442 | 13,392,897 | 501,971 | 12,890,926 | 12,667,382 | 251,319 | 633,466 | 9,530,934 | 1,877,637 | 384,026 | 10,448,978 |
| | 中国 | 43,740 | 30,755 | 152,270 | 3,351 | 148,919 | 131,341 | 1,955 | 21,855 | 87,257 | 10,569 | 9,705 | 132,220 |
| | 占比 | 17% | 14% | 1% | 1% | 1% | 1% | 1% | 3% | 1% | 1% | 3% | 1% |
| | 同比增减 | 199.57% | -21.30% | -30.24% | -7.66% | -30.62% | -20.21% | -97.39% | -17.06% | 159.83% | 45.88% | -57.20% | -44.20% |

① 俄罗斯内务部官网：《俄罗斯联邦2020年移民状况分解指标》，https://xn--b1aew.xn--p1ai/Deljatelnost/statistics/migracionnaya/item/22689602/。

2016—2021年,在俄罗斯登记注册的中国公民略多于注销的人数,但两者数差一直在缩小,从2016年的29万余人,到2019年差额不到10万人。2020年更是因为疫情原因,注销人数已经超过登记注册人数。2021年,登记注册的中国人数为15.23万人,登记注销的人数为13.22万人,即净流入多于净流出,入境俄罗斯的中国公民人数呈现回流现象。

按照登记住所划分,2016到2021年间,在居住地登记的人数保持着较为稳定的水平——3000~4000人。这些长期生活和工作在俄罗斯的中国公民受外界因素的影响较小,无论是两国互动频繁的年度抑或是受疫情影响的时期,这类群体都保持着平稳的流动。

可以说2020年是一个因国际公共卫生突发事件导致的分水岭。2020年以前,赴俄的中国公民人数呈持续上升趋势。根据俄罗斯联邦内务部最新的国际人口迁移数据,2019年,赴俄中国游客逾178万余人,赴俄学习人数近9.6万人,持工作签证赴俄人数超过14万人,因私赴俄人数近3万人,持其他类型签证入俄人数近19万人;2019年在俄常住中国公民为3730人,占所有在俄常住外国公民的0.66%,在临时居所登记注册的中国公民逾231万人,占所有入俄外国公民的12.2%。2019年俄罗斯为中国公民签发各类签证的数量占总签证量的近1/3,尤其是中国游客数量占俄罗斯外国游客总量的近一半。根据俄央行统计,中国公民于2019年1月至3月在俄罗斯总支出为18.7亿元人民币,超过其他任何国家在俄罗斯的消费。2019年上半年,中国赴俄罗斯旅游人数同比增长24.5%。其中,最受欢迎的城市是莫斯科和圣彼得堡,旅客人数增幅约达43%。[1]这是俄罗斯政府不可忽视的收益来源,因此,俄罗斯创新各种方法吸引中国游客赴俄旅游。如为中国游客量身定做了多条旅游线路,包括东方航天发射场、[2]"英雄之

---

[1] "俄媒:2019年中国赴俄游客消费预计超过77亿人民币",海外网,http://www.chinaqw.com/hqly/2019/08-27/229922.shtml。

[2] "俄罗斯公司计划邀请中国游客参观东方航天发射场",中国侨网,http://www.chinaqw.com/hqhr/2019/04-17/220559.shtml。

路"克里米亚军事历史游等,①为"红色旅游线路"项目再开发5条线路,扩大地理范围。②在"游隼"号列车上开通支付宝或微信支付,在每趟列车的乘务员队伍中都安排至少一名掌握中文基本用语的乘务员,列车上准备了俄语、英语和中文的三语信息手册,信息娱乐系统内装设中文电影,莫斯科—圣彼得堡对开的列车线路沿线车站还提供中文列车时刻表信息。③俄罗斯萨哈(雅库特)还将吸引中国游客作为该地区2019年的工作重点,政府计划将游客接待处的导航信息翻译成中文,在中国的线上渠道推广该地区的旅游信息,并准备将"友好中国"项目,包括寒极奥伊米亚康、米尔内钻石矿场和拉本克尔湖等纳入推荐的旅游景点。④

然而,2020年疫情袭来,两国间人口流动被按下"暂停键"。2020年,中国赴俄实际落地登记的人数为21.8万,比上年同期整体下降90.58%。有长期居住地的中国公民有3600多人,同比下降2.71%,降幅不大。旅游人数为74761人,同比下降95.8%;赴俄学习的人数为26350人,同比下降72.49%;赴俄工作的有33582人,同比下降76.03%;因私赴俄的有7245人,同比下降75.27%。2021年延续了2020年的下降趋势,但因商务、工作等业务需要回到俄罗斯的中国公民人数出现了增长。

（二）当代俄罗斯华侨华人社会发展特点

1.中资企业是主力军

在"一带一路"建设的强势助力下,俄罗斯华商开始从个体商人式"散兵作战"向企业集团式"舰队出海"转变,近年来,中国大型企业在俄罗斯生

---

① "俄罗斯克里米亚为中国游客量身定做军事历史之旅",俄罗斯卫星通讯社,https://mp.weixin.qq.com/s/ZkdtBPy7di227zgVty0CYQ。

② "俄中计划开通'红色旅游线路'每日包机航班",俄罗斯卫星通讯社,https://mp.weixin.qq.com/s/Fj0Kvyk6tBzq3AunJTSUlA。

③ "中国游客可用支付宝或微信扫码购买'游隼'号列车上的商品",俄罗斯卫星通讯社,https://mp.weixin.qq.com/s/L53cnFTpH1TtHA9Nmee7Sw。

④ "2019年俄罗斯雅库特寒极吸引中国游客前往",俄罗斯卫星通讯社,https://mp.weixin.qq.com/s/1laInPxfCLio155FMPm2Iw。

根发芽,是华侨华人社会的一个新现象。

一是中国电商企业在俄罗斯生根发芽。以阿里巴巴集团为代表的电商企业进入俄罗斯后,给俄罗斯当地企业带来巨大帮助和丰厚收益。阿里旗下的国际贸易网站阿里巴巴,受到俄罗斯企业用户的信赖,给莫斯科当地企业带来了众多的国际合作伙伴,据估计可以为企业每投入的1卢布带来14卢布的出口收益。因此,莫斯科出口中心为扶持当地中小企业,愿意每年为100家当地企业支付一半入驻网站的服务费。[1]"阿里速卖通"也带动俄罗斯中小企业以及个体工商户,将商品销售覆盖到俄全境。在俄罗斯版天猫商场上,500多个品牌的商品中,有一半以上是俄罗斯品牌,[2]这使俄地方企业受益颇多。尤其是菜鸟网络公司开通了杭州到莫斯科的货运飞机,每天一班向俄罗斯空运电商包裹,在不提高终端售价的基础上,将包裹运送时间从50天缩短到10天。[3]此外,支付宝深入开发俄罗斯市场,与俄罗斯大型网络公司mail.ru开展合作,联手建立电子支付企业,共同为俄罗斯用户开发数字支付系统,提供普惠金融服务。[4]在疫情期间,阿里巴巴集团的业务出现快速增长。2020年6月15—21日,全球速卖通"618"年度促销活动期间,共有300万名俄消费者在该平台购物,消费共计73亿卢布,是上年同期的1.6倍。居家隔离后俄消费需求增长,6月订单大幅超出前几个月。1—4月,跨境电商市场需求略有下降,但5月以后消费需求大幅

① "阿里巴巴助莫斯科出口商提升销售业绩",俄罗斯大使馆经商参处,http://ru.mofcom.gov.cn/article/jmxw/201907/20190702878608.shtml。

② "'阿里速卖通'将售卖俄中小企业商品",俄罗斯大使馆经商参处,http://ru.mofcom.gov.cn/article/jmxw/201907/20190702878600.shtml。

③ "速卖通对俄包裹运送时间将缩至10天",俄罗斯大使馆经商参处,http://ru.mofcom.gov.cn/article/jmxw/201911/20191102911963.shtml。

④ "支付宝与俄罗斯伙伴合力打造'俄版'电子支付系统",俄罗斯卫星通讯社,https://mp.weixin.qq.com/s/woXTKety2hWr_zWMMwm0QQ。

提高并保持稳定增长。[①]2020年6月,阿里巴巴集团与物流合作伙伴PA及MD-Insight共同在俄启动新了"Sprout Up Project"计划,帮助俄中小企业开设在线商店并在国外寻找采购商。该计划主要针对机械设备、冶金、农业生产企业,以及国外在售食品和饮料品牌的制造商。[②]2021年,在两国商贸企业的努力下,全年中俄贸易额同比增长35.8%,达到1468.87亿美元。俄中贸易额甚至超过了疫情前水平。[③]

二是中国企业深入俄罗斯基建项目,成为中俄经济领域合作的主力军。中国黑龙江天狼星电站设备有限公司建设俄罗斯太阳能发电站,第一期工程已于2019年6月投入运行,其设计功率为12.5兆瓦,总投资超过15亿卢布,并将于2020年达到全部设计产能100兆瓦,该电站将成为俄罗斯最大的太阳能发电站。[④]2017年,中石油作为主要参与方,参加了位于北极圈内的亚马尔项目——这个迄今为止全球最大的北极液化天然气项目的开发工作。如此庞大的项目,有众多工程师在现场服务,但中方工程人员却较少。2019年春节期间,有14名中国石油的员工坚守在生产一线,常驻现场的也只有3名中国工程师。[⑤]中铁建向莫斯科房地产业进军,在莫斯科西南区米丘林大街交通换乘枢纽项目中占40%的股份,既负责地铁站的建设任务,也负责商业综合体、酒店、办公和住宅等地面项目的建设。中

---

[①]《618促销活动当周,俄罗斯消费者在阿里速卖通消费73亿卢布》,驻俄罗斯联邦大使馆经济商务处,http://ru.mofcom.gov.cn/article/jmxw/202006/20200602977426.shtml。

[②]《阿里巴巴集团将帮助俄罗斯中小企业开拓新市场》,驻俄罗斯联邦大使馆经济商务处,http://ru.mofcom.gov.cn/article/jmxw/202006/20200602977425.shtml。

[③]"2021年中俄贸易额1468.87亿美元 同比增长35.8%",俄罗斯旅游中文网,https://www.russia-online.cn/News/000_6_37244.shtml。

[④]"中资企业参与建设俄最大的太阳能发电站",俄罗斯大使馆经商参处,http://ru.mofcom.gov.cn/article/jmxw/201907/20190702881009.shtml。

[⑤]"记俄罗斯亚马尔液化天然气项目中方工作人员的一天",新华网,http://www.chinaqw.com/hqhr/2019/02-07/214922.shtml。

铁建不仅是该项目的投资方,同时也是承建单位。①莫斯科政府也将与中铁建成立地铁建设联合企业,2020年中铁建国际集团在俄罗斯又开辟新战场,11月5日,中国铁建国际集团欧亚区域公司签约俄罗斯圣彼得堡阿罗城房建二期项目第二阶段,合同额为172亿卢布,继9月30日签约该项目二期第一阶段后已累计签约202亿卢布,约合人民币17亿元,这是中国铁建在俄签约的最大房建项目,也是中国铁建在圣彼得堡的首个基建项目。②这意味着中国企业已经深入俄罗斯经济体内部,但在中国企业获得巨大商业利益的同时,也需要防范政治风险。此外,中国华为公司与俄罗斯电信运营商MTS签署了2019—2020年开发5G网络的合作,已在圣彼得堡喀琅施塔得和莫斯科全俄展览中心打造了第一批5G试点区,并在"俄罗斯互联网周——RIW2019"会议期间,举行了俄罗斯首场全息会议。俄方负责人表示,第五代移动通信技术在俄罗斯实际应用只能依靠华为的设备。③2020年,滴滴公司也部署俄罗斯市场。7月,滴滴宣布进入俄罗斯市场的计划。喀山将成为滴滴进入俄罗斯市场的突破口,9—12月,开发叶卡捷琳堡、下诺夫哥罗德、莫斯科和圣彼得堡业务。④

三是中国品牌深入人心。据统计,2019年前5个月,中国品牌智能手机在俄罗斯市场上的份额达到45.5%,其中华为占28.5%,小米占10.7%,在俄所有品牌中分列第二、三位(三星占比34.2%),2018年同期中国智能

---

① "中铁建在俄罗斯首都扩展业务",俄罗斯卫星通讯社微信公众号,http://sptnkne.ws/AFEW。

②《中铁建国际签约俄罗斯圣彼得堡房建项目》,人民网,http://world.people.com.cn/n1/2020/1106/c1002-31921333.html。

③ "华为准备在数字发展道路上支持俄罗斯",俄罗斯卫星通讯社,https://mp.weixin.qq.com/s/vpF5GHocofOMeUiD8HRaCA。

④《滴滴进入俄市场本土竞争对手毫无惧色 当地华人或将成为首批忠诚客户群体》,俄罗斯经济评论,https://mp.weixin.qq.com/s/RSPatlYnzWmTG6_GNPiaYg。

手机在俄市场份额是34%。①电商平台中,"全球速卖通"的受欢迎程度排名第二,有29.9%的俄罗斯人表示最喜爱该平台。在计算机设备中,有10.9%的俄罗斯人喜欢中国联想,在俄罗斯人最喜爱的电脑品牌中排名第五。十大最受欢迎的"平板电脑"品牌中,联想排名第三(受欢迎率11.9%)、华为第五(受欢迎率4.8%)、小米第八(受欢迎率2.1%)。最受欢迎的中国汽车品牌是哈弗、吉利和奇瑞。②

四是手游领域相互渗透。俄罗斯Mail.ru集团游戏部门和中国大型手机游戏发行公司乐逗游戏开展合作。Mail.ru集团是东欧线上娱乐市场的领头羊,拥有注册用户5.4亿,其将为乐逗游戏提供市场和广告支持,帮助其扩大在欧洲市场的影响力;乐逗游戏将助力Mail.ru扩大在华业务范围,并进一步开拓亚洲市场。③

五是传统餐饮业方兴未艾。俄罗斯社会对中餐的需求和青睐与日俱增。2018年10月至2019年11月,俄罗斯新增中餐厅630家,全俄中餐厅增至8200家。据俄罗斯统计局数据显示,俄罗斯餐饮业营业额1月至9月增长4.7%,达1.9万亿卢布。在新兴领域蓬勃发展的同时,传统餐饮业在俄罗斯仍有较大发展空间。④

六是个体华商规模仍偏小,但商业模式有所改变。由于社会环境和营商环境的不断改善,在俄个体华商虽仍普遍以小微华商和务工人员为主,但他们的商业模式却不断改变。他们从原来的单纯国际贸易,转变为在俄建厂,对国内的半成品进行加工,再销售俄罗斯工厂的成品。近年来,赴俄

① "中国智能手机占俄市场份额接近50%",俄罗斯大使馆经商参处,http://ru.mof-com.gov.cn/article/jmxw/201907/20190702880997.shtml。

② "俄罗斯人心目中最受欢迎的中国品牌",俄罗斯卫星通讯社,https://mp.weixin.qq.com/s/7z0HZ7j9ydi-RdpM1JrDFA。

③ "俄Mail.ru与中国乐逗游戏公司签署合作协议",俄罗斯大使馆经商参处,http://ru.mofcom.gov.cn/article/jmxw/201908/20190802889896.shtml。

④ "调查:2019年在俄中餐厅数量增长超50%",俄罗斯卫星新闻通讯社,http://www.dragonnewsru.com/news/glo_news/20191129/101562.html。

发展的华商也越来越多,2019年,仅在莫斯科经营的浙商就有1.7万余人。[1]

七是疫情期间,中资企业在中国和当地社会防疫抗疫过程中也做出重要贡献。中石油俄罗斯等公司妥善部署疫情防控,并为国内筹集防疫物资。为了保护员工健康,有效防控疫情,中油国际俄罗斯公司部署"十项应对措施",组织制定《中油国际俄罗斯公司新型冠状病毒防控手册》(中俄文),在中国石油驻俄企业中推行。升级对公共空间的消毒和管理;部分施工单位在现场坚持每天由专人测量员工体温,具备条件的单位专门为员工组织远程办公培训,各专业板块保持经常性的视频连线会议。中国石油驻俄企业还采购应急物资驰援国内。2020年2月12日,中油国际俄罗斯公司、中技开驻俄办事处分别采购的1.5万只、40万只一次性医用口罩运抵北京。同时,华油集团华铭公司2月11日采购的100万只一次性医用口罩也分两批运送回国。[2]

### 2.华侨华人社团组织呈现新变化

2019年俄罗斯华侨华人社团呈现三个特点,一是以地域为标志的新社团数量明显增加,二是当地社团活动以情感交流为主,三是类型多样化、成员多元化。而2020年,"防疫抗疫"则是华侨华人社团的关键词。

一是地域性新社团数量明显增加。2019年以地域为标志的新成立社团数量明显增加,这些社团作为地方招商引资和联络世界的枢纽站,旨在链接国内外各方资源,促进双方在贸易、信息技术、金融和人文等领域开展合作。如5月,在山东省政协相关部门的支持下,俄罗斯山东同乡会在莫

---

①"俄罗斯华商虞安林:把在俄华商拧成一股绳",人民日报海外版,http://www.chinaqw.com/hqhr/2019/07-18/226858.shtml。

②《中国石油驻俄企业筹集140万只口罩陆续运达》,中新网,http://www.chinanews.com/business/2020/02-17/9094137.shtml。

斯科成立;①9月,在吉林省政府相关部门的支持下,俄罗斯吉林省华侨华人联合会在莫斯科成立;②10月,四川省工商会设立驻俄代表处。③

二是当地社团活动以沟通民心、情感交流为主。2019年当地华侨华人社团的各类活动仍以交流感情、促进"民心相通"为主要内容。各类社团组织形式多样的文化节,举办演唱、厨艺、绘画、书法大赛等活动,丰富在俄华侨华人生活,带领各界华侨华人积极参加当地社会公益活动,帮助华侨华人融入当地主流社会,以及配合中俄两国重大事件举行各类活动。如1月,俄罗斯中华文化促进会和俄罗斯中国"一带一路"贸易促进会联合举办了"携手共进,梦想起航"迎新年茶话会。④3月,俄罗斯中国和平统一促进会暨俄罗斯华侨华人联合总会、莫斯科华人妇女联合会、莫斯科华侨华人联合会和莫斯科国际中文学校共同举办了国际"三八"妇女节联欢会。⑤同月,克里米亚华人协会在北京正式成立,其主要目的是促进华人与克里米亚各界的互动、交流与合作。⑥5月,莫斯科华侨华人联合会和俄罗斯胜利继承者国际联盟共同举办了以"传承老兵精神、巩固中俄友谊"为主题的关爱俄罗斯二战老兵活动。⑦8月,莫斯科乐清商会筹款捐资20余万元,助家

---

① "俄罗斯山东同乡会在莫斯科成立",中新网,http://www.dragonnewsru.com/news/glo_news/20190529/92102.html。

② "俄罗斯吉林省华侨华人联合会在莫斯科正式成立",中国新闻网,http://www.chinaqw.com/hqhr/2019/09-24/232375.shtml。

③ "四川省工商会设立驻俄代表处",俄罗斯大使馆经济商务处,http://ru.mofcom.gov.cn/article/jmxw/201911/20191102911962.shtml。

④ "俄中华文促会与俄中'一带一路'贸促会迎新春",俄罗斯卫星新闻通讯社,http://www.dragonnewsru.com/news/glo_news/20190130/86370.html。

⑤ "中俄各界在莫斯科共庆国际'三八'妇女节",中国新闻网,http://www.chinaqw.com/hqhr/2019/03-04/216721.shtml。

⑥ "华人协会:中国和克里米亚之间的新纽带",俄罗斯卫星通讯社,https://mp.weixin.qq.com/s/JGkWigDDL2HLxufv2F6n0A。

⑦ "中俄社团组织关爱俄罗斯二战老兵活动",中国新闻网,http://www.chinaqw.com/hqhr/2019/05-22/223273.shtml。

乡在台风"利奇马"受损后重建。[①]12月,莫斯科华侨华人联合会庆祝建会25周年。[②]同月,莫斯科国际妇女俱乐部在莫斯科举行了2019年冬季义卖活动,使馆妇女小组积极参与和组织义卖活动,以弘扬中华文化和回馈俄罗斯社会。[③]

三是社团多样化,成员多元化。与以地缘、亲缘、行业、兴趣为特点的传统同乡会、城市商会等社团不同,新出现的社团形式多样化,成员身份也逐渐多元化。传统社团成员主要是非官方个体为主,而新出现的社团成员身份包括了当地华侨华人、留学生和中资机构代表。如10月,在莫斯科成立了俄罗斯侨星志愿者服务团,服务团以服务当地社会、回馈当地社会为主题,得到山东省侨联的大力支持。[④]

### 3.中文教育进入俄罗斯国家考试体系

近年来,学习汉语的俄罗斯人数量大幅增长。1997年学习汉语的俄罗斯人约为5000人,2007年人数为1.7万人,2017年学习汉语的人数已经达到5.6万人。按照统计数据,有39%的汉语学习者是在大学期间学习的汉语,31%的学生在中小学学习汉语,25%的人在语言学习班学习汉语,还有5%的人在中国孔子学院学习汉语。[⑤]2018、2019两年,俄罗斯华文教育最大的特点是随着汉语被纳入高考范围,俄罗斯人对学习汉语的热情愈发高涨,越来越多的中学生选择汉语作为第一或第二外语。2019年,俄罗斯

---

① "台风'利奇马'肆虐 莫斯科乐清商会筹款20余万元助家乡重建",中新社,http://www.dragonnewsru.com/news/glo_news/20190816/96186.html。

② "莫斯科华侨华人联合会庆祝建会25周年",中国新闻网,http://www.chinaqw.com/hqhr/2019/12-22/240564.shtml。

③ "冬季义卖活动温暖莫斯科",中国驻俄罗斯联邦大使馆官网,http://www.dragon-newsru.com/news/glo_news/20191203/101706.html。

④ "俄罗斯侨星志愿者服务团在莫斯科成立",中国新闻网,http://www.chinaqw.com/hqhr/2019/10-19/234494.shtml。

⑤ "专家:俄罗斯正在制定中学汉语教师培养计划",俄罗斯卫星通讯社,https://mp.weixin.qq.com/s/B2gC8V5E_JHTZA0ND1jiww。

共有43个地区的289名中学生参加了国家汉语统一考试。其中,唯一一位在俄罗斯高考中获得汉语满分的学生是来自莫斯科的高中毕业生,莫斯科市长就此事还专门在自己的社交媒体账号上向这名优秀学生表示了祝贺。①据统计,俄罗斯有170所大学教授汉语,大约占高等院校的20%;部分高中开设了汉语课程,有5000人正在中学学习汉语,全俄约有8万俄罗斯人掌握汉语。②

汉语培训班也得到了发展。如位于莫斯科南部的第548中学,其教学进程安排中有五大职业方向,其中之一就是中文文化教育,很多俄罗斯学生因为喜欢写汉字、喜欢中国文化或喜欢武术而选择学习汉语。③经过前期积累,目前在俄罗斯共有22所孔子学院,华侨举办的中文培训学校也已经具有一定规模。如俄罗斯中华文化教育促进会下属的俄罗斯国际中文学校成立于2012年2月,经过8年的发展,学校已在莫斯科设有3个校区,有120余名中国学生和40余名俄罗斯学生在读,该校已成为俄罗斯境内首屈一指的中文培训学校。④圣彼得堡圣唐中文学校,是一所把汉语学习和俄语学习结合起来的培训学校,学员既有中国人也有俄罗斯人;既有很多学龄前的小学员,也有即将升入大学的高中生和已经在高校读书的大学生。⑤此外,还有如东方汉语培训学校和华夏汉语培训学校等民办中文学校如雨后春笋般蓬勃发展。

汉语教育是跨国家庭子女的刚需。汉语教育不止局限在华侨华人的

---

① "俄罗斯学生在高考首次汉语考试中获得满分",俄罗斯卫星通讯社,https://mp.weixin.qq.com/s/vWx7w-pqcoMdmEzPVyA5Ow。

② "俄专家:各领域专业人员都应学习汉语",俄罗斯卫星通讯社,https://mp.weixin.qq.com/s/kzOYa-82bXKccJr_DNbLTQ。

③ "学中文的时候到了!"俄罗斯卫星通讯社,https://mp.weixin.qq.com/s/rmf3Q28YbV7ITgHqCcqmTQ。

④ 本资料根据电话采访俄罗斯国际中文学校校长王宏波录音整理。

⑤ "中俄教育交流新典范:一所全方位的汉语学校",俄罗斯卫星通讯社,https://mp.weixin.qq.com/s/FKGLneflVfVzPR_DXNUK2A。

后代中,而且跨国家庭中混血儿对汉语教育也呈现出强烈需求。很多跨国家庭中的父母会要求子女背古诗,去中文学校系统学习中文读写知识。越来越多的俄罗斯人学习中文,以及俄罗斯将汉语加入高考的备选语言科目,也是对跨国家庭子女学习中文的一种激励。①在跨国家庭中,如果母亲是中国人,那么子女的汉语水平相对来说要好于父亲是中国人。但跨国家庭中子女要实现"有多俄罗斯就有多中国"的愿望却很艰难。跨国家庭的家长通常会每年抽出一段时间带着子女回中国生活,让孩子熟悉汉语环境;同时,家长会通过各种方式不断培养和激发子女对中文的兴趣,如教他们中文儿歌、陪他们看动画片,这些都是混血儿家长培养子女汉语能力的重要方式。随着年龄增长,跨国家庭的子女往往可以实现在中俄双语之间自如切换。②

　　掌握汉语的人在俄罗斯劳动力市场中更有竞争力。俄罗斯多家招聘公司近日表示,中文在俄罗斯越来越受欢迎,掌握汉语在劳务市场可以获得更高的薪水。会中文的人才平均收入比会欧洲语言的人才高10%~15%。当今在俄罗斯采购工业产品、日用品和药品以及物流等领域,会中文的人才最为抢手。中文在俄罗斯仍然是小语种,精通汉语的俄罗斯翻译员只占翻译总数的7%。尤其随着俄罗斯统一考试开设了中文科目,中文家教的需求更是不断增长。有需求就有供给。目前,俄罗斯学习中文的人数大约在6万~8万之间。2020年是汉语列入俄罗斯国家统一考试后的第二次全国考试,来自俄罗斯37个地区的180名高中生参加了汉语考试,其中,莫斯科考生人数最多,为67人,而2019年参加汉语考试的仅有80人。③在

①《在俄罗斯华人孩子如何学中文?》,俄罗斯龙报,http://www.dragonnewsru.com/news/glo_news/20200731/114796.html。

②《"有多俄罗斯就要有多中国"中俄混血能做到吗?》,俄罗斯龙报,http://www.dragonnewsru.com/news/glo_news/20200731/114828.html。

③"中文在俄罗斯越来越受欢迎 掌握中文能获得更高薪水",中国侨网,http://www.chinaqw.com/zhwh/2021/02-18/286330.shtml。

俄罗斯的孔子学院也在积极推广汉语教育。俄托木斯克国立大学孔子学院启动了一项针对12岁以上中学生的三年期汉语学习试行计划。新年级首批学生分别来自托木斯克、克麦罗沃和新西伯利亚。①

**4.华侨从事的职业范围更加广泛,成就受到当地社会认可**

在俄华侨华人所从事的职业范围有所扩展,虽多数仍以从事国际贸易、餐饮、旅游等个体经营,以及在中资企业工作为主,但在俄中国人也开始在俄罗斯公司、俄罗斯高校等机构发展自己的事业,甚至有的华侨开起了医疗诊所。如李医生在俄罗斯从事牙医工作,在俄罗斯牙医诊所一般工作时长较长,有时要工作12个小时,但患者的密度没有那么大。俄罗斯患者对外国医师的包容性和信任感也很高,并不会因为医生来自外国而怀疑医生的治疗水平。②另一位李医生是一位年轻的中医,因为喜欢圣彼得堡这座城市,所以在这里成立了自己的中医诊所,他希望用中国的医学来帮助受病痛困扰的俄罗斯朋友。鉴于圣彼得堡对中国产品的需求在不断增长。2021年,当地华商抓住商机,在圣彼得堡经营的第一家中国超市开业。该中国超市位于圣彼得堡利戈夫大街,面积约为600平方米。这家中国超市将推出从茶和酱料到中国白酒、纪念品等种类繁多的中国产品。③

旅俄二十多年一直从事中俄文化交流的华侨孙先生,被莫斯科国立苏里科夫美术学院授予"荣誉教授"证书。④旅俄知名侨领、俄罗斯华侨华人联合总会秘书长兼常务副会长、俄罗斯华侨华人青年联合会会长吴昊还于12月18日被俄罗斯自然科学院授予外籍院士称号。作为莫斯科高尔基文

---

① "中文在俄罗斯越来越受欢迎 掌握中文能获得更高薪水",中国侨网,http://www.chinaqw.com/zhwh/2021/02-18/286330.shtml。

② "中国人在俄当口腔医生:解除患者病痛是行医之本",中国侨网,http://www.dragonnewsru.com/news/glo_news/20190102/85288.html。

③ "俄罗斯圣彼得堡首家中国超市将开业",中国侨网,http://www.chinaqw.com/hqhr/2021/09-29/309369.shtm。

④ "旅俄华侨获俄罗斯苏里科夫美院'荣誉教授'称号",中国侨网,http://www.chinaqw.com/hqhr/2019/12-25/240998.shtml。

学院博士、《中国新闻周刊》(俄文版)负责人,吴昊长期致力于推进中俄民间友好交流和合作,参与组织了一系列中俄间的重大活动并翻译了《斯大林传:命运与战略》一书。该书获得"2014年度俄罗斯最佳图书和出版社国家奖"中的最佳俄罗斯文学翻译奖。俄罗斯自然科学院院士资格评审委员会对吴昊在俄罗斯文学、历史等领域的学术研究成果予以充分肯定,对其长期致力于推动中俄文化、教育等领域的民间交流和合作给予高度评价和认可。[①]

### 5.中文媒体有进一步发展空间

近几年,俄罗斯的中文媒体一直保持平稳的发展状态,媒体数量有限、影响有限。1999年创立、2000年正式发行的《俄罗斯龙报》已在俄罗斯存续20年,是当地较为资深的中文媒体。随着科技发展,《俄罗斯龙报》已由创刊时的纸媒发展成中、俄文双语的全媒体。[②]此外,随着新媒体的繁荣,"俄罗斯旅游中文网""圣彼得堡俄中商务中心""俄语编辑部""俄罗斯经济评论""中国俄文杂志""中俄法律网"等纷纷建立网站或微信公众号平台,积极介绍和宣传俄罗斯社会和在俄华侨华人动态。

两国官方媒体互动频繁。5月,中央广播电视总台和今日俄罗斯国际通讯社共同策划实施了"乐动中俄"全媒体跨国创意活动。活动采用虚拟现实和人工智能等前沿技术手段,线上征集照片或视频,献礼中俄建交70周年。活动上线24小时便征集到100多万件图片、视频及各种形式的创意作品,成为中俄社交媒体的热门讨论话题。[③]9月,"今日俄罗斯"国际通讯社与人民网在莫斯科共同举办了俄中建交70周年图片展,用20张照片反

---

① 《俄华侨华人联合总会秘书长获授俄自然科学院外籍院士称号》,中新网,https://www.chinanews.com/hr/2020/12-27/9372123.shtml。

② "《俄罗斯龙报》社长李双杰:做有'文化感'的华文媒体",中新网,http://www.dragonnewsru.com/news/glo_news/20191009/98816.html。

③ 《"乐动中俄"全媒体跨国创意活动:首日点阅量破亿》,俄罗斯卫星通讯社,https://mp.weixin.qq.com/s/4c-9Ms3jMgFM6U3j5vVm_A。

映了两国1949年建交至今的动人瞬间与大事件。①

### (三)俄罗斯华侨华人促进中俄金砖合作的政策思考

在百年未有之大变局和疫情相互交织的复杂形势下,面对全球性问题,任何国家都不可能独善其身,也不可能独自解决,必须开展更加紧密的国际合作。金砖国家都是所在地区的大国,对本地区发展影响巨大,对带动所在地区的全面发展将起到积极促进作用,尤其是在促进经济增长、贸易发展、相互投资等方面将有积极效果。金砖国家更应进一步加强合作,在已经形成良好合作的基础上,通过民间渠道,以侨为桥,建立更加紧密团结的合作关系,形成金砖国家共同体,以深化沟通与对接,促进共同体和世界更好地发展。

一是助力中国企业在俄发展,促进金砖国家内部的经贸合作。近几年,各类中国企业在两国政府大力合作推动下,积极跟进国家倡议,与俄罗斯政府、企业等各类主体建立广泛的合作。在两国交往过程中,在以往的上层政府间合作和普通民间交往之间,开辟出企业合作的中间层面,而且中间层面的合作范围、合作深度和广度在逐步扩大。在欧美国家对俄罗斯不友好的背景下,作为金砖国家的重要成员,中俄企业间开展积极深入的合作,夯实区域经济一体化基础,有助于金砖国家共同体利益的实现和世界格局的平衡。俄罗斯和中国2021年1月至11月的贸易额增长了31%,超过了疫情前水平。②

二是关注高校及科研机构这一交流载体,带动科技、文化、教育领域的高水平交流。疫情暴发前,赴俄旅游是中国游客热衷的选择。2019年,赴俄中国游客逾178万人,占全部赴俄旅游人数的42.53%。这一数字对俄罗斯经济社会发展具有重要意义,对俄罗斯旅游业发展具有重要影响。根据

---

①《"今日俄罗斯"国际通讯社与人民网联合举办"俄中友谊70周年"图片展》,俄罗斯卫星通讯社,https://mp.weixin.qq.com/s/57SeBYUP61qDe6FSxlknow。

② 俄中贸易额超过疫情前水平,俄罗斯旅游中文网,https://www.russia-online.cn/News/000_6_37165.shtml。

俄罗斯"世界无国界"旅游协会（World Without Borders）的一项调查，2019年，中国公民预计在俄罗斯旅游花费720亿卢布（约合77亿元人民币）。这不仅对俄罗斯现实收入带来可观收益，而且有可能给俄罗斯整个旅游产业结构调整和服务升级带来深远影响。因此，包括俄罗斯政府在内的相关部门、机构、组织、企业纷纷进行工作创新，以吸引更多中国游客赴俄旅游消费。疫情结束后，金砖国家之间的旅行交流可以被重新提上日程，五国间可以通过签证互惠或旅游签证一体化等措施，促进游客的往来，带动金砖国家间旅游领域的合作与发展。

三是把华文教育作为切入口，支持华文教育与当地教育体系融合，促进金砖国家的民间交流与理解。语言相通是两国人民相互了解和理解的最重要方式。中国早已在高考中加入俄语考试，以培养中俄两国交往的媒介人才。随着中俄两国全方位合作的进一步深入，为促进两国人民的相互了解和"民心相通"，俄罗斯于2019年首次将汉语考试纳入高考统一科目中，这是俄罗斯为两国文化教育交流事业所做出的一项重要推进，对俄罗斯教育体系具有深远影响。金砖国家合作事业的发展根本在人才，扩大双语人才规模，打牢双语人才基础，是五国各项事业合作共赢的重要保障。通过华文教育促进金砖国家的民间交流、文化互鉴，可以为金砖各国的进一步深入合作提供强大助力。

四是充分发挥侨领在金砖国家合作中的重要作用。如果说华侨华人是链接中外的重要纽带，那么侨领就是纽带上的关键节点。侨领作为华侨华人群体的统领，可以使影响力下沉到最基层的个体。尤其是新冠疫情暴发之后，旅俄侨领带领社团成员迅速反应、倾力驰援，助力中俄两国防疫抗疫。无论是疫情之初，侨领带领侨胞们以手背肩扛的方式为祖国抗疫一线带回宝贵的防疫物资，还是中国各级政府向旅俄侨胞分发"大健康包"；无论是疫情在俄罗斯蔓延之后，侨领带领侨胞做好自我防护，还是积极帮助当地居民防疫抗疫，都体现了在重大历史事件发生时，侨领发挥的重要作用和在关键时刻表现出的领袖品质，他们将为金砖国家在关键历史事件中做出不可估量的贡献。

五是扩大本币结算范围,加强供应链保障,确保中俄合作的紧密与平稳。由于欧盟对俄罗斯实施制裁,许多运营商决定退出经俄罗斯和白俄罗斯的运输。供应链建设中重要的一环即国境成了卡点。因此,中俄两国需加快推进"信任走廊"建设,提升效率,简化防疫措施。2021年10月,中俄就建立"信任走廊"进行了谈判,目的是简化对俄罗斯农产快车的防疫限制,以实现快速过境,简化防疫限制。①这一举措需进一步推进和落实。

此外,中俄两国需不断扩大本币结算范围,建立长效机制,以消除单边制裁的负面影响。2021年,中俄双边贸易额增长逾1/3,突破了1400亿美元大关,两国朝着年贸易额2000亿美元的目标迈进。另外,中俄两国在投资、生产和工农业领域正在实施一些重要举措,尤其是政府间投资合作委员会的"投资组合",其中包含65个项目,价值超过1200亿美元,涉及矿产开采和加工、基础设施建设及农业等领域的合作。2019年签署的《俄罗斯政府和中国政府关于结算和支付的协议》成为此项工作的重要里程碑。②

## 二、南非华侨华人与中南金砖合作

南非作为金砖五国成员之一,是中国在非洲最大的贸易伙伴国,也是非洲拥有大规模华侨华人群体的国家。在南非华侨华人社会(以下简称华社)中,新移民占比高达90%,南非华社正通过经贸、教育、传媒等方式不断增强南非对中国的认同,不断推动中南、中非间的人文交流与经贸合作。

---

①《俄罗斯和中国将建立农产快车"信任走廊"》,俄罗斯旅游中文网,https://www.russia-online.cn/News/000_6_37032.shtml。

②《普京撰写关于中俄关系的文章》,俄罗斯旅游中文网,https://www.russia-online.cn/News/000_6_37283.shtml。

（一）南非华侨华人社会的历史与特点

南非华侨华人社会有三百多年的历史，华社规模与结构因南非政策而变化。17—19世纪规模小，以自由移民为主体，20世纪上半叶因南非排华法案受阻。20世纪下半叶因中南断交、南非与我台湾地区"建交"，华社以台湾地区移民为主体。1998年中南建交以来，赴南大陆新移民与中南关系协同推进，彻底改变了南非华社规模与结构。

1. 早期南非华社规模小，以自由移民为主

华人移居南非的历史可追溯至300年前，荷兰东印度公司的档案记载了1660年一位名叫万寿的华人移居南非。17—18世纪的移民主要是荷属东南亚殖民地流放的华人，大概每年100名，服役期满后有极少数留下成为自由移民。18—19世纪有少量广东与东南亚自由移民，被视为第三、四代南非华人祖先。19世纪后半期南非淘金热及20世纪初英殖民者的劳工招募，尤其是1904—1910年间开采金矿，导致契约华工剧增，一度高达5万多人，但仅极少数华工留下成为自由移民。1904年华社规模为2000多人。此后因华工剧增而出台的"1904年排华法案"（1933年被废），及"1930年移民配额法案""1937年外国人法案"，阻碍了20世纪上半叶华人移民南非。

2. 20世纪40年代后南非华社规模激增，受南非内外政策影响，台胞成为主体

受中南关系及南非政策影响，20世纪40年代后南非华社规模虽激增，却以台胞为主，"亲台"倾向明显。抗日战争期间，中国人到南非寻找生存机会，到1946年南非华社规模增至4340人。1948年，奉行"白人至上"的南非国民党上台执政，1950年新中国政府断绝与南非的外交关系，南非与台湾当局关系迅速升温。20世纪七八十年代，南非移民政策转变和优越的投资政策吸引大批港台同胞和东南亚华人前往经商。据学者研究统计，20世纪七八十年代，在南台胞多达3万人。

在南非施行种族隔离政策的时期，华人长期在黑人与白人的夹缝中谋生。1984年李登辉到访时，南非确认华人为"荣誉白人"，在政治与社会地

位上享有白人同等待遇。华人从事的行业也从传统餐饮行业等扩展到纺织、制衣、珠宝、贸易、电脑等新兴行业,90年代初已普遍跻身富裕阶层。南非出生的第二代华人多选择加入南非国籍,政治上认同南非,华人社团也表现出强烈"亲台"倾向。

1994年南非国民党下台,代表黑人权益的非洲人国民大会执政,终止了与"台湾当局"的外交关系。同年统计数据显示,台湾地区移民迅速减少,定居南非华人总数约2.75万人,其中当地出生的老侨有6612人,中国台湾、大陆、香港移民人数分别为13176、4971和2756人。

**(二)南非华侨华人的发展现状:规模与结构**

随着1998年中南建交与双边关系的全面发展,20多年间,有30多万中国新移民赴南,壮大了南非华社规模,改变了老侨、新侨的构成比例。据国侨办有关资料,2010年时南非华侨华人总数超过30万,约占南非人口总数的0.4%,其中福建来源占35%,广东和台湾次之,约各占20%;剩下的25%则来自中国其他省份。据2015年南非当局及各商会的普查显示,南非华侨华人总人口为30万~40万。因近5年南非货币贬值、经济持续下滑及治安状况不良,移民增量不明显。加之新冠疫情和2021年7月骚乱等影响,导致再移民与新侨回流现象并存。本书综合考虑相关情况,估计目前南非华社规模约为35万人。

南非华社主要由三个群体构成:一是早期移民南非的华人(俗称老侨),约1万人;二是20世纪70—80年代赴南非的台湾商人,约6000人;三是自20世纪90年代后期开始不断增加的大陆新移民,约为30万人。

**(三)南非华侨华人促进中南金砖合作的资源评估**

在金砖合作、中非合作不断深化的背景下,南非新侨在推进中南人文与经贸交流方面优势突出,但受南非国内经济与治安环境影响,以及新侨在职业范围、文化融入、参政议政方面的局限,南非新侨的综合影响力尚有较大提升空间。

1.南非华侨华人职业与经济行业分布情况

南非不同类别的华侨华人在职业与经济地位上呈现分化特征。

一是来自中国台湾、香港的新移民主要是投资和技术移民,其经济活动以纺织、电脑、电器、金融等行业为主。

二是当地出生或受过良好教育的华人,职业范围较广,包括中资与外资企业、政府部门,以及律师、医生等各种专业人士。

三是大陆新移民在南非主要以工商业为主。最初多为国内各大公司派驻南非的商务代表和饮食、商贸、渔业、旅游等个体经营者。2003年开始,华人商城兴起并遍布南非主要城市,比较出名的有中国城、东方商城、非洲商贸、百家、香港城、中国商贸城、红马商城、中非商贸城八大商场,这些商城具有多元化与本土化的特征。随着来自浙江、上海等地带资新移民的增加,南非华侨华人经济行业已拓展到矿产、房地产、制造业、新能源、科技与金融等行业。特别是接受了当地高等教育的华裔新生代,为传统的华商贸易带来了新的经营理念和模式,开始进入当地大型购物中心,并开设网店、引进电商、搭建电子支付平台等。如今,南非华商还把业务扩展到东南部非洲,如赞比亚、安哥拉、津巴布韦和莫桑比克等南非邻国。

2.南非华侨华人促进中南金砖合作的经济资源评估

南非新侨经济内部竞争激烈,受治安环境影响大。南非新侨的商业主要集中在约翰内斯堡(占80%),以及开普敦、德班、比勒陀利亚、布隆方丹、伊丽莎白港等大中城市。2005年底,在约翰内斯堡出现了非洲第一条唐人街,其恢宏的中华牌楼由侨社自主集资建造,并于2013年建成剪彩。新唐人街现已渐成规模,里面有各类商城、超市、中餐馆与小吃店,中国商品琳琅满目。新移民经营的零售商店、餐馆也遍布南非各大小城镇。由于商城及同类经营者间也竞争激烈,来自福建沿海的农民新侨为规避竞争,曾将店铺开到偏远郊区,近年因治安问题又回到城镇。

根据笔者调研发现,从事商贸的大陆新侨青睐商贸设施齐备的约翰内斯堡、德班。约翰内斯堡的治安相对较好,在2021年7月南非骚乱中,警民合作中心和侨团也提供了较好的安保及互助服务。但据侨领徐长斌反馈，德班侨商受冲击严重，多家商店被打砸抢，在夸祖鲁-纳塔尔省的纽卡索，华人开设的几家工厂也被破坏分子所焚烧。

现在开普敦治安也正持续恶化，距市中心不远的米切尔飞机镇是一个约有30万人居住的贫民窟，因每年高达6000多起案件而被称为"鬼城"。今年11月25日晚，南非林波波省一名福建福清籍女侨胞，在配备黑人保安与司机的情况下，回家途中因遭遇多名匪徒持枪抢劫而亡。近年来南非经济下滑、兰特大幅贬值、失业率上升以及治安状况不断恶化，加之新冠疫情对生意的影响，不少新侨打工者和开店小业主萌生退意，已出现了再移民与回流国内的现象。

3.中南金砖合作可对接的南非华侨华人社团

目前南非华侨华人社团数量已过百，主要集中在约翰内斯堡和开普敦。大陆新侨社团多，促进中南交流作用明显，但老侨团与中国台湾侨团对南影响力仍不容忽视。

1906年成立的"开普敦中华总会"是南非首个侨团。早期华人社团多为以血缘与地缘纽带建立起来的同乡会和商会，例如南部非洲中华福建同乡总会、南非福建同乡会、南部非洲和平统一促进会、南非中国工商联总会、南部非洲上海工商联谊会、南非洲粤港澳总商会、南非顺德联谊会等。1998年中南建交前，南非华人社团以台胞为主，表现出"亲台"倾向。老侨团例如钟定新创建的南非中华工商总会在南影响力大，其推动南非高等法院在2008年做出了历史性裁决：认定1994年4月27日前入籍的"老侨"属于杂色人种，享与黑人同等权利。具有中国台湾地域色彩的侨团也有40余个，各类同乡会、商会、校友会以及体育、妇女、文教、宗教等种类齐全，至今也不可忽视其在南影响力。

进入21世纪，大陆新移民创立的社团不断涌现，并呈现出多元化与专业化的趋势。如南部非洲中国专家学者工程师联合会、南非-中国文化艺术交流协会、南非华文教育基金会、南部非洲中国视觉艺术协会以及高尔夫、乒乓球、篮球、羽毛球、足球等民间体育组织。这些新侨社团能融合华人中各领域的精英与资源,将华人丰富多彩的文化与传统展示给南非社会,改善和提升南非社会对华人的整体认知,有效地促进中南民间文化交流,积极承担了民间外交的重任。

4.中南金砖合作可对接的南非华侨华人文化资源

南非华侨华人在中文学校、华文媒体等领域皆有建树,但大陆新侨融入当地文化不足,对南主流社会影响力仍有待加强。

南非侨领赵建玲受访时表示,南非侨社文化活动多,一般在侨界开展,重视与使领馆及国内的关系,例如每年都会有国庆、中秋、春节晚会,参与大使接待、侨团就职、换届典礼以及国内代表团来访等活动。

南非华社在中文教育领域的建设主要在中国政府引导下进行。中国政府在南非设立的孔子学院与孔子课堂一度达11所。2021年9月17日"南非中文日",南非汉语教育界代表300余人在线参与。南非6所孔子学院、2所孔子课堂、2家华文教育机构体现了过去两年汉语教育所取得的成果。2021年9月28日,南非中国文化和国际教育交流中心孔子课堂与南非国家旅游部合作的"中文南非导游"培训项目顺利开班,16名当地导游参加定制化培训。

南非中文媒体经历了从报纸杂志等平面媒体到网络新媒体的转型。除了传统纸媒《非洲时报》《华侨新闻报》《虹周刊》,还有多个微信公众号,如"南非侨网""SACETA人民网—南非""南非365""南非凤凰传媒"等,这些公众号受众主要是大陆新侨,每天都会推送南非时事要闻。微信群与微信朋友圈亦成为大陆新侨间沟通信息的重要工具。

南非华侨华人宗教信仰分布具有明显特点。南非老侨皈依基督教者较多,新侨大多保持着侨乡的民间信仰,尤其是佛教在南非的传播与发展随着中国大陆新移民数量的增加而日渐兴盛,来自台湾地区的移民也多信奉佛教,南非的南华寺是台湾佛光山在非洲的总部,香火旺盛。

整体来说,南非独特的种族背景、多元的文化传统、动荡的社会治安状况以及诱人的商机，使得在这个国度生存与发展的中国新移民处于矛盾的情感之中。他们不像在欧美及东南亚的中国移民那样秉持"落地"的态度，却又在处处充满商机的南非流连忘返，这使得大陆新侨在南非面临文化融入不足的问题。全非洲华人妇女联合总会会长朱怡苑接受我们的访谈时表示，南非新侨融入当地主流社会的不足表现在两方面：一是生活习惯与当地文化的差异明显，这主要体现在爱腌咸菜、油烟烹饪、不拉窗帘等生活习惯，不受西化的本地人待见；二是遵纪守法、规范意识薄弱，这主要表现在为避税储藏大量现金导致被打劫、办事时爱塞钱免麻烦、遇到治安危机后不报警等。

### （四）南非华侨华人代表人物

李新铸，南非警民合作中心的创始会长。2021年7月南非骚乱时，李新铸受访，他表示南非华商基本都买了商业保险，能获赔70%的损失，受灾的主要是边远及没有买保险的华侨华人中小企业与店铺。据其反馈，南非警民合作中心在骚乱中发挥了积极的安保作用。李新铸创建的南非警民合作中心2004年正式成立，并与中国政府部门展开密切合作。2007年开始在豪登省约翰内斯堡以外的地区设立了省级分会。2012年，南非警方在约翰内斯堡唐人街设立警务室。2014年，警民中心获得世界华社十大"华社之光"荣誉称号。

徐长斌，南非警民合作中心副会长以及全非洲和平统一促进会会长。徐长斌在南非经商20多年，在约翰内斯堡、德班等城市拥有几个大型中国商城。2021年南非骚乱时，他在德班骚乱前线组织对商场的安保防护，第一时间接受了本书课题组的访谈，他认为南非经济危机与新冠疫情让华侨华人原本就处境艰难，骚乱更是对他们产生了巨大心理冲击，如何处理帮扶骚乱受灾乡亲、灾后重建及完善侨民安防等问题，南非华社还任重道远。

孙耀亨，约翰内斯堡市首位华人市议员，约翰内斯堡公共安全局局长。在2004年南非国会选举时，执政党非国大的黄士豪、因卡塔自由党的张希嘉以及最大反对党民主联盟的陈阡蕙、王翊儒成为南非首批华人国会议员,改写了南非议会没有华人的历史。2006 年 3 月,孙耀亨当选,自此一直以议员身份活跃在约翰内斯堡政坛,并在很多场合成为华人利益的代言人。2016 年 8 月,南非地方选举,民主联盟在约翰内斯堡获胜后孙耀亨被任命为约翰内斯堡公共安全局局长,成为华人的骄傲。

张荣链,非洲中华总商会、非洲中华慈善基金副会长,南非中南投资集团有限公司董事长。张荣链于 1998 年第一次前往非洲投资兴业,并于 2013 年开始频繁来往于中国、南非两国,并在国内从事房地产投资。

胡建华,开普敦中国和平统一促进会前会长。2021 年 10 月 31 日胡建华获开普敦市长丹·普拉托代表市政府授予的"特别感谢"证书,以表彰他在人道主义和经济发展方面及促进开普敦和中国之间的经济联系中做出的突出贡献。在表彰仪式上,普拉托还肯定了华侨华人为开普敦经济和社会发展起到的积极作用。

**(五)发挥南非华侨华人资源促进中南金砖合作的政策思考**

在当前中美竞争围绕非洲博弈拉开序幕背景下,我主管部门可积极开拓非洲地区的新侨务与统战工作新增长点。针对南非侨情特点,可从以下四个方面发挥南非侨社积极作用:

一是鼓励南非新侨发挥优势,积极参与推进中非命运共同体建设事业。11 月 29 日,习近平总书记在中非合作论坛第八届部长级会议开幕式上发表主旨演讲,就构建新时代中非命运共同体提出 4 点主张,指明了新时期中非合作的方向,中国将同非洲国家密切配合,共同实施"九项工程"。可多措并举,鼓励南非华商发挥其经贸网络已趋完整,并以南非为核心向周边国家扩展的优势,助力推进中南、中非深化务实合作,转道绿色产业发展。

二是将金砖国家华侨华人作为创新基地建设新增长点,发挥南非新侨促进金砖合作方面的积极作用。南非 2010 年成为金砖五国之一,中南关系与经贸投资正不断深化。2021 年 4 月,金砖国家华侨华人创新合作对接会在厦门举办,参会南非侨领代表在受访时表示,南非华侨华人在推动中南人文交流与经贸合作方面的优势十分突出,主动搭建中外合作交流桥梁的意愿强烈。南非智库学者也指出,相对其他金砖国家而言,南非对金砖合作的依赖性大、经济体量小、对华更为友好,它在推动与加强金砖合作方面相对积极。有关部门可进一步研究如何以南非为切入点,做好金砖国家侨务与统战工作,发挥金砖国家华侨华人在促进金砖合作、提升我国际影响力方面的积极作用。

三是发挥南非新侨在反独促统方面的积极作用,稳定中南金砖合作外交环境。所罗门2019年与台湾断"邦交"而与大陆建交,近期所罗门反华骚乱,对唐人街造成严重损害。其背后是台湾民进党利用邪教组织"一贯道"进行渗透的事实遭到揭露。而南非1994年与台湾当局"断交",1998年中南建交以来,台湾地区影响力仍在南各领域长期存在。南非原本国内贫富差距悬殊、社会矛盾尖锐,如今政局不稳,且经济饱受疫情尤其是奥密克戎新变种病毒冲击,我应警惕台当局借机在南挑起反华骚乱。大陆新侨在促进中南民间交流、反独促统方面的积极作用、典范经验,值得总结、推广及进一步发掘。

四是根据疫情新形势针对南非新侨开展暖侨工程,协助侨社共渡难关。近两年南非一直是非洲新冠疫情最为严重的国家。新变种病毒奥密克戎导致南非遭多国断航,经济经营活动陷入停滞。南非新侨生存发展环境已恶化,2021年遭遇骚乱尚未复原,新一轮疫情又导致其陷入雪上加霜的困境。我应迅速针对南非新侨推行暖侨工程,协同使领馆组织侨团侨社互助,帮助困难侨胞共渡难关。同时也可考虑与侨乡协同,灵活落实我国脱贫攻坚、共同富裕建设的政策,对低收入侨胞给予扶持。

## 三、巴西华侨华人与中巴金砖合作

2022年是巴西大选年,巴西外交政策必会有所调整。作为金砖重要成员国,巴西不会放弃与金砖国家,特别是与中国的经贸合作。据巴西官方公布数据,中巴两国在2021年的双边贸易额达到了1354.02亿美元。在巴西对外贸易中,与中国的双边贸易占比已提升至27.08%,创历史新高,远超第二大贸易伙伴美国13个百分点。同时,巴西对华贸易顺差达401亿美元,这是巴西政府无法忽视的现实存在。虽然巴西经济受益于消费和投资的回暖,在强劲外部需求激励下迎来了2021年可观的复苏,但与其2011年高峰时期相比,差距依然不小。经济数据已经证明,金砖国家合作是巴西经济收益率较高的外交实践,是比较符合巴西的区域和全球战略需要。因此,在百年变局和世纪疫情交织的背景下,巴西与中国的合作仍有新发展机遇,趋势理应向好。

在金砖峰会中国年,金砖国家要在当前局势下更加艰难地谋求合作。要共同维护联合国为主导的国际治理体系,建立更加公平合理的国际经济秩序,需要金砖国家加深理解、促进团结、紧密合作。本书主要梳理了巴西的华侨华人资源,为厦门金砖创新基地发挥厦门侨乡优势,以侨为桥,拓展中巴经贸领域的金砖合作以及引进华商、外资为厦门产业发展与城市建设赋能等方面提供参考。

### (一)巴西华侨华人社会发展现状

华人移民巴西有超200年历史。19世纪初的移民多以劳工身份前往,人数不多,至1949年,旅居巴西的华侨不足1000人。进入20世纪50年代,赴巴西中国移民人数急增,10年间增长超5700人,六七十年代累计增长超3.3万人。改革开放以后,前往巴西的华侨华人多为中国新移民,其来源地包括广东、浙江、上海、北京、山东、安徽、江西等地,包括台湾。至2000年前后,华人华侨旅居人口已超16万人。据巴西圣保罗大学东方语言系助理教授束长生研究,在圣保罗市及其周边城市,华侨华人分布相对集中;参照2016年在巴西登记注册的持中国护照的移民人数及其在巴西的地区分布数据测算,圣保罗地区华侨华人占比超66.67%。2019年中国驻圣保罗总领馆领侨处李鹏宇主任也曾表示,圣保罗有26万华侨华人。据此推算,旅居巴西的华侨华人可超30万人。

### (二)巴西华侨华人社会的特点

据此前巴西华侨华人研究成果,按原籍地划分,旅居巴西华侨华人主要可分中国大陆省市、台湾,以及东南亚。其中广东省台山市、浙江省青田县是巴西华侨华人的主要来源地。20世纪60年代开始,巴西政府为了平衡在巴西的亚洲人势力,向中国台湾与韩国招募移民。来自中国台湾的移民出现一个小高潮,且以台湾高雄农民居多。同期,为了逃避排华政治迫害,来自东南亚地区,特别是来自印尼的华人开始移民巴西,这一群体属于再移民的华人,人数相对较少。

若按行业划分,迁居巴西的华侨华人,早期大多数沿袭海外主要生存方式,即经营餐馆或者商铺。改革开放后,来自中国的新移民数量增长迅速,相较于早期华人劳工移民,迁居巴西的华侨华人新移民具有一定经济实力,受教育程度高,主动融入巴西社会意识强,商业经营能力突出。他们发挥自身经济和经营优势,在巴西的农业、工业及贸易等各领域各有建树,甚至发展成为当地龙头企业。

### (三)巴西华侨华人促进中巴金砖合作的资源

虽然巴西土地辽阔、人口众多、市场广阔、商机充足,但华人移民巴西,要想立足生存与发展,一样得"抱团取暖"。因此,华人组织了各种各样的社团。据不完全统计,仅圣保罗地区的侨团、宗教团体、中资机构、文教团体就超过100个。具体主要包括以下八类:

一是巴西华侨华人综合性社团。综合性社团其成员无来源地限制、无职业划分,所组织的活动服务范围较广,类别丰富。较具代表性的综合性社团有巴西华人协会,于1980年10月10日在圣保罗成立,是一个全国性的社团,拥有比较健全的服务系统,自成立以来,每年主办全国性的十一国庆活动和春节联欢活动等。另一个具有代表性的综合性社团是巴西里约华人联谊会,简称华联会。在里约有五大华人社团,华联会是最大且居于主导地位的一个。目前,华联会会员1700多人。成立于2005年的巴西利亚华侨华人协会,会员主要来自巴西利亚,主要包括店铺老板、餐馆厨师等。

二是巴西华侨华人专业性社团。专业性社团是指以某一专业为服务范围而组成的社团,所组织与举办的活动具有鲜明的特点,服务对象比较宽泛。其中包括具有文化、教育、宗教等功能的社团。比如,文化社团有巴西华人文化交流协会、唐韵艺术团、华声艺术团、巴西中华书法学会、圣保罗亚文中心等。圣保罗亚文中心、华侨天主堂中文学校虽然是文化教育机构,但多年来它们举办了许多面向华人、为华社服务的文化活动,当然,有时也举办一些面向巴西当地民众的活动。教育团体有巴西华人体育协会、华人羽毛球俱乐部等。宗教组织有巴西华侨天主堂、圣保罗弥陀寺、如来寺、观音寺等,这些寺、堂虽为宗教场所,但其为华人提供了宗教与文化活动空间,经常举办各种慈善活动,提供图书借阅,开办中文班、电脑班等文化科技课程,在华社中起到一定的凝聚力与号召力,故将其列为社团。

三是巴西华商社团。商业社团的会员多为华人商家或企业,宗旨是为侨胞提供商贸信息,解决华人商家间的纠纷,互补互利,共谋发展,促进中巴之间的经贸往来。这类社团主要有巴西中华总商会(20世纪70年代末成立)、巴中国际商会、巴西(南美)潮汕总商会、巴西中国经济贸易促进会、巴西中国浙江商会、巴中商贸仲裁总会、巴中工商协会等等。这些商业社团虽由大陆侨民创办,接纳台湾侨民。

四是巴西华侨华人同乡会。随着中国改革开放,来自中国大陆移民增多,来源地分布广泛,地缘社团不断出现,主要以同乡会的形式组建而成,成员多为来自同一省、市或县的华人。如巴西北京侨民总会、巴西广东同乡总会、巴西青田同乡总会、巴西福建同乡总会、巴西温州同乡联谊会、巴西江苏同乡会、巴西江西同乡总会、巴西河南同乡会、巴西天津同乡联谊会、巴西金华同乡总会、巴西东北同乡总会、巴西上海同乡会、南美洲闽南同乡联谊会、巴西大西南同乡总会、巴西冀鲁同乡总会、南美洲台湾同胞联谊会等等。

五是巴西华侨华人联谊会。联谊会是以情感交流为手段组织起来的较为松散的群体。巴西中国退伍军人联谊会是全球第一个由来自中国大陆的退伍军人发起组成的联谊会，其成员以来自中国大陆各个时期的退伍军人为主。该联谊会每年举办庆祝八一建军节、十一国庆活动，以及中国传统节日如春节、元宵节、中秋节等庆祝活动。该联谊会在举办联欢活动时，还邀请旅居巴西的台湾退伍军人，呼吁两岸军人精诚团结，共同维护中国的领土完整。

六是巴西华侨华人青年社团。巴西华人青年组织主要有巴西华人华侨青年联合会、世界福建青年联会巴西分会等。巴西华人华侨青年联合会成立于2011年12月，其宗旨不仅要团结巴西和中国青年，促进共同发展、传承中华文化，还鼓励华人青年融入巴西主流社会和积极参政。世界福建青年联会巴西分会则是由福建青年人组成的非营利机构，为闽籍青年在社会各个领域的全面发展发挥积极的作用。可见巴西华人社会很注重对华裔青少年的培养，努力使其未来侨社后继有人。

七是巴西华侨华人妇女社团。巴西的妇女社团成立较晚，最早的有成立于20世纪80年代的巴西华侨妇女会，活动不多。目前较活跃的妇女社团是成立于2006年3月5日的巴西中华妇女联合会。其宗旨是团结巴西各界华人妇女，加强海峡两岸妇女同胞联谊；弘扬中华文化，促进祖国和平统一；推动中巴两国人民的友好往来和交流；维护华人妇女的合法权益，提升华人妇女的政治经济地位。

八是巴西和平统一促进会。从社团的名称就可以看出，此类社团旨在维护祖国领土完整，促进中国和平统一。目前有巴西中国和平统一促进会、里约中国和平统一促进会、美景市和巴西利亚市华侨华人中国和平统一促进同盟会等。巴西侨界的促统会自成立以来，秉承"促进祖国和平统一"的宗旨，团结广大侨胞和台胞，旗帜鲜明地反对一切分裂国家的活动。

除了上述八类社团，还有基于兴趣爱好、休闲娱乐，或源自其他因素组建的社团。各社团的职责与服务范围并不局限在单一领域，这表明社团类型日趋多样化，一定程度能反映出巴西华人职业多元化、社会活动多样化发展趋势。各类型华人社团在巴西坚持服务与回馈社会，主动参与巴西社会公益建设、慈善捐赠、赈灾济贫,赢得了巴西民众广泛认同和赞誉。

（四）当前促进中巴金砖合作的主要巴西华侨华人平台与资源

近年来,随着中巴经贸关系发展深入,商会性质的社团迅速增加,其数量和分布范围明显增加,且成立动机和功能也更为多元。在中巴金砖合作中发挥积极作用的有以下巴西华侨华人平台与渠道资源,建议金砖创新基地予以重点对接。

一是巴西华人协会。该协会于1980年10月成立,会长张伟,是巴西最大的华人社团。目前注册会员有400余人,由圣保罗50多家侨社团的骨干组成。会址位于华侨、华人聚居最多的巴西全国工商业中心圣保罗市。2015年国侨办授牌成立巴西华人协会圣保罗华助中心,本着"为了侨、依靠侨、服务侨"的原则,旨在为侨胞提供关爱帮扶,维护侨胞合法权益,助力侨胞生存发展并融入当地社会。下设安全委员组、法律政策法律援助组、教育组、慈善公益组和秘书组,以汇聚各方力量和各种资源服务广大侨胞。巴西华人协会华助中心所需费用均由华人华侨捐助。

二是巴西中国商会。巴西中国商会于2003年成立,主席王小军。巴西中国商会是由巴西联邦共和国政府审批成立的,代表广大在巴华侨投资企业和旅巴华人华侨的权威商业促进机构,是目前巴西最具影响力的商会组织之一。巴西中国商会秉承"以商会友、以友兴商"的宗旨,贯彻"服务华人社会、增进会员交流、推动合作共赢"的理念,旨在促进中巴双方经贸交往,代表成员企业与巴西政府部门、行业机构、经济组织,以及媒体和公众展开交流,促进商会会员积极融入巴西社会与文化生活,为中巴两国全面战略伙伴关系的发展做出积极贡献。商会会员企业业务涵盖了电子、机械、石油、化工、五金、矿产、粮油食品、服装鞋类、玩具工艺品等各大行业,也组成了制造、出口、进口、批发、金融、保险、海陆空运输、仓储、广告、展览、咨询等完整的商业链。近年来,巴西华人意识到参政议政、争取少数族裔权力和利益的重要性。巴西中国商会非常关注并全力支持华裔或其他少数族裔竞选人,推动各项助选活动,成为巴西最具号召力和行动力的团体之一。

三是巴西中国经济贸易促进会,成立于2002年,会长王奠兴,旨在促进中巴两国贸易经济发展。其主要会员为中巴企业家。会务包括:组织承办展会、教育人才交流、法律咨询及引导中巴企业间的投资交流、市场开发、贸易往来。总部设在巴西圣保罗,在中国北京、上海设有分会。

四是巴西广东同乡总会,成立于1993年3月,现任会长苏新建。由100多名粤籍巴西华人发起,属巴西华人地缘社团。该会旨在加强乡亲们的联系,增进乡谊,建立文化教育、康乐福利等公益事业,造福同乡及后代。下设总务、财务、公关、文教、文娱、体育、福利、文书和妇联等组,开展各项会务活动。理监事会成员达70人,顾问数十人,共计100多人。成立后积极筹款购置会所。巴拉圭富商罗松被聘为永久名誉会长,首捐1万美元。计划设立华文学校、葡文补习班、美术班、音乐班、球队和乐队等。当地时间2019年10月6日晚,巴西广东同乡总会在巴西圣保罗聚福楼酒家举行庆祝新中国成立70周年及重阳节敬老活动。

五是巴西青田同乡总会,于1994年在圣保罗成立,会长叶王永。其宗旨是:爱国爱乡,联络乡情乡谊,团结互助,促进中巴两国的经济、文化交流以及两国人民民间的友好往来。现有会员300余人,主要从事国际贸易业,领导层开明公正,会员间精诚团结,会务活跃,闻名全球侨界。2001年购置会馆,同年10月在会馆开办中文教育班和葡文学习班。

六是巴西中国和平统一促进总会,于1991年5月26日成立。该总会在成立宣言中表示希望世界各地炎黄子孙联合起来,共同努力,向着中国和平统一的目标携手迈进;敦促海峡两岸尽早开始谈判以尽快完成统一大业。首任会长为来自台湾的张无咎医生。会员有出身海峡两岸的商业、文化和宗教等各界人士。

七是巴西华人华侨青年联合会,于2009年成立,会长周海军,是由旅居巴西的华裔青年组成的非营利民间组织,其宗旨是团结巴华青年,促进共同发展。以青年会为合作平台,争取和维护青年合法权益,鼓励华人青年融入巴西主流社会,积极参政议政,促进中、巴两国之间的经贸、科技、教育和文化交流,提高华人社会形象。

八是巴西巴中国际工商总会,1986年12月成立,会长胡忠伟,巴西总统卢拉曾任该会名誉会长。该商会属非营利社会团体,以促进巴中两国的商贸、文化和企业集团之间的交流和往来为宗旨。该商会在北京设有代表处,并在广州、青岛等城市都有专聘联络人员,在巴西圣保罗、里约热内卢、美景市和维多利亚都有分会。其业务是为中巴两国政府代表团和企业集团的互访提供服务,为有意进入巴西市场的中国厂商和进入中国的巴西企业提供商展机会。该商会每年邀请多家中国代表团访巴,并多次组织巴西厂商访问中国。

九是里约华人联谊会,成立于1986年,会长徐宗彬,是里约历史较悠久的社团,现拥有会员1600多人,会员来自台湾、广东、浙江以及其他省份。华联会会馆建筑面积达3000多平方米,是华联会固定资产。该社团在促进中巴两国文化交流、团结和服务侨胞、支持祖国发展、捐助国内自然灾害等方面做了大量工作,受到国内政府机关和当地侨社的肯定。

(五)政策思考

第一,以侨为桥,发挥巴西华侨华人侨领作用,促进巴西地方政府与厦门缔结友好城市。

巴西华侨华人在促进中巴合作方面发挥积极作用的实例很多,例如巴西侨团直接促进了坎皮纳斯与广东省的经贸合作。圣保罗的坎皮纳斯(以下简称坎市)被誉为巴西的"硅谷",是金砖五国的重要贸易城市,长期对华友好,在中巴关系中发挥着不可替代的作用。2013年,在巴西中国经济贸易促进会的率领下,坎市派出12名代表访问广东东莞,并与东莞缔结为友好城市。2019年5月,坎市政府曾邀请巴西广东同乡总会、巴中工商文化总会、巴西江门五邑青年联合会和坎市华人协会等4个广东侨团代表座谈,探讨如何发挥侨团桥梁和纽带作用,帮助坎市与广东省政府加强联系,促进经贸文化交流活动。广东省发挥巴西华侨华人作用的经验启示我们,厦门金砖创新基地可大胆、直接对接巴西侨团与华商,使其发挥积极作用,为促进巴西地方政府与厦门之间缔结友好城市、发展经贸合作牵线搭桥。

第二,发挥巴西龙头侨团作用,对接巴西华商资源,为厦门产业赋能,促进厦门产业"引进来,走出去"。

目前,中国是巴西主要投资来源国之一,中资企业在巴西的投资除了传统的农业、采矿等领域,已扩大至电信、金融服务及电力等领域。据巴西经济部发布的外国投资简报显示,截至2019年11月底,中国在巴西电力部门的投资额已占总投资额的45%。2019年是中巴建交45周年暨巴西设立"中国移民日"的第二年,巴西侨界举办了系列庆祝活动。习近平主席在圣保罗出席金砖国家领导人会晤,中巴双边关系升级,振奋了巴西华侨华人的信心。新冠疫情暴发以来,巴西华侨华人为住在国与祖(籍)国的抗疫做出了双重贡献。例如,巴西华人协会是领导当地50个侨团的龙头协会,在中国武汉疫情暴发后,巴西华人协会在巴西中国商会会馆成立物资物流组,义务协助巴西各地有需要的侨团及华侨华人进行统一采购、集中出口的工作。巴西疫情严重后,巴西华人协会为侨胞抗疫开展了大量服务工作,包括持续发布防疫公告、为侨胞提供防疫口罩、请当地的医疗机构为侨胞提供防疫知识、连线国内医疗专家为侨胞开展问诊等。疫情对巴西华人零售业冲击较为严重,但与此同时,也为部分从事国际贸易的华商带来了发展机遇。

第三,发挥厦门侨乡属地优势,多措并举发掘巴西华侨华人资源促进中巴经贸合作与金砖合作。

巴西华侨华人是促进中巴金砖合作的重要桥梁资源。巴西华侨华人对巴西政治人物的影响力较强,且其经济实力强、社团资源多、人脉资源广,能在进一步促进中巴金砖合作方面发挥积极作用,可成为金砖创新基地对接的资源。

#### 四、印度华侨华人发展概况与金砖创新基地建设

##### (一)印度华侨华人的历史发展与基本概况

中国和印度同属文明古国,中印两国人民的友好交往源远流长,而中国人移民印度的历史进程、数量分布、主要特征、发展概况值得学术界加以关注。

##### 1.印度华人社会的演进

中国人移民印度历史概况。在清代中后期,一批以广东客家人为主的中国人来到印度加尔各答,并在那里繁衍生根,形成了印度第一个华人聚居地。杨大钊是官方史料记载中第一位来到印度的华人,他于1778年来到印度,带领华人在印度开辟了新的家园,具有创始性意义。在他去世后,当地华人为他修建了墓地牌位,位于加尔各答南郊 25 公里之外,被称作"阿钊庙",梅县客家人称之为"塘园伯公伯婆庙"。每年春节后的第二个星期天,印度华人都会来到这里祭祖,清扫打理坟墓,奉祀食物,之后放鞭炮焚香祭拜,求签并祈求生活平安喜乐。太平天国运动失败之后,有太平军余部逃往印度。1930年前,印度华侨有8300余人。到太平洋战争爆发前,在印华侨增至1.4万人。[①]加尔各答是印度唯一具有唐人街的城市,有两个传统华人聚居区:一是位于加尔各答市区孙逸仙街(Sun Yat Sen Street)的"老唐人街",二是位于市郊的塔壩中国城(Tangra/ChinaTown)。老唐人街早于塔壩中国城大约150年就存在了,老唐人街的华人大都是广东人,还有极少数湖北人、福建人和台湾人。塔壩中国城中多为来自广东梅县的客家人。

20世纪中叶是印度华人发展的鼎盛时期。据《印度华侨志》的统计,

---

① 国务院侨办侨务干部学校编著:《华侨华人概述》,九州出版社,2005年,第97~98页。

1959年印度华侨人数为56781人。[①]有相关论著提到:"在繁荣兴旺的唐人街上,大小餐馆和杂货店等鳞次栉比,制革厂、木工厂和洗衣店等一字排开,夜晚灯火通明,霓虹灯闪烁,街上行人熙来攘往,热闹非凡。"[②]当时华人生活水平较之印度其他外来族裔而言相对理想。但这种繁盛的局面仅持续了不到10年。20世纪60年代印度的排华运动给印度华侨社会造成严重影响。1962年以前,加尔各答的汉族侨胞达5万人。1963年后,汉族侨胞多数移居他国。至1971年时,印度华侨华人人口已经减少到仅有12717人。应该指出,这一数据并未包括海外藏胞等群体。[③]

目前,印度华侨华人总数虽没有确切的数据,但传统华人社会的规模越来越小,印度华人持续外迁,人数锐减。2004年,印度有老华侨华人6000余人,其中加尔各答4000多人,孟买1000多人,新德里500多人,其余分布在海德拉巴和班加罗尔等地。[④]根据印度人口普查数据,2001—2011年,中国移民的数量从23721人降至14951人;在印度居住超过20年的华人人口,从11588人降至5164人。[⑤]从这个数据来看,印度华侨华人的人数在过去70年间锐减90%。较低的社会地位和较少的发展机会使得印度汉族侨胞群体处于萎缩状态,许多人通过移民方式前往英联邦其他国家。[⑥]由于持续外迁,目前加尔各答华人数量估计尚不足2000人。华人在印度居留意愿持续降低,仍在这里生活的华人多为空巢老人、留守妇女和儿童。青年一代大多数已经移民到如加拿大、澳大利亚、美国、新加坡等华人比较

---

① 转引自张秀明:《被边缘化的群体:印度华侨华人社会的变迁》,《华侨华人历史研究》2008年第4期。

② 沈立新:《世界各国唐人街纪实》,四川人民出版社,1992年,第106页。

③ 涂华忠:《印度华侨华人经济发展探析》,《东南亚南亚研究》2010年第2期。

④ 《印度华人从半世纪前5万人减到6000人》,国际在线网站,http://news.cri.cn/gb/1827/2004/09/29/1165@313777.htm。

⑤ D-Series: Migration Tables,https://censusindia.gov.in/.

⑥ 《海外侨情观察》编委会编:《海外侨情观察,2013—2014》,暨南大学出版社,2014年,第88页。

集中的地方,以寻求更好的发展。华人社区的衰落不仅是加尔各答唐人街的情况,也是印度老一代华侨华人面临的普遍情况。

随着中印关系的不断改善和发展,印度华侨华人在谋求更好发展的同时,也更加关注中国的发展,与中国的联系日益密切,不少人回国旅游、探亲、开展商贸活动等。①

**2.印度华侨华人的职业分布**

印度华侨华人的职业分布与籍贯有很高的关联。老一代的侨胞主要来自广东、湖北、山东、江苏、浙江、福建、山西等地,尤以广东籍占多数,特别是梅县出身的客家人数量最多。在印侨胞主要聚居在加尔各答等地,主要从事皮革加工、餐饮等行业。②

华侨在印度早期多从事甘蔗、茶叶、修筑铁路及小商业等,至21世纪初,印度侨胞职业以制革业、制造业为主的状况基本没有改变。广东籍侨胞多从事制革和制鞋业,湖北籍侨胞以牙医业为主,广东四邑籍的印度华侨华人多从事木匠行业,而在印藏胞以务农、打工和从事手工业为主。有日本学者指出,在印度华人的职业选择上,华人采取了在居住国社会——以印度教为中心的印度人社会的夹缝中集中发展经济活动的适应性战略。③以往,老一代华侨华人依各自的籍贯和技术所长分别从事皮革、餐饮、干洗、美容美发、木工、牙医等职业。

这里仅以皮革业为例。20世纪20年代至90年代中期,塔壩的华侨华人皮革厂最多时发展到230多家,至今只剩下不到40家,有不少租给了印度人。21世纪初,加尔各答市政府和最高法院决定将塔壩的皮厂搬

① 张秀明:《被边缘化的群体:印度华侨华人社会的变迁》,《华侨华人历史研究》2008年第4期。

② 商务部国际贸易经济合作研究院、商务部投资促进事务局、中国驻印度大使馆经济商务参赞处:《对外投资合作国别(地区)指南(2015年版)·印度》,第8页,http://fec.mofcom.gov.cn/article/gbdqzn/upload/yindu.pdf,2015年10月。

③ [日]山下清海:《印度的华人社会与唐人街——以加尔各答为中心》,《南洋资料译丛》2010年第1期。

迁。后来,此地大部分皮革厂搬迁到了15公里以外,塔壩原本兴盛的皮革产业逐渐衰落。2021年11月1日,加尔各答市政府开始对塔壩皮厂进行控制,塔壩仅存皮厂是否还能延续尚未可知。至今,这一情况仍未发生明显变化,其生计模式未能实现新的职业转型,这使其持续发展受到很大限制。

由于历史原因,印度传统华人社会总体呈现衰落状态,汉族侨胞数量规模较少,在政治和经济生活中的影响微小。

### 3.在印少数民族侨胞基本概况

少数民族侨胞尤其是海外藏胞数量多、比例高是印度侨情的一大特点。国务院侨务办公室秘书行政司资料室编写的《各国华侨华人》指出,1986年印度华侨华人人数为110000人。其中,藏族和维吾尔等少数民族侨胞占有很高比例,这也是印度华侨华人相较于东南亚和北美等传统华人移居地不同之处。[1] 学者赵和曼指出,2004年印度有少数民族华侨华人13万人,其中藏族11万,维吾尔族2万。维吾尔族华侨华人主要是1959年以前以探亲、经商、朝觐等名义在印度定居者及其后代。[2]在印度的藏族华侨华人,也就是海外藏胞主要分为两大部分:一是20世纪60年代以前前往印度的第一代藏胞及其后代,数量占主体地位;二是改革开放之后,由中国各藏区前往印度各地的,以僧侣为主的新移民群体。关于海外藏胞的数量,存在不同的统计数据。印度学者拉什米·塞赫加认为,如果将在印度出生的第二、三代藏胞全部统计在内,居住在印度的海外藏胞总数达到30万人。[3]海外藏胞是海外华侨华人群体的组成部分,在印藏胞也成为印度华

---

① 国务院侨务办公室秘书行政司资料室:《各国华侨华人》,国务院侨务办公室秘书行政司资料室,1991年,第328页。
② 赵和曼:《少数民族华侨华人研究》,中国华侨出版社,2004年,第123~124页。
③ 参见李明欢:《海外藏胞的发展状况与多元分化》,《世界民族》2014年第6期。

侨华人社会的重要群体。[①]海外藏胞在迁徙与调适的过程中，日益呈现出与包括汉族在内的各民族人口跨国流动相似的基本特征。[②]

### 4.印度华人社团发展变迁

印度华人社团组织最早出现于20世纪初期，1907年在加尔各答成立了嘉应会馆、南顺会馆等地缘性组织。此后，加尔各答工友合作社（1952年）、加尔各答中国街侨团联合会、塔壩华侨联合会、印度中华总商会（1944年）等各种业缘、宗教性及综合性社团相继成立。[③]有研究显示，至20世纪80年代，印度仍有20余个华侨华人社团，人数较多的有塔壩制革服务互助社、旅印华侨协会等社团。

在20世纪末期，印度一些华侨华人社团因华侨移民人数减少等原因，在社会中影响日益减弱。[④]以加尔各答为例，老唐人街曾存在的近20个会馆，目前仅存6个。[⑤]其功能从同乡宗亲聚会议事场所、华人社区中重要宗教场所、华侨教育基地等[⑥]变为聊天室、麻将馆等，门可罗雀。其他华人社团组织如加尔各答华人联合会、加城厂商理事会、环保制革商会、印华文化发展协会、塔壩青年俱乐部、加城文化娱乐协会等，目前均已衰落。2017年5月19日，全印度华侨华人协会在印度首都新德里成立。协会第一届理事会推选丘开勇为首任会长，叶启炎和谢明通为副会长，刘国赵为顾问，印度新德里、加尔各答、孟买、班加罗尔等地的19名侨

---

① 《境外爱国藏胞是我们的兄弟姐妹》，中国驻印度大使馆网站，http://www.fmprc. gov.cn/ce/cein/chn/sgxw/t1377771.htm，2016年7月6日。

② 李明欢：《海外藏胞的发展状况与多元分化》，《世界民族》2014年第6期。

③ 参见《华侨华人百科全书·社团政党卷》编辑委员会编：《华侨华人百科全书·社团政党卷》，中国华侨出版社，1999年。

④ 国务院侨办侨务干部学校编著：《华侨华人概述》，九州出版社，2005年，第99页。

⑤ 分别是忠义堂（ChoongYee Thong）、义兴会馆（GeeHing Church）、湖北会（HuPeh Association）、南顺会馆（NamSoon Church）、会宁会馆（VoiLing Church & Club）、四邑会馆（SeaIp Church）、东安会馆（ToongOn Church）。

⑥ 张幸：《文化认同的传承与创新——印度加尔各答华人的多元化宗教信仰研究》，《华侨华人历史研究》2008年第4期。

胞担任理事。①协会作为在印度的首个全国性侨胞组织,揭开了在印华侨华人历史的新篇章。

5.印度华文教育与华文媒体概况

印度华文教育由盛转衰的历程。印度华校数量最多时达数十所,到20世纪80年代仅存培梅学校、建国学校和梅光学校。由于印度华侨华人社会人口外移,加上师资力量的缺乏,华校日渐衰落。②进入21世纪,由当地华人于1925年捐资兴建、作为华人教育摇篮的培梅学校成为印度唯一的中文学校,至2005年仅有60多名学生坚持学习中国文化。③自2010年来,培梅学校已没有学生。④总体来看,印度华人创办的侨校,未充分发挥侨校的国际性功能,因生源不足、师资缺乏而先后关闭;华裔青年也并不具有通过接受良好教育跻身社会精英阶层的动力。因此,在印度社会各个领域并未出现有影响力的领军人物,如华人政治家、华人企业家、华人影星歌星等。在印度华文教育走向衰落的同时,印度民众对汉语和中华文化的热情却有所提升。2008年,加尔各答中文学校成立,这也是该市唯一一所专门从事中文教育的机构。2017年,该校与云南师范大学合作设立了印度首家"孔子课堂"。⑤

印度华文媒体历史发展与当前现状。印度最早的中文报纸是1933年7月创办的《印度日报》,此后陆续有《新军日报》《中国周报》和《中国日报》等报出现。但因资金不足和其他原因,《印度日报》2001年已经停

---

① 《全印度华侨华人协会举行成立大会》,人民网,http://world.people.com.cn/n1/2017/0521/c1002-29289215.html。

② 参见《华侨华人百科全书·教育科技卷》编辑委员会编:《华侨华人百科全书·教育科技卷》,中国华侨出版社,1999年,第121~122,512~514页。

③ 《印度唯一的中文学校——培梅中学》,中国华文教育基金会网站,http://www.chinaqw.com/node2/node2796/node2797/node3107/userobject6ai259556.html。

④ 加尔各答原有6所中文学校,20世纪60年代后相继关闭,只剩培梅中学1所。

⑤ 《印度首家孔子课堂落户加尔各答》,人民网,http://world.people.com.cn/n1/2017/1129/c1002-29674780.html。

办。[1]20世纪60年代创办的《印度商报》成为进入21世纪印度国内硕果仅存的华文报纸。2016年11月,中国国务院侨办副主任谭天星在印度加尔各答访问期间专程前往《印度商报》参观考察,并为该报题词"传承中华文化,反映侨胞心声,促进中印友好"。[2]《印度商报》的运营目的在很大程度上不是追求经济效益,而是作为华人情感维系的载体和纽带。作为纸媒,其硬件落后,信息获取渠道单一滞后,这使其难于发挥与外部世界信息交换的功能。

### (二)印度华侨华人的社会适应与生存发展

#### 1.华人社区的衰落与侨胞生存困境

从华人移民印度的历史来看,加尔各答一直是印度华侨华人最大的聚居地,在很大程度上代表了印度华侨华人社会的兴衰。[3]前文已述,印度华侨华人持续外迁,人数规模日益缩小,随着华人社团、华文教育和华文传媒的发展都经历了从产生、发展到衰落的过程,印度加尔各答的华人社区日渐衰落凋敝,缺少发展变化和活力。华人社区的衰落有多方面原因,除了外部原因,印度华人的社会文化存在状态、心理情感状态及其与外部生存环境的互动模式也是重要原因。

华人的生存与文化空间日益狭小封闭。目前,加尔各答的两个传统华人社区均是华人与印度人聚居的状态。自20世纪60年代后期,加尔各答

---

① 《〈印度商报〉:顽强求生的中文报》,大公网,http://news.takungpao.com/paper/q/2014/1030/2806500.html,2014年10月30日。

② 《谭天星考察印度华文报纸〈印度商报〉》,中国新闻网,https://www.chinanews.com/hr/2016/11-26/8075541.shtml。

③ 课题组成员蔡晶博士分别在2019、2020年两度前往印度加尔各答进行调研访谈,并收集了大量的第一手资料,为本课题研究打下了坚实的基础。课题组结合在加尔各答调研的一些观察和记录,揭示印度华人的生存状态及造成这种现状的深层原因。

华人的生存和发展空间开始受到挤占。①华人与印度主流社会具有明显的距离。华人的活动范围大多局限于塔壩中国城和老唐人街内部,使这两个传统华人社区类似大社会中的小社会。华人对外部事务并不关心,不与政府打交道,除了生意上的交往,与当地印度人也鲜有往来。华人在语言上讲孟加拉语和印地语;华人与华人之间则是方言和孟加拉语混用。会讲普通话的华人日渐减少,能看懂中文的更是寥寥无几。据当地华人介绍,两个华人社区之间也较少往来。华人社区表现出一定的封闭性。

应该看到,在海外华侨华人中,印度华侨华人是一个不太被关注的群体。一方面,印度华侨华人数量极少;另一方面,华人并不掌握当地社会经济、政治的重要资源,也未跻身社会精英行列,在印度社会几乎没有显示度。同时,作为印度社会的微小移民群体,华人的生存与发展不可避免地在客观上面临着来自外部社会的较大压力。加尔各答华人社区衰落的趋势,说明华人在印度社会的生存和发展遭遇了困境和挫折,也反映出其生存适应和调适是不充分的,或者说,其发展转型并不成功。

一些华人接受了基督教,伊斯兰教在华人社区也有影响。不少印度华裔皈依了基督教,但未必完全遵从基督教的宗教仪式,比如每周去教堂做祷告等。由于华人子女较难进入当地公立学校读书,因而常选择基督教、天主教学校,这也是为未来移民西方做准备。近年来,加尔各答政府对塔壩皮革厂的禁令,使华人对塔壩前景充满担忧,担心印度政府政策的改变对华人不利,于是倾向于逃避,把注意力转移到外部世界,去其他国家寻求发展机会。

---

① 一方面,1962年之后,3000余名当地华人被送往位于拉贾斯坦邦德奥利镇(Deoli)沙漠中一个废弃多年的二战战俘营,获释返回原居地后,家园和财产早已被侵占。此后,拥入这两个传统华人社区的印度人日益增多。另一方面,华人作为印度多元文化拼盘中的极微小部分,文化空间也遭到挤压。比如,在老唐人街,华人会馆的建筑被众多穆斯林的房屋和窝棚包围;四邑会馆门头正中悬挂着印度"圣雄"甘地的画像;南顺会馆的教室里贴着阿拉伯经文,并有清真寺图像。

**2.华人的生存适应与社会融入障碍**

印度华人社会地位和社会融入程度较低,这是其生存状况不理想的主要原因。作为外来族群,华人必然要经历在外部环境作用下不断适应和调适的过程。华人在印度社会的生存与发展,必然面临与印度社会文化的交往互动,而华人与印度社会的交流与融入是极不充分的。印度社会文化的独特性,在很大程度上影响了华人社会融入与生存调适的模式。

华人社会地位相对较低,文化认同面临困境。印度华人因其所从事的主要职业如皮革加工、制鞋、木匠、理发、镶牙、盥衣等,在印度传统社会分工和阶序原则下被视为不净。①这在印度人和华人之间形成了难以逾越的界限。社会地位提高无望是一种隐藏在华人心理深层的不满,也是许多华人(尤其年轻人)要离开印度、另寻发展机会的深层原因之一。华人文化认同的核心是家族、宗族认同,表现出较强的“人伦中心”倾向,具有重视亲属关系网络的特点。在不存在这种联结的地方也会“发展出类似亲属纽带,延续和原有亲属群或地方群的联结,或者扮演必要的角色,使其能在非亲非故的环境中有立足之地”②。“唐人街”的聚居模式就是这种联结的典型表现。加尔各答华人不仅建构了诸多血缘、地缘性集团,如宗亲会、社团、会馆等,亦建构了一个共同的“始祖”——杨大钊,并遵循共同祭祀仪式。加尔各答华人社区的衰落,反映了传统中国社会人与人之间基于血缘的认同无力抵抗宗教认同这一现实,这也正是印度华人的生存处境。

印度社会中种姓制度的隔离性、文化传统的宗教性及人际关系虚化性等特征,这是世界其他地区华人不曾遇到的特殊情况。这些印度华人的生存适应与发展遇到的特殊而艰难的问题,在较深的程度上影响了华人社会

---

① 特别是早期加尔各答华人多从事皮革加工行业,在印度大多数地区,从事这一职业的人是被排斥在种姓体系之外的“不可接触者”(“贱民”)。

② 许烺光:《彻底个人主义的省思》,许木柱译,南天书局有限公司,2002年,第249页。

地位、社会交往等需要的满足。因此,印度华人难以形成安全感和稳定感。

### 3.印度华人心理文化调适的局限

华人在印度社会所处的环境给其生存调适带来了难以克服的困难,使华人和印度社会之间形成了社会隔绝,因此,印度华人的生存发展更多地依赖中国文化传统。在华人社会传统里,社会集团缔结主要是基于亲属连带原理,构成以血缘关系组成的亲密圈子,相互依赖程度较高,这也使印度华人的心理文化调适体现出一定的消极性和保守性。

塔壩中国城占地仅有 10 多平方公里,却像一个自给自足的村落社会。除居住空间外,早市、杂货店、殡仪馆、商会、牌楼、祠堂、麻将馆、学校、报馆、庙宇等一应俱全,在很大程度上就是梅县客家人祖籍地村落生活的投射,它所具有的功能是综合性的,兼顾了物质生活和精神生活的基本需求,体现出完整的生产、生活和文化价值体系,具备了村落社会的诸多特征。这虽为华人提供了族群认同来源和抵御排斥和歧视的处所,但亦会使其社会融入困难的问题愈加凸显。印度华人的非亲属集团非常不发达,尤其是没有建立政治组织。因此,在政治层面上并没有表达诉求的畅通渠道,并始终存在身份问题。作为印度社会中少数且地位低下的族群,印度华人并没有充分利用印度政治制度的特点,未建立起政治组织,不仅不参与政治,而且几乎不问政治,在社会参与上表现相当消极。

由于太过依赖"内集团"生存模式和族群认同,印度华人在与外部社会的互动和参与层面表现得相对消极、保守,缺乏创新精神和变革意识。因此,华人在适应印度社会的过程中改变程度较低,社会融入困境及其边缘化和长期被忽视的局面很难得到改变。来自外部社会的对抗性压力和本体安全保护壳的失灵,使印度华人产生了对生存和发展的不确定性,随之产生了失望、恐惧、焦虑的心态。华人与印度社会的内外交互平衡难以实现,再加上政治环境波动、生存资源紧缩,使之长期处于安全需要、社会需要、情感需要等未能满足的状态,因此,便诉诸外部世界寻求新的生存空间、发展机会以及更高的社会地位等,来实现心理——社会均衡。华人在印度社会所获得的接纳度和支持度较低,人们在满足情感、归属和安全等社会心理需求方面遇到了更大的障碍,其安身立命更多地投向中国文化自身要素,形成了内向型生存模式与样态,这又加剧了其与印度社会的隔绝,使其应对外部环境变化的表现相对消极。

**(三)印度中国新移民的发展概况**

改革开放尤其是21世纪以来,从中国大陆到印度留学、经商及务工的中国新移民人数不断增加,这也成为印度华人社会的一大变化。目前来印度的中资机构人员主要从事经贸、互联网技术行业、水电工程、建筑项目等。

**1.印度华人新移民的基本构成**

改革开放之后到印度工作和学习,寻求发展机会的华人新移民,他们中的大多数并不具有华侨身份,且没有获得在印度的长期居留权,但是由于工作关系,一部分人选择长期在印度生活。有数据显示,在印度居住不到一年的华人数量从2001年的383人增加到2011年的2729人。[1]这些新移民较多地集中在新德里、班加罗尔、海得拉巴、金奈等地,与老一代华侨华人并没有什么交集,他们带来的资金、技术、营生等并未进入后者的聚集地加尔各答华人社区。

在印留学生群体和社团概况。2013年1月19日,来自全印度各地13个分会的中国留学生代表参加了"全印中国留学生联合会"(简称"中国学生会")第一次选举活动,也标志着作为在印度境内各大学的中国学生会基础上自愿联合组织的中国学生团体正式成立。[2]

---

[1] D-Series: Migration Tables,https://censusindia.gov.in/.

[2] 全印中国留学生联合会网站,http://www.csuin.org/。

### 2.印中两国经贸合作日益密切

目前,中国是印度第一大贸易伙伴,印度是中国在南亚最大的贸易伙伴。2019年,中国是印度第三大出口目的地和第一大进口来源地。据印度官方统计,2019年印中货物贸易总额854.7亿美元。①《中国统计年鉴2021》数据显示,2019年中国对印度直接投资流量5.34亿美元,2020年为2.05亿美元;截至2020年末,中国对印度直接投资存量31.8亿美元。②总体而言,中国对印度投资规模仍较小,缺乏集约式投资,投资模式和领域都较为单一,与两国的经济规模和经贸合作水平不相称,提升空间较大。目前,中国阿里巴巴、腾讯、小米、VIVO、OPPO、复星医药、上海汽车、海尔、华为、特变电工、青山钢铁、三一重工等企业在印度投资较大。主要投资领域包括电子商务、手机、电信设备、家用电器、电力设备、钢铁、工程机械等领域。③印度中国企业商会成立于2006年,是为适应日益发展的中印经贸交流而成立的商业团体,致力于推动中国驻印度企业间以及中印间企业的相互联系和资讯交流;维护中印企业在经贸往来中的合法权益,推动解决重大经贸问题;为扩大中印经贸而进行相关行业政策法规的调研,在促进中印间商业、贸易、教育、文化与社区发展等各个方面都扮演着重要角色。④作为印度境内经营的中资企业自愿成立的民间组织,商会目前累计拥有会员单位160余家,2016年有理事单位20家。

---

① 商务部国际贸易经济合作研究院、商务部投资促进事务局、中国驻印度大使馆经济商务参赞处:《对外投资合作国别(地区)指南(2020年版)·印度》,第38页,http://www.mofcom.gov.cn/dl/gbdqzn/upload/yindu.pdf。

②《中国统计年鉴2021》,国家统计局网站,http://www.stats.gov.cn/tjsj/ndsj/2021/indexch.htm。

③ 商务部国际贸易经济合作研究院、商务部投资促进事务局、中国驻印度大使馆经济商务参赞处:《对外投资合作国别(地区)指南(2020年版)·印度》,第38页,http://www.mofcom.gov.cn/dl/gbdqzn/upload/yindu.pdf。

④《印度中国企业商会成立10周年庆典举行》,人民网,http://world.people.com.cn/n1/2016/0405/c1002-28249081.html。

### 3.在印中资企业及项目的中方人员规模增大

当前,前往印度从事经贸工作的中国投资者,以及赴印度从事海外务工的熟练工人、技术人员和各类专业人员在不断增多。①随着中印经贸关系在30年间的长足发展,在印度的中资企业日益发挥重要作用,派驻人员数量也日益增多。印度《经济时报》估计,2009年在印度工程项目工作的中国工人大约为2.5万人,其中只有1800人选择申请在印度继续工作。②由于印度政府外国人签证政策不稳定,经常出现拖延和拒签现象,普通劳工很难取得在印度的工作签证,甚至一些商务签证也出现两三个月的审查期,较为严重地影响两国的人员往来,2011年以来状况有所缓和。曾有国外媒体报道,2015年印度内政部向外交部表达希望推迟启动金砖国家商务旅行卡(BBTC)项目,同时以安全考虑为由,对向中国公民签发长期商务签证持保留意见。③在工程承包和劳务合作方面,2019年中国向印度派出各类劳务人员1419人,当年年末在印度劳务人员为2073人。④

### 4.印度及南亚各国华侨华人与"金砖创新基地"建设

"金砖创新基地建设"立足侨乡厦门,同时与海外华侨华人,尤其是华商有一定相关性和互补性,有望在产业梯度对接、基础设施建设、开发海洋经济等相关领域展开合作,使其成为"金砖创新基地建设"的一支重要力量。应注意从以下方面出发,积极引导包括印度及南亚各国在内的华侨华人,结合自身特色和优势积极对接并参与"金砖创新基地建设"进程当中。

一是积极引领印度及南亚各国侨胞参与厦门创新基地建设。应鼓励广大侨胞、侨商在实现自身发展的同时,发挥自身优势推动中外合作,实现

---

① 涂华忠:《印度华侨华人经济发展探析》,《东南亚南亚研究》2010年第2期。

② 《印度实行新签证制度 数千中国劳工被迫回国》,《环球时报》,2009年11月2日。

③ 《印度内政部以安全为由反对简化中国商人签证》,参考消息网,http://www.cankaoxiaoxi.com/world/20150403/729181.shtml。

④ 《中国统计年鉴2020》,国家统计局网站,http://www.stats.gov.cn/tjsj/ndsj/2020/indexch.htm。

侨胞与中国的合作共赢发展。应充分利用中央和地方统战、侨务和商务等部门的优势，结合国内现有的招商引资引技引智平台和基地，推动海外侨胞围绕"金砖创新基地建设"开展合作。同时，通过金砖基地建设的规划及落地实施，在国内和海外两个维度推动侨商参与"金砖创新基地建设"项目的具体实施推进，有助于进一步增强与金砖国家的战略互惠关系，也为相关国家的华侨华人事业发展、地位提升提供了难得的发展机遇和历史契机。应逐步完善相关政策措施，在政策咨询、部门协调、项目对接等方面对侨胞给予支持和扶助，为侨胞参与"金砖创新基地建设"创造有利条件。未来，应进一步完善涉侨法律法规体系，加紧实施惠及侨胞、侨商的相关优惠政策，认真维护他们在国内外的正当、合法权益，为侨胞参与创新基地建设营造良好的制度环境。

二是积极发挥我国高等教育及华文教育优势助力人才培养。推进海外华侨华人、相关国家与中国合作进行"金砖创新基地建设"，需要既熟悉当地文化又会讲中文的双语人才，孔子学院和华文教育在此方面可承担重要作用。应充分发挥华侨大学、暨南大学等华侨高等学府的作用优势，面向印度及南亚各国的华侨华人学生、侨社侨团骨干等举办学历教育、短期培训等教育课程，抓紧培养、提升"金砖创新基地建设"专门人才。应加大力度支持国内外高校及相关科研机构与厦门市金砖办等部门紧密合作，加大有关金砖各国法律、政治、文化、语言、经济等方面的专门人才培养力度，在培养国内专门人才的同时，注重通过中国政府奖学金等途径吸引相关国家和地区的高等院校学生及青年学者来华就学及访学，培养了解熟悉中国和金砖双边事务的复合型人才，也为中外友好事业奠定民间基础资源。

三是重视发挥海外"侨媒""侨团""侨教"等平台特色。应充分利用海外华文媒体等"侨媒"，向广大侨胞积极宣传金砖合作，尤其是"金砖创新基地建设"的作用和优势，不断加大宣传力度和影响力，为创新基地建设创造良好国际合作环境。应充分发挥海外社团、侨领的桥梁纽带作用，他们在当地社会具有一定的影响力和经济实力,与住在国社会各界有着较多的联系,可以利用自身优势,发挥沟通中外、牵线搭桥的作用。应充分发挥在金砖各国的海外华文学校、孔子课堂的平台作用,从传承中华文化、促进中外交流角度宣传中国政府的各项政策方针,以及金砖机制及厦门创新基地建设的内容。前文已述,印度华侨华人数量较少,华人社团、媒体和学校发展近年陷于停滞不前的困境,这也给相关工作开展带来了一定的挑战,应引起高度重视。通过充分发挥侨媒、侨团和侨教的作用,有助于从民间层面增进人民之间的了解和友谊,为实现中国与金砖国家的发展合作、促进彼此经贸交往以及政府互信合作创造良好条件。

四是加强侨务领域的工作力度,利用和发挥侨胞作用优势。应加强相关国家华侨华人概况和基本侨情普查和专题调研,了解侨胞当地生存和发展状况、数量与分布,重视相关国家华侨华人的资源、优势和平台特点,积极服务厦门和中国发展,更好实现金砖国家创新发展。应加紧建设有关国家的侨商、侨团和优势产业领域数据库和信息服务平台,形成"金砖国家侨情数据库",重视发挥侨胞优势为其参与创新基地建设提供信息支持、对接载体和对话平台,有效提升金砖创新基地建设的质量、效率、影响力。应注意到不同国家华侨华人群体内部的特点和差异,利用他们所各自具有的资源优势为创新基地建设做出积极贡献。结合各国国情和侨情实际,正确、合理、有效发挥侨胞作用和优势,使创新基地建设成果在实现中国发展的同时,惠及有关国家、侨胞和当地民众。应积极发挥福建等国内重点侨乡的作用,结合国家有关创新基地建设的战略规划和总体布局,相关地区可以充分利用其侨务资源优势、沿海沿边条件,有针对性的打好"侨牌",服务于创新基地建设大局,推进厦门等地社会经济发展,也使广大海外侨胞和归侨侨眷获益。同时,应注意发挥侨乡文化的特殊优势,借助侨胞的桥梁和纽带作用吸引文化、艺术、科技、技术等领域的中外合作,深化与相关国家的人文合作,增进中国与沿线国家人民的友好交往,实现文化交流共鉴,促进民心相通。

### 五、金砖国家侨情特点及对金砖合作的影响

由于金砖国家的国情与侨情不同,对金砖的认可、参与度及与中国双边关系均有差异。本书以国别篇分别梳理俄罗斯、南非、巴西、印度这四个金砖国家的华侨华人及其促进金砖国家合作方面的资源,并根据各国特点提出针对性建议。

#### (一)金砖国家经济发展现状与特点

金砖国家经济总量大,增长速度快,但内部发展不均衡,各国华侨华人面临的生存发展环境差异较大,在促进住在国经济发展及金砖合作方面的作用不一样。

1.金砖国家经济总量保持增长,综合影响力进一步提升。

金砖五国是全球新兴市场经济体的代表,原本只有中国、俄罗斯、巴西和印度,后来南非加入进来,整体经济规模更加庞大,发展速度比发达国家要快很多。根据最新官方数据,金砖五国2021年国内生产总值(GDP)总和为24.59万亿美元,超过美国(23万亿美元),占全球经济总量的1/4。其中,中国占金砖五国国内生产总值的比重高达72%,占比超过七成,而且中国的国内生产总值增速最高,超过8%,国内生产总值总量为17.73万亿美元,已经达到美国国内生产总值的77%,对金砖五国国内生产总值体量的拉动贡献最大。2021年度,我国人均国内生产总值达到1.25万美元,超过世界平均水平,相应地,俄罗斯为1.2万美元,巴西7500美元,南非6900美元,印度最低,为2300美元。

2.金砖国家内部发展不均衡,各国面临的经济挑战加大。

新冠疫情下,中国、印度经济2021年度保持稳定增长,俄罗斯、南非、巴西经济较为低迷,2022年俄罗斯经济遭受重创。印度在金砖五国中经济增速仅次于我国,是金砖五国中的第二大经济体。印度2021年国内生产总值增速为8.1%,我国也是8.1%,实现同步领跑。印度国内生产总值总量突破了3万亿美元大关,排名全球第六。同时受到较大的人口基础影

响,印度的人均国内生产总值水平一直处于较低水平,仅为2300美元。俄罗斯2021年国内生产总值同比增长4.7%,国内生产总值总量为1.77万亿美元,折合11.4万亿人民币,未能进入世界前十。俄罗斯经济属于产业结构失衡,轻工业较为薄弱,也没有较为出名的国际品牌或者大型企业。俄罗斯和巴西一样,都是典型的对资源依赖性较高的经济体,俄罗斯对于石油、天然气资源较为依赖,这也是其经济的重要支柱,俄罗斯的世界500强企业主要分布在石油、天然气和银行等行业。巴西2021年国内生产总值同比增长4.6%,国内生产总值总量为1.6万亿美元,人均国内生产总值也不足1万美元。按照平均汇率折算,巴西国内生产总值约为10.32万亿人民币。巴西曾经是世界十大经济体,国内生产总值规模一度超过2万亿美元,但是巴西"去工业化"以来,经济增速连年下滑,产业转型升级停滞,国内生产总值规模一路下跌,和巅峰期相比缩水1万亿美元。不过,巴西拥有丰富的自然资源,比如铁矿石、石油,同时巴西的农产品产量也很大,比如大豆,我国每年从巴西进口大量的铁矿石等资源,以及大豆等农产品,而巴西也需要我国的各类机电产品、日常生活用品等,我国与巴西的贸易额持续增长。南非是金砖五国中经济规模最小的经济体,南非2021年国内生产总值不足5000亿美元,在金砖五国中处于垫底水平。南非2021年国内生产总值总量为4198亿美元,同比增长4.9%,由于南非官方货币兰特对美元汇率上升超10%,所以南非国内生产总值在兑换为美元之后实现了大幅增长。不过南非目前已不再是非洲最大的经济体,尼日利亚已超过南非成为非洲第一大经济体,其国内生产总值规模达到4394亿美元,比南非多出近200亿美元。

（二）未来发展与政策思考

一是厦门金砖创新基地可发挥侨乡属地优势,积极与侨联、统战部等涉侨部门联动,全面了解金砖国家华侨华人的经济实力、行业分布、重要侨团、重点侨领等信息,为厦门有针对性地招商引资、引进项目服务。

二是厦门创新基地可与工信部、商务部等单位联动,组织专家团队研判战争形势,跟踪研究美西方制裁下的在俄投资风险及对"一带一路"建设的影响评估,根据情势及时提醒在俄中资企业与华商做好投资风险防范与管控预案。

三是厦门创新基地可积极对接金砖国家侨团与华商资源,多措并举发挥华侨华人促进金砖国家间的民间交往与人文交流,夯实中国与其他金砖国家间的民间关系基础,长期促进金砖国家间的团结与合作。

四是厦门金砖创新基地可借助金砖峰会中国年、中印关系改善等契机,进一步发挥金砖国家华商牵线搭桥的桥梁作用,促进金砖国家重点城市与厦门缔结友好城市,赋能厦门产业发展。

五是厦门金砖创新基地可加大在金砖国家华侨华人社会的宣传,例如召开金砖国家华侨华人研讨会,与相关国家侨领、华商、留学生等群体的在线座谈会,以交流产业与政策信息,扩大基地影响。

# 参考文献

## 一、中文论文

1. 曹广喜：《"金砖四国"的碳排放、能源消费和经济增长》，《亚太经济》2011年第6期。

2. 曾晓洁：《印度阿米提大学海外办学模式及特色研究》，《比较教育研究》2020年第4期。

3. 陈大明、杨露、刘樱霞等：《国内外使能技术的发展布局与现状探究》，《竞争情报》2020年第6期。

4. 陈万灵：《引领"一带一路"人文交流合作的"金砖路径"》，《亚太经济》2017年第3期。

5. 陈伟光、王燕：《全球经济治理制度性话语权：一个基本的理论分析框架》，《社会科学》2016年第10期。

6. 陈雨露：《"金砖国家"的经和金发展：一个比较性概览——金砖国家金融发展的特征与趋势（上）》，《金融博览》2012年第5期。

7. 陈雨露：《"金砖国家"的经济和金融发展：一个比较性概览——金砖国家金融发展的特征与趋势（下）》，《金融博览》2012年第6期。

8. 成志杰：《金砖机制神话与扩容初探》，《国际研究参考》2020年第2期。

9. 杜岩岩、唐晓彤：《面向2030的俄罗斯高等教育数字化转型现实图景与战略规划》,《比较教育研究》2022年第3期。

10. 樊勇明:《全球治理新格局中的金砖合作》,《国际展望》2014年第4期。

11. 高尚涛:《实践理论与实践模式:中国参与金砖国家机制进程分析》,《外交评论(外交学院学报)》2015年第1期。

12. 高长征:《金砖国家网络大学人才培养模式探讨》,《高等建筑研究》2020年第6期。

13. 郭霞、朴光姬:《印度数字服务贸易发展特征及中国应对策略》,《南亚研究》2021年第2期。

14. 何小龙:《工业互联网平台应用现状及发展对策》,《科技管理研究》2021年第10期。

15. 黄健:《关键使能技术——制造业崛起的基础》,《新材料产业》2015年第12期。

16. 黄凌云、黄秀霞:《"金砖五国"金融合作对五国及全球经济的影响研究基于GTAP模型的实证模拟》,《经济学家》2012年第4期。

17. 黄仁伟:《金砖国家崛起与全球治理体系》,《当代世界》2011年第5期。

18. 黄仁伟:《全球经济治理机制变革与金砖国家崛起的新机遇》,《国际关系研究》2013年第1期。

19. 李峰:《创新"金砖+"模式 扩大金砖国家合作》,《中国经贸导刊》2017年上。

20. 李明欢:《海外藏胞的发展状况与多元分化》,《世界民族》2014年第6期。

21. 李向阳:《金砖国家经济面临的共同机遇与挑战》,《求是》2011年第8期。

22. 李治国、杜秀娥:《"金砖国家"清洁能源利用及能源消费结构的实证分析》,《亚太经济》2012年第3期。

23. 刘宝存、黄秦辉：《印度高等教育改革的动因、举措和争论——基于对〈国家教育政策2020〉的分析》，《西南大学学报〈社会科学版〉》2022年第2期。

24. 刘凤芹、苏丛丛：《"新基建"助力中国经济高质量发展理论分析与实证研究》，《山东社会科学》2021年第5期。

25. 刘文革、林跃勤：《金砖国家货币合作之路》，《资本市场》2013年第1期。

26. 刘文革、王磊：《金砖国家能源合作机理及政策路径分析》，《经济社会体制比较》2013年第1期。

27. 刘文革、王文晓：《建立金砖自贸区可行性及经济效应分析》，《国际经贸探索》2014年第6期。

28. 卢锋、李远芳、杨业伟：《"金砖五国"的合作背景和前景》，《国际政治研究》2011年第2期。

29. 马金娟：《"一带一路"背景下中国广西与东盟国家职业教育合作机制研究》，《东南亚纵横》2021年第3期。

30. 马盈盈、倪月菊：《RCEP框架下中国与东南亚地区的价值链关联及变动趋势》，《南洋问题研究》2022年第1期。

31. 宁优俊：《腐败与经济增长双高之谜对"金四国"实证分析》《中国市场》2011年第5期。

32. 庞中英、王瑞平：《从战略高度认识金砖国家合作与完善全球经济治理之间的关系》，《当代世界》2013年第4期。

33. 桑百川、刘洋、郑伟：《金砖国家金融合作：现状、问题及前景展望》，《国际贸易》2012年12期。

34. 沈陈：《金砖国家人文交流：进展、功能与挑战》，《世界知识》2018年8月。

35. 沈逸：《全球网络空间治理与金砖国家合作》，《国际观察》2014年第4期。

36.石超:《"一带一路"背景下中国–东盟自由贸易区人才需求预测》,《广西社会科学》2018年第3期。

37.石建勋、卢丹宁、徐玲:《第四次全球产业链重构与中国产业链升级研究》,《财经问题研究》2022年第4期。

38.孙进:《金砖国家高等教育多边合作的意义、机制与进展》,《高等教育研究》2021年第9期。

39.孙艳晓:《金砖国家的扩容:基础、路径与风险》,《俄罗斯研究》2019年第1期。

40.涂华忠:《印度华侨华人经济发展探析》,《东南亚南亚研究》2010年第2期。

41.汪巍:《金砖国家多边经济合作的新趋势》,《亚太经济》2012年第2期。

42.王静:《职业教育优先:联合国教科文组织〈印度2020年职业教育报告〉解读》,《中国职业技术教育》2021年第21期。

43.王磊:《中美在非洲的竞争与合作》,《国际展望》2018年第4期。

44.王明国:《"金砖+"合作模式与中国对全球治理机制的创新》,《当代世界》2019年12月。

45.王明国:《全球治理机制复杂性的探索与启示》,《国外社会科学》2013年第9期。

46.王雨洁、吴婧姗、朱凌:《数据赋能工程教育转型:"数字印度"战略及其人才培养实践》,《高等工程教育研究》2022年第1期。

47.王圳:《深化金砖国家间合作 应对新工业革命挑战》,《东北亚经济研究》2018年第1期。

48.吴兵、刘洪宇:《金砖国家人文交流的进展、挑战与路径》《当代世界》2019年12月。

49.肖松:《"金砖+"模式打造世界经济新引擎》,《人民交通》2017年10月。

50. 谢伏瞻:《论新工业革命加速拓展与全球治理变革方向》,《经济研究》2019年第7期。

51. 徐秀军:《制度非中性与金砖国家合作》,《世界经济与政治》2013年第6期。

52. 许端阳、徐峰:《典型国家(地区)使能技术发展战略的共性特征分析及对我国的启示》,《技术管理研究》2011年第4期。

53. 薛荣久:《"金砖国家"货物贸易特点与合作发展愿景》,《国际贸易》2012年第7期。

54. 杨洁勉:《金砖国家合作的宗旨、精神和机制建设》,《当代世界》2011年第5期。

55. 杨鲁慧:《金砖国家:机制·特质·转型》,《理论视野》2011年第11期。

56. 于海洋:《金砖机制助推非西方世界战略性合作》,《理论视野》2017年10月。

57. 张贵:《新工业革命伙伴关系的特征与全球治理新方向》,《人民论坛》2022年第4期。

58. 张幸:《文化认同的传承与创新——印度加尔各答华人的多元化宗教信仰研究》,《华侨华人历史研究》2008年第4期。

59. 张秀明:《被边缘化的群体:印度华侨华人社会的变迁》,《华侨华人历史研究》2008年第4期。

60. 张燕生:《金砖国家在均衡全球经济发展中的责任》,《经济》2011年第5期。

61. 赵昌文:《一定要抓住新工业革命的机遇》,《东北财经大学学报》2019年第3期。

62. 赵可金:《中国国际战略中的金砖国家合作》,《国际观察》2014年第3期。

63. 赵庆寺:《金砖国家能源合作的问题与路径》,《国际题研究》2013年第5期。

64.周玉婧、张力跃:《俄罗斯职业教育改革新动向探析——基于对〈俄联邦 2016—2020 年教育发展目标纲要〉的解读》,《中国职业技术教育》2017 年第 36 期。

65.朱天祥、谢乐天:《金砖国家政治安全合作的内涵与挑战》,《拉丁美洲研究》2020 年第 6 期。

66.朱天祥:《机遇与挑战:推动实现金砖合作"第二个金色十年"》,《中国报道》2019 年第 12 期。

## 二、中文译著

1.[法]托马斯·皮凯蒂:《21 世纪资本论》,巴曙松译,中信出版社,2014 年。

2.[美]阿尔文·托夫勒:《第三次浪潮》,黄明坚译,中信出版社,2006 年。

3.[美]伊夫斯·德扎雷、布赖恩特·加思:《全球性解决方案:新法律正统性的产生输出与输入》,陆幸福等译,法律出版社,2006 年。

4.[瑞士]克劳斯·施瓦布:《第四次工业革命:变革的力量》,李菁译,中信出版社,2016 年。

5.[英]萝塔·佩蕾丝:《技术革命与金融资本:泡沫与黄金时代的动力学》,中国人民大学出版社,2007 年。

6.[美]罗森伯格:《探索黑箱:技术经济学和历史》,商务印书馆,2004 年。

## 三、中文著作

1.《海外侨情观察》编委会编:《海外侨情观察,2013—2014》,暨南大学出版社,2014 年。

2.《华侨华人百科全书·教育科技卷》编辑委员会编:《华侨华人百科全

书·教育科技卷》,中国华侨出版社,1999年。

　　3.《华侨华人百科全书·社团政党卷》编辑委员会编:《华侨华人百科全书·社团政党卷》,中国华侨出版社,1999年。

　　4.蔡春林:《金砖四国经贸合作机制研究》,中国财政经济出版社,2009年。

　　5.国务院侨办侨务干部学校编著:《华侨华人概述》,九州出版社,2005年。

　　6.国务院侨务办公室秘书行政司资料室:《各国华侨华人》,国务院侨务办公室秘书行政司资料室,1991年。

　　7.李扬主编:《"金砖四国"与国际转型》,社会科学文献出版社,2011年。

　　8.刘军梅等:《金砖国家研究丛书——贸易便利化:金砖国家合作的共识》,上海人民出版社,2014年。

　　9.权衡:《金砖国家经济崛起与新发展经济学》,格致出版社、上海人民出版社,2020年。

　　10.沈立新:《世界各国唐人街纪实》,四川人民出版社,1992年。

　　11.王磊:《金砖国家:新兴大国合作新模式》,中国经济出版社,2020年版。

　　12.俞可平主编:《全球化:全球治理》,社会科学文献出版社,2003年。

　　13.赵和曼:《少数民族华侨华人研究》,中国华侨出版社,2004年。

## 四、外文文献

　　1.Bashir Ahmad Joo and Sana Shawl, "Examining the FDI-Growth Nexus in BRICS: Panel Data Evidence," *The Indian Economic Journal*, Volume 68, Issue 4, August 3, 2021.

　　2. Bresnahan, Timothy F., Trajtenberg, M. General purpose technologies "Engines of growth?", Journal of Econometrics,1995.

3. Development, Problems and Recommendations. *Conjuntura Austral: Journal of the Global South*,2020,11(53).

4. Dina Jaccob, *Emerging Economies and Transformation of Interactional Relation: Evidence from the BRICS Members*, Berlin, LAP LAMBET academic Publishing, 2013.

5. Li, Xing, ed. *The BRICS and Beyond The International Political Economy of the Emergence of a New World Order*, London: Ashgate Publishing, 2014.

6. J. E. Cassiolato and V. Vitorino, *BRICS and Development Alternatives: Innovation Systems and Policies*, London and New York: Anthem Press, 2009.

7. Kwang Hochun, *The BRICS Superpower Challenge: Foreign and Security Policy Analysis*, London, Ashgate Publishing, 2013.

8. Leslie Elliott Armijo, "The BRICS Countries (Brazil, Russia, India, and China) as Analytical Category: Mirage or Insight?" *Asian Perspective*, Vol. 31,No.4, 2007.

9. N. Mwase and Y. Yang, "BRICS Philosophies for Development Financing and Their Implications for LICS," *IMF Working Paper*, WP/12/74, Washington D. C., IMF, 2012.

10. P. Carmody, "Another BRIC in the Wall? South Africa Development Impact and Contradictory Rise n Africa and Beyond", *The European Journal of Development Research*, Vol. 24, No.2, 2012.

11. Samuel Twumkwakye, *The BRICS States and the Responsibility to Protect Norm: Dynamics of State Power and Self-interest*, Berlin: LAP LAMBERT Academic Publishing, 2014.

12. Fabiano Mielniczuk, "BRICS in the Contemporary World: Changing Identities,Converging Interests", *Third World Quarterly*, Vol. 34, No.6, 2013.

13. Sijren de Jong, et al., *New Players, New Game? The Impact of Emerging Economies on Global Governance*, Amsterdam: Amsterdam University

Press, 2012.

14. Smith, J. A., "BRIC becomes BRICS: Emerging Regional Powers? Changes on the Geopolitical Chessboard", *Global Research*, January 16, 2011.

15. Stefano Pelle, *Understanding Emerging Markets-building Business Bric by Brick*, London: Sage Publications, 2007.

16. V. Nadkarni and N.C. Noonan, *Emerging Powers in a Comparative Perspective The Political and Economic Rise of the BR/C Countries*, New York & London: Bloomsbury Academic, 2013.

17. Uwe Becke, *The BRICS and Emerging Economies in Comparative Perspective: Political Economy, Liberalization and Institutional Change*, London &New York Routledge, 2014.

# 后　记

　　从某种意义上讲，厦门可谓"金砖之城"。2017年金砖厦门峰会上习近平主席提出了非常重要的"金砖+"的概念，使金砖国家组织走向了更加开放、更加包容，让更多的发展中国家新兴经济体有机会加入进来，并受到了越来越多的发展中国家和新兴经济体的青睐。目前金砖国家已开启第二轮扩容，金砖国家的羽翼可以说越来越丰满。2020年11月，金砖国家领导人第十二次会晤时习近平主席提出在厦门建立金砖国家新工业革命伙伴关系创新基地，厦门未来会成为在金砖国家合作进程中留下浓墨重彩的一笔的重要城市。

　　作为地处厦门的高校之一，华侨大学积极发挥属地优势，服务国家战略、服务地方政府，在不断地探索和研究中，打造了一支金砖国家研究团队，由华侨大学副校长、金砖国家智库合作中方理事林宏宇教授亲自领衔，依托华侨大学国际关系学院，深耕"金砖+国家新工业革命伙伴关系"的理论研究与政策研究。

　　2017年，为服务金砖国家领导人厦门会晤，华侨大学国际关系学院金砖国家研究团队策划了"三部曲"：编撰并出版了《金砖国家概览》一书，面向厦门市公务员举办了"金砖国家理论培训班"，面向金砖国家学者举办了"金砖国家智库国际研讨会"。此后，华侨大学持续与金砖研究智库、学者展开学术交流和研讨，与国内外智库建立了良好的合作关系。

　　2020年11月17日，习近平总书记郑重宣布"金砖创新基地"落户福建厦门。2021年7月,华侨大学与金砖国家新工业革命伙伴关系创新基地签署了合作协议,围绕"金砖创新基地"建设中的实践与前沿问题,开展系统、深入的理论和对策研究,并形成了具有前瞻性、创新性和可行性的研究成果,为国家、福建省委省政府和厦门市委、市政府提供决策参考。

本书为金砖国家新工业革命伙伴关系创新基地智库合作和课题研究成果。第一章"百年大变局视域下的金砖国家合作"由谢婷婷、郑建成撰写,第二章"'金砖+'概念内涵及实践路径"由张行、刘文波撰写,第三章"金砖国家创新基地内涵与发展路径"由蒋楠、熊琦撰写,第四章"金砖峰会与金砖创新基地建设"由疏会玲撰写,第五章"金砖国家新工业革命领域人才培养"由张恒艳、吕挺、贾永会撰写,第六章"金砖国家华侨华人与金砖合作"由胡越云、路阳等撰写。

本书力图实现理论创新,体现学术性和现实性,亦力图实现体系建构,体现系统性和专业性。但在编撰过程中,难免有疏漏不足,敬请同行专家学者指正。

编者

2023年1月